第 **4** 版

阳　翼

著

DIGITAL
MARKETING

中国人民大学出版社
· 北京 ·

图书在版编目（CIP）数据

数字营销 / 阳翼著. -- 4 版. -- 北京：中国人民
大学出版社，2025.8. -- ISBN 978-7-300-34285-6

Ⅰ. F713.365.2

中国国家版本馆 CIP 数据核字第 2025ZS7496 号

数字营销（第 4 版）

阳　翼　著

Shuzi Yingxiao

出版发行	中国人民大学出版社	
社　　址	北京中关村大街 31 号	邮政编码　100080
电　　话	010 - 62511242（总编室）	010 - 62511770（质管部）
	010 - 82501766（邮购部）	010 - 62514148（门市部）
	010 - 62511173（发行公司）	010 - 62515275（盗版举报）
网　　址	http://www.crup.com.cn	
经　　销	新华书店	
印　　刷	涿州市星河印刷有限公司	
开　　本	720 mm×1000 mm　1/16	版　　次　2015 年 4 月第 1 版
		2025 年 8 月第 4 版
印　　张	17.75	印　　次　2025 年 8 月第 1 次印刷
字　　数	288 000	定　　价　59.00 元

序 言

Foreword

　　本书初版于 2015 年，作为国内数字营销领域的早期系统性著作，其开创性视角迅速引发学界与业界的广泛共鸣。十年，弹指一挥间。从 Web 2.0 时代的社会化媒体营销到大数据驱动的精准投放，从移动互联网的流量红利到 AI 重构的智能生态，十年来数字营销的变革已远超技术迭代的范畴，成为一场从方法论到商业哲学的范式迁移。2019 年的第 2 版、2022 年的第 3 版，以及如今的第 4 版，都是对这一快速而深刻的变化的及时反映。这种"与时间赛跑"的修订节奏，正是本书保持前沿性的核心密码。

　　若论第 3 版出版以来数字营销领域最具颠覆性的变量，莫过于以 ChatGPT、DeepSeek 为代表的人工智能大模型的横空出世及其给数字营销在智慧化的战略决策、自动化的内容生产、精准化的信息推送、情境化的互动方式等方面带来的革命性的变化。毫无疑义，人工智能技术正深刻重塑数字营销的理论与实践，持续为企业注入新的发展动能。因此，第 4 版除了在行业现状、数据资料、研究文献、典型案例、发展趋势等方面做了较大幅度的更新与完善外，更直面人工智能大模型掀起的"智慧营销"浪潮，探讨 AI 应用于数字营销各个领域、各个层面的策略、方法与实战案例。相信这一版的更新能继续为学者、从业者及莘莘学子带来启发。

　　感谢我指导的研究生江嘉琪、宋佳宁、马凤、张盛华、吴钰瑶、陈嘉宁、金忠杨、张弛、杨馥宁，他们通力合作，高质高效地完成了资料搜集与初稿撰写工作。感谢周敏、寇晓丹、陈安妮、李振丹、闻杰、胡骁腾、孙亚靖、陈瑜、陈孟依、李岚、牛聪聪、孔靓、刘竞阳、陈晨、李炳昊、李筱青、彭永辉、余康佳、王慧慧、张文轩对第 1 版至第 3 版的重要贡献！

　　过去十年，我们从"流量争夺"走向"心智深耕"；未来十年，数字营销将步入"人机共生"的新纪元——AI 不仅是工具，更是协同创新的伙伴。AI可以生成千万条广告语，但真正稀缺的永远是对人性的深刻洞察。让我们以技术为翼，以人性为本，携手迎接数字营销的下一个十年！

阳　翼

目 录

Contents

第8章　电子商务营销　/　234

第 1 章

数字营销概述

学习目标

读完本章后，你应该理解：

1. 什么是数字营销。
2. 数字营销的发展经历了哪几个阶段，在每个阶段分别呈现出怎样的特征。
3. 消费者数字媒体使用行为的特征是什么，数字营销对企业有何价值。
4. 广告主对数字营销的态度如何，在数字营销领域的投入趋势是怎样的。

引 例

蒙牛×2022 世界杯："要强"精神引领品牌营销战

蒙牛是全国乳制品行业龙头企业之一。近年来，蒙牛一直在发力体育营销，借体育赛场的拼搏精神，传递蒙牛"要强"的品牌理念。2022 年 FIFA 世界杯期间，蒙牛以"营养世界的每一份要强"这一品牌主张与世界杯同频共振，整合各大数字媒体渠道，打造了一场效果显著的品牌营销战。

世界杯开赛前 100 天，蒙牛在微信平台发布大量推文介绍参赛队伍，导流并预热赛事，强调了蒙牛 FIFA 世界杯的官方赞助身份并宣传蒙牛"要强"精神。开赛前 40 天，蒙牛在微博、抖音等平台发布"青春不过几届世界杯"主题 TVC（television commercial，电视商业广告）影片，唤醒消费者的世界杯情感记忆，同时 12 款经典时刻系列包装上市，12 城地铁长廊布置海报，线上线下联动。在微博平台，蒙牛邀请近 30 个领域的 KOL 及大量创作者，回忆各自成长经历中与世界杯有关联的部分，从蒙牛影片中找寻自己的人生片段。在开赛日，蒙牛发布《营养世界的每一份要强》主 TVC，强化品牌角色，深化"要强"精神，并联合品牌代言人梅西和姆巴佩发布个人短片，以新星之路，升华"要强"精神——"不要做别人的复制品，唯有要强才能创造自己的故事"。决赛之际，蒙牛则根据两位代言人"以球之名顶峰相见"的热点，在微博平台顺势发起"梅西姆巴佩蒙牛更爱谁""你可以永远相信蒙牛的代言人"等话题，并根据梅西、姆巴佩、蒙牛三者的名字打造创意"M3 组合承包大力神杯之夜"主题海报，将代言话题转化为更有参与度的社交互动。

此次蒙牛 2022 世界杯品牌营销战取得了巨大的成功。秒针营销科学院发布的《2022 世界杯品牌数字资产榜（总榜）》中，蒙牛以高于第二名 20 多分的品牌资产总分居于榜首。本次世界杯期间，蒙牛品牌话题累计阅读量超 448 亿，TVC 累计播放量超 2.83 亿，热搜伴随话题累计阅读量超 363 亿，累计在榜时长超 611 小时，全彩语义橱窗绑定 1 183 万条博文。凭借品牌的全媒体曝光、社交媒体多元互动、电商平台流量引导，蒙牛既提升了品牌形象，又获得了高效流量转化，树立了一个数字营销典范。

资料来源：世界杯营销效果盘点，位列榜首的蒙牛都做对了什么？（2022－12－30）. https://zhuanlan.zhihu.com/p/595556225.

第 1 节　数字营销的定义

自 20 世纪 90 年代中期以来，随着互联网的广泛应用与大众参与度的大幅提升，数字科技在突破传统传播技术的基础上创造出庞大的数字媒体渠道，消费者的生活方式也发生了巨大的变化，进入了由美国学者尼葛洛庞帝在 1996 年提出的"数字化生存"的新阶段。在这样的背景下，传统的营销模式已跟不上时代的步伐，适用于互联网时代的数字营销应运而生，快速发展，逐渐走向成熟。

数字营销理论的发展与互联网的商业化应用基本同步，最早可以追溯到 1994 年。多萝西·乔比（Dorothy Giobbe）在当年发表的《数字时代的营销计划》一文中指出，虽然彼时"信息高速公路尚未完全建好，但报纸媒体应该做好拥抱互联网的计划"，因为数字时代迟早要到来。① 比尔·毕晓普（Bill Bishop）在 1995 年发表的《数字营销从战略规划开始》一文中第一次使用"数字营销"的概念，并讨论了互联网时代数字营销的兴起以及数字营销成功的十大策略。② 从那以后，数字技术日新月异，数字营销工具层出不穷，数字营销研究也在不断向前发展，如今数字营销理论"大厦"已经颇具规模。那么，什么是数字营销呢？

对于数字营销的定义，专家学者莫衷一是，随着时代的变迁和技术的发展，数字营销的内涵和外延也在不断更新。有学者认为数字营销包括两类活动：其一是利用新的交互式媒体（如万维网）在消费者和营销商之间建立新的互动和交易形式；其二是将交互式媒体与营销组合的其他工具结合起来（Parsons，Zeisser & Waitman，1998）。③ 美国数字营销协会将数字营销定义为：利用数字技术开展的一种整合、定向和可衡量的传播，以获取和留住客户，同时与他们建立更深层次的关系。④ 还有学者把数字营销界定为：用相关

---

① Giobbe D. Plan for marketing in the digital age. Editor & Publisher，1994（34）：23.

② Bishop B. Digital marketing begins with strategic planning. Marketing Magazine，1995（24）：15.

③ Parsons A，Zeisser M，Waitman R. Organizing today for the digital marketing of tomorrow. Journal of Interactive Marketing，1998（1）：31 - 46.

④ Royle J，Laing A. The digital marketing skills gap：developing a digital marketer model for the communication industries. International Journal of Information Management，2014（2）：65 - 73.

的、个性化的和成本效益的方式使用数字分销渠道触达消费者，以促进产品和服务销售的一种营销方式（Cristian，Elena & Camelia，2008）。数字营销包含互联网营销中的许多技术和实践，还包括不需要连接互联网的其他数字渠道，如户外数字广告牌等。① 有学者认为数字营销是利用数字分销渠道推广产品和服务的实践（Smith，2011）。② 有学者则认为数字营销是一种适应性强、由数字技术支持的流程，通过该流程，企业可以与客户及合作伙伴协作，共同为所有利益相关者创造、沟通、交付和维持价值（Kannan & Li，2017）。③

综合以上观点，本书将数字营销定义为：使用数字媒体④推广产品和服务的营销传播活动。主要包括社会化媒体营销、移动营销、微电影营销、短视频营销、虚拟游戏营销、搜索引擎营销和电子商务营销七种方式，我们将在后面的内容中一一详述。

第 2 节　数字营销的发展历程

在过去的 30 多年里，随着数字技术的不断进步，数字营销工具和手段不断更新迭代。以标志性的数字技术应用为重要节点，本书将数字营销的发展历程划分为四个阶段：基于 Web 1.0 的单向营销、基于 Web 2.0 的互动营销、基于大数据的精准营销，以及基于人工智能的智慧营销⑤。

一、数字营销 1.0：基于 Web 1.0 的单向营销

从技术上讲，Web 1.0 的网页信息不对外部编辑，用户只是单纯地通过浏览器获取信息，只有网站管理员才能更新站点信息，以雅虎、新浪、搜狐、网易、腾讯等门户网站为典型代表。

---

① Cristian M，Elena E，Camelia V. Digital marketing：an opportunity for the modern business communication. Annals of the University of Oradea，Economic Science Series，2008（4）：982-987.

② Smith K T. Digital marketing strategies that millennials find appealing，motivating，or just annoying. Journal of Strategic Marketing，2011（6）：489-499.

③ Kannan P K，Li H. Digital marketing：a framework，review and research agenda. International Journal of Research in Marketing，2017（1）：22-45.

④ 数字媒体是指以二进制数的形式记录、处理、传播、获取过程的信息载体。

⑤ 本书对大数据与人工智能驱动的数字营销略有论及，详细论述可参见阳翼所著的《大数据营销》和《人工智能营销》。

1994 年 10 月 27 日，AT&T 在 Hotwired① 上投放的一个展示类横幅广告拉开了互联网广告的序幕。AT&T 为其广告活动"你会的"（You Will）发布了世界上首个网络广告：黑色背景上用彩色文字写着"Have you ever clicked your mouse right HERE?"（你用鼠标点击过这儿吗?），一个箭头指向右边"YOU WILL"（你会的）（见图 1 - 1）。正是这个毫不起眼的 468×60 像素的广告，开启了一个新的广告时代。

图 1 - 1　AT&T 在 Hotwired 发布的首个展示类横幅广告

该广告按照传统杂志的思路和逻辑进行采买，售卖模式为合约形式。这个广告前后展示了 3 个月，花费 3 万美元，投放形式是包断的 CPD（按天收费），点击率高达 44%②。自此，人们逐渐意识到可以把线下广告搬到线上。

中国第一个商业性网络广告出现于 1997 年 3 月，由 Intel 和 IBM 共同出资投放于 ChinaByte 网站，广告表现形式同样为 468×60 像素的动画横幅广告，IBM 为其支付了 3 000 美元。Intel 和 IBM 因此成为国内最早在互联网上投放广告的广告主。

早期的互联网广告以单向传播为特征，即用户只能被动接受广告内容，且广告表现形式较为单一，主要为展示类的横幅广告，广告理念则是以销售产品为主要目的。这一阶段从 1994 年开始，可称为数字营销 1.0 时代。

二、数字营销 2.0：基于 Web 2.0 的互动营销

与 Web 1.0 单向信息发布的模式不同，以 Facebook③、Twitter、博客、微博等为代表的 Web 2.0 的内容通常是由用户创作发布的，用户既是网站内容的浏览者，又是网站内容的制造者，这意味着 Web 2.0 站点为用户提供了更多参与和互动的机会。

---

①　在线杂志网站，也是杂志《连线》（Wired）的前身。

②　这个点击率足以让今天的营销人员疯狂。根据 2014 年 9 月 Adform 发布的数据，标准横幅广告的点击率是 0.12%，也因此有了广告盲区（banner blindness）这一说法。

③　2021 年 10 月 28 日，马克·扎克伯格宣布，Facebook 母公司更名为"Meta"。

Web 2.0 时代开启的一个重要标志是 SNS（社交网络服务）热潮的兴起。2002 年 Friendster 的创建开启了 SNS 的第一波热潮。接着，SNS 的概念随着 MySpace、Facebook、人人网、开心网等网站的成熟而逐渐被人熟知。作为社会化媒体重要代表之一，SNS 的兴起和风靡可以看作社会化媒体的崛起。

由于社会化媒体具有互动性、社交性、即时性等特点，用户不只是被动地接收信息，还可以随心所欲地发表自己的观点，与其他用户或商家互动，社会化媒体营销因此得以大显身手。企业通过与消费者互动，拉近了与消费者之间的距离，企业与消费者在双向传播中更深入地了解对方，从而达到理想的营销效果。

这一时期的数字营销是依托于社会化媒体的兴起而形成的互动营销，企业和消费者在社会化媒体的"桥梁"上平等对话，在建立良好的品牌与消费者关系的基础上达到促进销售的目的。这一阶段从 2002 年开始，可称为数字营销 2.0 时代。

三、数字营销 3.0：基于大数据的精准营销

随着互联网技术的不断提高，网络内容不断丰富，消费者生活方式日益数字化，消费者在互联网上留下了大量的数据"足迹"，大数据时代就这样到来了。随着大数据在各行各业的广泛应用，数字营销进入了一个新的阶段。

这一阶段的数字营销跟前两个阶段的显著区别在于：通过对大数据的挖掘，企业可以做到比消费者自己更了解他们，也就是说，基于消费者在门户网站、搜索引擎、电商平台等留下的数据，可以分析出他们的消费习惯和偏好，企业的营销可以有的放矢，更加精准，在减少无效营销的同时，大大提升消费者体验和营销效果。

"大数据"并非新词，早在 1980 年未来学家托夫勒在其著作《第三次浪潮》中就将"大数据"称颂为"第三次浪潮的华彩乐章"。[①] 不过，直到大约 2009 年，大数据才成为互联网行业的流行词，从那时起，学界开始密切关注这个领域。英国学者舍恩伯格于 2013 年 1 月出版的《大数据时代》一书，从思维、商业、管理三个方面解读了大数据带来的革命性变化。同年，李颖在《大数据时代的营销变局》中指出，大数据浪潮绝不仅仅是信息技术领域的

---

① 阳翼. 大数据营销. 2 版. 北京：中国人民大学出版社，2021.

革命，更是在全球范围内加速营销变革、引领社会变革的利器，企业要抓住大数据的机遇，让营销拓展到大数据领域，挖掘其潜在的大价值，才能获得大发展。① 2013 年 6 月上映的电影《小时代》就是基于大数据挖掘预测核心目标人群，有针对性地进行精准营销，创造了上映 3 天票房超过 2 亿元、截至下线票房超过 5 亿元的神话，在电影行业率先树立了大数据营销的典范。②

由此可见，从 2013 年起，无论是学界还是业界，都开始将视线聚焦于大数据，故 2013 年被称为 "大数据元年"。正是从这一年开始，数字营销进入了 3.0 时代。

四、数字营销 4.0：基于人工智能的智慧营销

从 1956 年达特茅斯会议召开标志着人工智能的正式诞生，到 2016 年阿尔法狗击败围棋世界冠军李世石，历经半个多世纪，终于在 2017 年迎来了人工智能的 "应用元年" ——人工智能向交通、医疗、金融、教育等领域全面渗透。

人工智能这一新技术引发的 "智能革命" 也波及了营销行业。基于人工智能的数字营销相较于前三个阶段数字营销的显著特征在于它拥有类似于人类的智慧。比如，饿了么推出的语音点餐系统依托于智能语音设备，通过语音交互的方式实现点餐流程，最大限度节省点餐时间和人力成本；阿里巴巴开发的人工智能设计师 "鲁班"（后更名为 "鹿班"）在 "学习" 了淘宝和天猫平台上海量的海报作品以后，每秒能自动创作 8 000 张海报，然后向不同的用户推送不同的海报，实现 "量身定做"，不论是在成本控制还是作业效率上都显示出惊人的能力，昭示着人工智能巨大的技术潜能以及对现有营销作业链的冲击。③

基于人工智能的智慧营销除了更加精准，还更加智能化和自动化，这让消费者的体验和使用便利性都得到了巨大的提升。可以说，从 2017 年开始，数字营销进入了 4.0 时代。近年来，人工智能技术正深刻重塑营销的理论与

---

①　李颖. 大数据时代的营销变局. 成功营销，2013（10）：30.

②　崔颖. 基于大数据分析的电影营销策略分析：以电影《小时代》为例. 西部广播电视，2014（4）：57-58.

③　丁俊杰. 智能营销，新物种?. 中国广告，2018（11）：78.

实践，持续为企业注入新的发展动能。尤其是生成式 AI 技术的崛起，不仅展现了通用 AI 广阔的应用前景，也为营销领域带来了革命性的创新契机。①

需要指出的是，数字营销的四个发展阶段并非后者替代前者，而是叠加式地升级。也就是说，当数字营销迈入一个新阶段时，前一阶段的数字营销方式并未消失，而是与后者共同存在，相互补充。企业应根据具体情况恰当地选用数字营销兵器库里的兵器，互相配合，以达到营销效果的最大化。

此外，企业应时刻关注日新月异的数字科技（如物联网、区块链、元宇宙等）给数字营销带来的新变革，唯其如此，才能使自己的数字营销兵器库里拥有最先进的武器，从而在激烈的市场竞争中立于不败之地。

第 3 节　数字营销的价值

随着智能手机等数字设备的逐渐普及，消费者在数字媒体上花费的时间日益增加，对于以消费者为中心的现代营销而言，"消费者在哪里，营销就要到哪里"的基本原则始终未变。为了更好地触达和影响消费者，企业需要充分研究消费者使用数字媒体的习惯以及数字营销的各种工具和策略，并加大在数字营销领域的投入力度。

一、消费者数字媒体使用行为特征

1. 信息获取渠道多样化

近年来，我国互联网普及率不断提高，基础设施建设不断优化升级，网络信息服务朝着扩大覆盖范围、提升速度、降低费用的方向发展。网民的互联网接入设备多样化，使用电脑、手机、平板等设备都可以轻松入网，其中使用手机接入互联网的比例最高。中国互联网络信息中心（CNNIC）第 55 次《中国互联网络发展状况统计报告》显示，截至 2024 年 12 月，我国网民规模达 11.08 亿，较 2023 年 12 月增长 1 608 万，互联网普及率达 78.6%，较 2023 年 12 月提升 1.1 个百分点。其中，手机网民规模达 11.05 亿，较 2023 年 12 月增长 1 403 万，网民中使用手机上网的比例达 99.7%。

---

①　石峰，杨扬，袁韵，等 . 人工智能驱动下的营销变革 . 中国管理科学，2025，33（1）：111 - 123.

互联网平台上的应用更是数不胜数。除了各种生活服务类、新闻类等应用，传统媒体也在朝数字化方向转型，开设微博、微信公众号和抖音号等，打造新媒体矩阵。同时，各种自媒体也层出不穷，改变了用户获取信息的方式，使其由传统的被动接受转变为主动筛选。大数据和人工智能技术可以帮助数字媒体实现精准化和个性化传播。一方面，消费者可以随时随地获取自己需要的信息；另一方面，消费者通过数字媒体接触到的信息也更加符合自己的兴趣和爱好。

2. "互联网＋" 融入消费者生活

"互联网＋"是互联网繁荣发展下新兴技术与传统行业融合的必然结果。在"互联网＋"的大环境下，人们的生活形态发生了质的变化。如今，消费者的衣食住行依靠一部手机就能解决，例如网上订票、网上订餐、网上缴费等。消费者的日常生活全方位地依赖互联网，给数字营销带来了旺盛的生命力。

人们生活离不开手机，移动端应用程序的多样化是一个重要体现。根据共研产业咨询发布的《2024—2030 年中国应用商店行业调查与发展趋势研究报告》，截至 2023 年底，我国市场上监测到的 App 数量在 265 万款左右。QuestMobile 发布的《2024 中国移动互联网春季大报告》指出，截至 2024 年 3 月，移动端 App 流量市场占比前三名为视频类 App、社交类 App 和购物类 App，增长贡献率分别为 46.7%、21.8%、10.7%，报告还指出新兴的 AIGC App 用户已经突破 7 380 万，同比增长了 8 倍。各式各样的应用程序给人们的消费生活带来了极大的便利，也增添了不少乐趣。

3. 对数字媒体使用时间长、频率高

移动互联网的发展使用户对于网络的依赖性越来越强，数字媒体的使用时间越来越长，使用频率越来越高。CNNIC 第 55 次《中国互联网络发展状况统计报告》显示，截至 2024 年 12 月，我国网民人均周上网时长为 28.7 小时，较 2023 年 12 月增加 2.6 小时。

综观全球，互联网用户的上网时长也在不断增加。Datareportal 与 Meltwater、We Are Social 联合发布了 2024 年第一季度的《数字全球概览报告》，报告指出全球互联网普及率达 67.1%，用户数量已攀升至 54.4 亿，同比增加 1.78 亿，全球人们平均每天使用互联网 6 小时 35 分钟，使用社交媒体 2 小时

20 分钟。机不离身已经成为人们生活的常态，人们在数字空间的行为甚至比在物理空间更加丰富多彩。

4. 互联网打破空间局限

信息技术的高速发展让人们足不出户便知天下事。互联网门户打破了物理空间的限制，移动终端则打破了互联网使用场所的限制，数字空间的无界性大大拓展了营销空间。

工业和信息化部的数据显示，截至 2024 年底，我国移动电话用户总数达17.9 亿户，其中 5G 移动电话用户达 10.14 亿户，占移动电话用户的 56.7％。移动互联网累计流量增长迅速。移动终端的大规模普及使得人们摆脱了空间限制，高度移动化的生活方式成为消费者的主流选择。

二、广告主在数字营销领域的投入逐年增加

30 年前广告主费尽心思占据报纸、杂志最显眼的版面以及电视台的黄金时段，今天，广告主早已将重心转向数字营销。秒针营销科学院联合 GDMS 全球数字营销峰会、营销智库 M360 共同发布的《2024 中国数字营销趋势报告》显示，55％的广告主表示将增加移动互联网的投放，从互联网资源类型看，社交媒体、短视频仍是重点，分别有 83％和 76％广告主选择投放。由此看来，中国的营销环境仍处在快速数字化进程中，各类数字媒体取代传统媒体成为营销投放重点。

从以上数据我们可以得出结论，广告主在数字营销上的预算大有持续加码的趋势。这样的情况并非偶然，营销行业在技术的推动下正在发生翻天覆地的变化，人工智能的发展、物联网的建立、元宇宙的兴起，都昭示着消费者的"数字化生存"仍在持续深化。在这样的背景之下，企业唯有跟上时代的步伐且充分利用这些变化，才能够顺利高效地与消费者进行对话，从而更好地实现企业的营销目标。

案例分析 1-1

爱彼迎 & 腾讯视频：漫长奇遇夜

《奇遇人生》是 2018 年 9 月 25 日腾讯视频推出的明星真人秀节目，由阿雅担任固定主持人，带领 10 位明星在全球范围内分别展开 10 次旅行。《奇遇

人生》海报中一位旅人在沙漠中行进，似要抵达沙漠与海洋交界的奇遇未知目的地。该海报为观众开启了一段奇遇的未知之旅，海报文案"用探索世界的方式探索自己"表明节目主旨，诠释《奇遇人生》探索认知边界、触及明星及观众内心的节目理念，让观众感受到独特的人文气质与深厚的内涵。

作为全球住宿共享模式的开创者，爱彼迎（Airbnb）一直以来强调的旅行生活方式与《奇遇人生》的节目设定不谋而合。在此之前，爱彼迎举行过"奇屋一夜"活动，将世界各地标志性的空间改装成民宿，让客人在别出心裁的地点度过终生难忘的一晚。同样是以旅行为主题的产品，同样以"探索与体验"为主要内容，《奇遇人生》与爱彼迎的基调是吻合的，在 11 月末，腾讯视频联手爱彼迎推出"请回答普通的我——向普通青年隔空投送 100 个漫长奇遇夜"主题活动。

活动内核：普通青年困惑的 10 个问题

在成长的过程中，年轻人常会以为自己是人群中最特别的那一个，拥有独特的思想和人生轨迹，但被按部就班的现实生活程序化、模式化了，相似的成长经历让年轻人对于人生的诸多命题深感困惑。年轻人害怕变得平庸，却总会在某刻意识到自己就是那亿万分之一的普通青年。

基于这样的洞察，腾讯视频联合爱彼迎围绕普通青年困惑的 10 个问题，向他们隔空投送 100 个"漫长奇遇夜"，希望能够通过免费送普通青年去经历远方的奇遇人生，使他们告别日复一日的相似生活，找寻人生的答案，重新认识自己。

精准场景营销：投送 100 个"漫长奇遇夜"来解答困惑

腾讯视频和爱彼迎选择了一种创新的营销方式，以"隔空投送"（airdrop）这一方式向普通青年发送他们心中的困惑，以及解决这些困惑的"漫长奇遇夜"的机会。

腾讯视频和爱彼迎在北京地铁 4 号线、13 号线、15 号线和上海地铁 2 号线都设置了基站，向用户"隔空投送"这 100 个"漫长奇遇夜"的邀请。接受这份邀请的用户将深入其中一个夜晚，了解那个"漫长奇遇夜"所带来的独特体验与感受。

在下班时间的地铁上，低头看手机的人们均有可能收到来自"漫长奇遇夜"的故事和邀请，这增强了活动的惊喜感和互动感。

如果说地铁里向个人投送是隐性的，具有一定的神秘感，那么安置在不同地点兼有投送基站功能的巨型月亮线下装置则是显性的，直接引起年轻人的关注。例如，上海同济大学的巨型月亮线下装置以"时间"为主题，针对正值大学阶段的年轻人提出"怎样才算没有虚度青春"的问题。独特的装置吸引了众多学生的关注，他们纷纷参与到活动中。

这类针对特定人群的实体投送还包括北京望京SOHO附近的"冒险"主题、上海老西门的"贫穷"主题、上海五角创业中心的"大人"主题等，以巨型月亮为线下装置具象化载体，"漫长奇遇夜"以实体投送的方式闯入了人们的生活，以对视觉和心灵的冲击引起人们的思考与共鸣。路人在看到这些巨型月亮的同时，还会在手机上收到100个"漫长奇遇夜"的邀请。

不同地点的主题都直指附近人群的痛点，比如针对写字楼的上班族，以"不顺应社会规则有可能成功吗"发问；对步行街熙熙攘攘的人群，则以"孤独是否因为不被了解"发问，戳中热闹背后路人内心的疏离与孤独……精准定位的用户触点能够最大限度激发用户的情感共鸣与价值认同，吸引用户参与活动。

线下投放还会发布共享办公社区和各大潮流胜地的海报，让附近人群结合场景特点作答相应问题。在创业青年聚集的共享办公空间里，"人是否总得有一次不计后果，做自己喜欢的事"的问题激励着这些或许在创业路上怀疑自己的年轻人，在增加活动曝光的同时，也提升了受众对品牌的好感度。

不管是手机上的隔空投送、户外的巨型月亮装置，还是闯入式的月亮灯、投放在各个空间的物料，都有一个活动二维码，导向100个"漫长奇遇夜"线上报名H5，提供100个"漫长奇遇夜"的体验机会。

话题造势：充分利用社会化媒体

在话题造势预热阶段，新世相、24HOURS、发现上海等微信公众号从《奇遇人生》节目、旅行、普通青年等不同角度切入，以各自的走心内容与读者沟通，引发读者对活动的期待，为活动造势。

在话题爆发阶段，腾讯视频官方微博发起"寻找普通青年"话题并发布视频、海报等相关物料，爱彼迎参与互动。除此之外，微博大V将亲身经历的"隔空投送"事件分享在社交网络，引发粉丝的期待，吸引他们慕名去参与活动，让话题热度持续升温。

活动开启并发出邀请函后，两天内报名人数超过1万人，据测算，两周内活动触达3000万中国年轻消费者。纵观整个事件的传播，腾讯视频与爱彼迎深度整合线上与线下多渠道媒介，进行了一场高覆盖、精准化的场景营销。活动在线上深度沟通两大品牌的忠实用户与各个圈层的粉丝群体，线下则围绕"隔空投送"这一方式进行有针对性的隐性、显性和闯入式投送，在覆盖城市商圈、地铁、校园和办公空间等大范围人群的同时，也以人生命题垂直渗透到各圈层有着各自烦恼的上班族、学生等细分人群，更有效地触达普通青年。

资料来源：刷屏朋友圈的 100 个漫长奇遇夜，腾讯视频和 Airbnb 是如何做到的?. https://www. digitaling. com/articles/86057. html；《奇遇人生》定档 925 打造"公路电影"风格真人秀.（2018 - 09 - 10）. https://baijiahao. baidu. com/s?id=16112026081165745198&wfr=spider&for=pc.

讨论题

1. 该案例在哪些环节运用了数字营销方式?
2. 该案例中的数字营销与传统营销是如何配合的?
3. 你认为这个案例的成功与不足之处有哪些?

案例分析 1 - 2

海天 CNY① 饭搭子营销

海天是中国调味品行业的优秀企业，历史悠久，是商务部公布的"中华老字号"企业之一。自创立以来，海天一直秉承着"传扬美味事业，酿造美满生活"的理念。2024 年 1—2 月，海天以开拓年轻人市场、加深该人群在厨房场景下的心智渗透为目标，联合美团开展了一次 CNY 饭搭子营销。

（一）洞察

调研发现，海天在国民心目中的认知度较高，但在年轻群体中的品牌忠诚度较低。在春节场景中，出于赠礼需求、聚会需求、社交需求等，越来越多年轻人希望成为春节主理人，而每个家庭都有自己的独特味道，全家福和年夜饭则是新年最让人印象深刻的两大元素。基于对记忆中年夜饭的复刻需求，年轻人不再是远离厨房的状态，越来越多的 90 后、00 后开始学习做饭、有做饭意愿。平台选择上，美团是年轻人在美食场景下的 App 首选，借助美团平台针对年轻人深耕买菜做饭的场景营销具有显著优势。

_____

① CNY（Chinese New Year）营销指的是中国新年（即春节）期间的营销活动策略。

（二）策略

本次营销活动以 CNY 年夜饭为节点切入，结合美团打造的买菜做饭场景，构建年节聚餐用海天的心智。通过营销创意活动带动年轻人这类潜在消费者，帮助品牌加深该人群在买菜做饭场景下的心智渗透，促进购买转化。在美团端整合优质媒介资源，结合海天 CNY 主题，植入趣味创意视频，同时联动美团摄影频道和充电宝频道，突破海天流量瓶颈，实现重点场景新客增长以及站外到站内收割闭环。

除此之外，本次营销活动还强化线下宣传渠道，与美宜佳合作，在重点市场两广（广东和广西）地区特供 20 000 份新年赠品，宣传海天全民评选代言人活动，提升该地区销售业绩。

（三）创意与执行

本次营销活动分为两个阶段。第一阶段主要借助美团微博号、美团微信视频号、美宜佳私域等媒介资源，发布海天×美团"新年增味 Fun 搭子"主题海报，将创意视频植入购物场景，强化调味料品类买菜做饭场景心智；利用美团闪光 Club[①] 站内顶级资源位，全方位盘活流量，为活动增加曝光量，美团闪购落地页加入创意视频，高频强化重点场景，触达目标人群。同期海天×美宜佳开展 CNY 活动营销。门店用渠道特供跳跳卡和新年编织袋物料，线上私域推广，介绍海天全民评选代言人活动以及 CNY 活动机制。

第二阶段利用美团旗下各 App 顶级资源位，站内持续深耕买菜做饭场景心智，同时承接美团摄影频道和充电宝频道线上线下流量；线上通过美团"猜你喜欢"板块、"实时推送"功能以及 App 内各商品分会场等资源位增加重点场景曝光；线下联动 10 家摄影馆和 10 家餐饮馆，通过 POSM[②] 陈列、充电宝机柜包装等形式，进行重点场景的持续深耕，实现场景破圈拉新。

（四）效果

本次海天与美团、美宜佳的联动营销，综合了各方优质媒体资源，整个营销活动累计获得超 6.49 亿次曝光，海天买菜做饭场景交易用户数同比增长 43.18%，海天全线商品交易总额同比增长 65.57%。针对年轻人的新玩法、

---

① 美团闪光 Club 是美团外卖重点打造的营销 IP，聚焦年轻人本地业态、生活方式与热点趋势，助力品牌打造年轻化即时零售消费阵地。

② POSM（point of sales materials）指的是辅助销售物料，如吊旗、跳跳卡、冰箱贴等。

趣味视频打破了人们对调味料品牌的老旧观念，实现场景、人群多维度扩展，同时也带来了交易总额高增长，实现了品效合一。

资料来源：海天 CNY 饭搭子整合营销．https://www.jinwujiang.com/index.php?s=/index/index/detail/worksId/549.

讨论题

1. 这个案例运用了哪些数字营销方式？有哪些亮点？

2. 如果你是海天的营销策划人员，你还能想到哪些数字营销创意？

3. 这个案例的数字营销创意是否适用于其他行业？找一个自己喜欢的品牌，试着进行复制，说说你的新发现。

第 2 章

社会化媒体营销

学习目标

读完本章后，你应该理解：

1. 什么是社会化媒体，社会化媒体包括哪些。
2. 什么是社会化媒体营销，这种营销方式有什么用，它能够给企业带来什么价值，怎么做才最有效。
3. 什么是微博营销、微信营销以及 SNS 营销，其传播特征分别是什么。
4. 为什么要做好微博营销、微信营销以及 SNS 营销。
5. 如何做好微博营销、微信营销以及 SNS 营销。

引　例

支付宝"祝你成为中国锦鲤"引爆微博

支付宝作为第三方支付平台，致力于提供简单、安全、快速的支付解决方案，在多年的发展历程中不断完善移动支付的综合性业务，已发展成为融合了支付、生活服务、政务服务、社交、理财、保险、公益等多个场景与行业的开放性平台。2018 年 9 月 29 日，为迎接国庆长假，进一步扩大品牌影响力，支付宝官方微博发起"祝你成为中国锦鲤"的抽奖活动。

此次抽奖活动的参与形式非常简单，分为两个部分：针对国庆出境旅游的用户，使用支付宝可能抽取到免单福利；对于没有出境旅游的用户，只需要转发该条微博就有可能成为"中国锦鲤"，享受官方微博所有福利，其中包括免费拥有全球各地的奢侈品包、鞋服、化妆品，吃饭、旅游以及各类休闲活动免单等，还能接受美国陈纳德将军飞行学院的私人飞行员免费培训，令广大网友十分心动。此条微博一经发出，阅读量超过 2 亿，周转发量超过 310 万，互动总量超过 420 万。

此次锦鲤转发活动大获成功，微博营销功不可没，其营销手段呈现低门槛、随机性以及互动性的特色，极大地提高了网友的参与热情，后续的话题讨论更增加了这次活动的独特性。此外，各种商家的点赞和留言支持、大 V 的话题互动、支付宝微信公众号的引流也整合了用户流量，即使用户在不同的终端也能了解到此次活动并参与其中。

麦克卢汉曾经说，媒介是区分不同社会形态的重要标志，每一种新媒介的产生与运用，都宣告了一个新时代的来临。互联网的高速发展，再加上手机、平板电脑等移动终端的普及，使社会化媒体的使用越来越广泛，它在改变人们媒介使用习惯的同时也颠覆了人们的生活方式。基于"使用与满足"的传播学理论视角，社会化媒体可以满足人们的认知、社交、获取信息、消遣娱乐等需求。"今天你'刷'微博了吗？""帮忙赞一下我的朋友圈状态呀，亲！""快分享我的相册，特别好玩！"简简单单的几句话，反映的是数字时代社会化媒体给人们的生活方式带来的影响。那么，到底什么是社会化媒体呢？

第 1 节 社会化媒体概述

"社会化媒体"一词由英文"social media"翻译而来。时至今日，这一概念已经被广泛应用，但是对其内涵和外延仍旧众说纷纭。根据国内外相关文献的分析，笔者简要梳理了学者们对社会化媒体这一概念认识的发展脉络。

学术界普遍认为，最早提出"社会化媒体"一词的是美国学者安东尼·梅菲尔德（Antony Mayfield），他于 2007 年在《什么是社会化媒体?》（*What is Social Media?*）一书中，阐释了对社会化媒体的总体性认识。他认为社会化媒体是一种给予用户极大参与空间的新型在线媒体，具有参与、公开、交流、对话、社区化、连通性等特征，其最大的特点是赋予每个人创造并传播内容的能力。他将社会化媒体的基本形态分为七大类：社交网络、博客、维基、播客、论坛、内容社区和微博，分别阐述了这些形态的运作方式。[①] 安东尼·梅菲尔德对社会化媒体下的简短定义是中外学者的研究起点。

德国学者安德斯·卡普兰（Andreas M. Kaplan）和迈克尔·亨莱因（Michael Haenlein）在安东尼·梅菲尔德的研究基础上，把"个人创造内容"与"个人传播内容"具体化，对社会化媒体给出了如下定义：社会化媒体是指建立在 Web 2.0 的思维和技术基础之上，允许创造和交换用户原创内容（UGC）的，基于互联网的应用（applications）。[②] 这一定义解释了社会化媒体的产生机制，从理论上阐释了社会化媒体与 Web 2.0 及 UGC 的关系。他们对社会化媒体基于 Web 2.0 与 UGC 的应用的定义，是对社会化媒体定义的进一步发展。在此基础上，芬兰学者托尼·阿尔奎斯特（Toni Ahlquist）等认为，社会化媒体概念应该包含三个关键元素，除了 Web 2.0 与 UGC，还应包括人际关系网。[③] 这是一个重要而有意义的补充。

---

① Mayfield A. What is Social Media?. http://www. antonymayfield. com/2008/03/22/what-is-so-cial-media-ebook-onmashable/.

② Kaplan A M, Haenlein M. Users of the world, unite! The challenges and opportunities of so-cial media. Business Horizons, 2010（53）：59 – 68.

③ Ahlquist A, Bäck A, Halonen M, et al. Social media roadmaps：exploring the futures trig-gered by social media. VTT Research Notes，2008：5 – 15.

在早先的研究中，学者往往把社会化媒体视为一系列互联网应用形态，随着网络应用形态不断推陈出新，他们意识到必须从更深的层次理解社会化媒体的表现形式，于是提出了平台说。例如，游恒振在《社会化媒体的演进研究》中指出，社会化媒体应是一种媒体平台；戴维·斯科特在《新规则：用社会化媒体做营销和公关》一书中提出，社会化媒体是一种在线平台、一类技术和工具的统称；彭兰在《社会化媒体、移动终端、大数据：影响新闻生产的新技术因素》中也使用了"平台"这一概念。平台说体现了社会化媒体是一个开放的领域，在下定义时不应以一系列现有应用形态的列举为主体；此外，平台说还体现出社会化媒体是一种"回归到互联网本质的进化"。从网络应用形态到平台说，社会化媒体的定义进一步深化，这是一次认识的转变。但也有学者认为平台说过于宽泛，不能恰当地表现社会化媒体概念的所指。比如，互联网本身就是一个平台。事实上，社会化媒体虽然带有"媒体"二字，但是已经远远超出了传统意义上"媒体"的含义。他们认为社会化媒体更倾向于是网络社会中的一种组织方式，它实现了以个人为中心，以关系网络为结构的信息聚合。这种观点使得社会化媒体的定义从平台说走向组织形态，得以完善。

综合上述观点，笔者认为，社会化媒体是以互动为基础，允许个人或组织生产和交换内容，并能够建立、扩大和巩固关系网络的一种网络社会组织形态。它的思想与技术核心是互动，内容主体为 UGC，关键结构是关系网络，表现为一种组织方式。① 简单地说，它就是用户信息分享和社交活动的平台，或者可以定义为基于用户关系的内容生产与交换平台。②

凯度发布的《2019 年中国社会化媒体生态概览白皮书》，对中国社会化媒体发展现状进行剖析和洞察。报告指出，核心社会化媒体和衍生社会化媒体在中国社会化媒体生态格局中扮演着重要的角色，并将 120 余家国内社会化媒体细分为网络游戏、影音娱乐、知识咨讯、电商购物等多种类型（见图 2-1）。

在社会化媒体快速发展的今天，该如何有效利用社会化媒体做好营销工作呢？实际上，社会化媒体营销就是利用社会化网络、在线社区、微博或者其他互联网协作平台来传播和发布信息，从而形成的营销、公关和客户关系

---

① 田丽，胡璇. 社会化媒体概念的起源与发展. 新闻与写作，2013（9）：27-29.
② 张婷婷. 基于社会化媒体口碑的营销传播策略创新. 新闻大学，2013（3）：115-120.

图 2-1　中国社会化媒体生态概览图

管理的一种方式。我们已经知道，社会化媒体的发展是近年来互联网普及的产物，不管是国外的 Facebook 和 Twitter，还是国内的微博和微信，都极大地改变了人们的生活，将人们带入了社会化媒体的时代，因此，做好社会化媒体营销已成为每个企业必须面对的挑战。

第 2 节　微博营销

微博作为一种新兴的社会化媒体，以其独特性迅速吸引了众多的注册用户，成为近年来社会化媒体中使用率较高的形式之一，因此微博营销也成为众多企业选择的一种社会化媒体营销方式。2011 年，新浪、腾讯等各大门户网站都把微博提升到重要的战略位置①，中国最大的微博营销平台"微传播"网随之诞生。

虽然微博在国内快速发展，但许多企业只是单纯地通过发布企业品牌和各种活动的信息来聚拢品牌消费者，在盈利模式方面的应用则较少。不可否认的是，这一快速即时且拥有众多用户的网络服务给企业带来了巨大的营销价值：微博上真实的声音可以帮助企业迅速掌握消费者心理，了解消费者对产品的感受，获取市场动态。微博为希望被关注的人或企业提供了一种新型表达方式。一些商业嗅觉敏锐的媒体、公司、机构，比如《新周刊》、长安福特、光大银行等，都注册了微博，微博运营使它们拥有了一大批粉丝。对企业而言，微博既是整合营销传播的天然平台，又是病毒式营销的理想工具，还是管理客户关系的最佳助手。②

一、数字营销环境下的微博

随着互联网的迅速发展及其技术水平的不断提高，互联网已经成为企业营销活动不可或缺的重要部分，其无空间和时间限制的巨大优势，使企业可以非常方便地借助互联网开展一系列营销活动来促进其品牌宣传和产品推广。在数字营销的大背景下，社会化媒体正在飞速发展，其中被企业广泛应用的微博到底是什么呢？它的发展历程和特点又是什么呢？

1. 微博的定义

微博，即微博客（micro-blog）的简称，是一个基于用户关系的信息分享传播以及获取平台，用户可以通过 Web、Wap 以及各种客户端组建个人社区，单条微博以 2 000 字为上限③，并实现即时分享。

---

①　腾讯微博已于 2020 年 9 月 28 日停止服务和运营。

②　叶小荣 . 微博营销实战技巧 . 北京：清华大学出版社，2013.

③　单条微博 140 字限制的做法沿用自 Twitter，Twitter 140 字的限制最初来源于短信，当时人们可以通过发短信的方式发表 Twitter，因此 Twitter 把字数限制在了 140 字。随着网络世界信息量的日益丰富，140 字似乎已成为用户表达的一种限制。新浪微博率先作出改变，将单条字数限制提升到 2 000 字，并于 2016 年 2 月 28 日正式对微博全体用户开放。2017 年 11 月，Twitter 将单条 140 字改为 280 字。

在媒介属性上，微博是一种通过关注机制分享简短实时信息的广播式社交网络平台，我们可以从以下几个角度来看微博的定义。

（1）从关注机制角度看，微博用户之间的关注关系可以是单向的也可以是双向的。

（2）从内容量角度看，微博传递的多为简短内容。

（3）从时效性角度看，微博传递的一般都是最新的实时信息。

（4）从内容公开性角度看，微博是一种广播式的传播，其传递的内容是公开的信息，任何人都可以浏览。

（5）最后一点也是最重要的一点，从属性角度看，微博是典型的社交网络平台，也是到目前为止运用广泛且成熟的社会化媒体之一。

2. 微博的发展历程

最早也是最著名的微博是美国的 Twitter，它是 2006 年 3 月由 Blogger 的创始人埃文·威廉姆斯推出的，用户可以经由 SMS（短消息服务）、即时通信、电子邮件、Twitter 网站或 Twitter 客户端软件输入最多 140 字的内容，这是社交网络及微博客服务的全新世界。

Twitter 的诞生把世人引入了一个名为微博的世界，Twitter 也成为国内各企业竞相效仿的对象。从校内网起家的王兴于 2007 年 5 月建立了饭否网，开启了中国的微博时代。随后，叽歪网、做啥网相继上线，腾讯于 2007 年 8 月 13 日推出了腾讯滔滔。从 2008 年初开始，国内微博发展进入了沉寂期，其间没有新的微博服务商出现，用户规模的增长也不快。经过一年多的沉寂，从 2009 年 2 月开始，国内微博开始焕发出新的活力，大量微博网站相继上线，用户规模激增，微博成为我国互联网发展的新热点。2009 年 8 月，新浪微博正式上线，主打名人效应的策略使其迅速成长为中国最具影响力的微博。在其影响下，综合门户网站微博、垂直门户微博、新闻网站微博、电子商务微博、SNS 微博等纷纷成立，甚至连传统媒体电视台、电信运营商也开始涉足微博业务。CNNIC 发布的《2014 年中国社交类应用用户行为研究报告》显示，截至 2014 年 6 月，微博在全部网民中的覆盖率为 43.6%，标志着中国已真正进入了微博时代。2025 年 3 月，新浪微博发布的 2024 年第四季度财报显示，截至第四季度末，微博月活跃用户数为 5.9 亿，日均活跃用户数为 2.6 亿，可见当下微博已拥有海量的用户。

3. 微博的特点

微博作为一种兼具微博客和社交网络特征的新型社会化媒体，具有以下几个特点。

（1）便捷性高。用户在使用微博的过程中，不需要运用太多的逻辑思维来组织文章内容，只要会发短信就能发布微博，不需要复杂高端的技术操作，只要会使用手机或者电脑就能发微博，随时随地，一句话、几个字、一张图片、一条链接就可以实现互动交流，微博的便捷性显而易见。另外，随着手机和平板电脑等智能终端的普及、网络覆盖面的扩大以及微博客户端的日趋人性化，用户对微博移动客户端的下载需求日益增长。通过使用微博移动客户端，用户能充分利用碎片化时间浏览和发布信息，体现了便捷地浏览信息和社交的优势。

（2）互动性好。大量微博以"转发"或"转发＋评论"的方式携带信息源进行互动和传播。用户间单向的关注与被关注身份，决定了大多数用户在事件或信息传播中扮演围观者和倾听者的角色，任何人都可以在围观倾听的过程中添加评论，让自己的评论成为源信息的一部分。这些评论由于附加在源信息上，也会得到一定的关注，获得相应的围观者和倾听者，这样既能保证个人即时发布信息，又能通过互动评论导入外界信息。微博还能在传递中不断增加信息量，最后形成更大数量级的关注。

（3）开放性强。微博面向用户的开放程度极高，用户只需拥有智能手机，会简单的文字输入即可参与；从传播内容的角度来看，微博传播的内容兼具开放性与包容性，涵盖范围极广，从国际关系到国家政策，从资源分配到金融财经，从社会民生到八卦娱乐，无所不包，无所不有；用户通过点赞、评论与转发进行互动，不论是否关注企业的官方微博，均可在其微博下方自由表达观点，也可随时随地点赞和转发，这也在一定程度上增加了信息再传播的可能性。

（4）内容碎片化。新型网络媒介的崛起使得信息传播渠道激增，信息量呈爆炸式增长，人们的思考和表达方式也相应发生改变，开始放弃对信息完整性的追寻，转而接受一种更加碎片化的表达模式，这要求既面面俱到，又点到为止。微博本身短小的篇幅恰恰迎合了这种需求，不需要深厚的文字功底和表达技巧，可以随时随地用简短的话语表达心情、发布消息。微博的内容呈现碎片化的特点，用户不用过多地考虑谋篇布局，可以畅所欲言，一句话、几个字都可以成为一条微博。

（5）核聚变式的传播模式。在开放的微博平台上，每个人都有一个社交圈，在这个社交圈中的每个人又都有各自的社交圈，随便发布一条微博，这条信息就可以通过一个人传给他的社交圈，这个社交圈中的任何一个人都有可能将信息再传给他的社交圈，依此类推，无限循环。它将传统的"1 to N"模式推向更高层的"1 to N to N"，一人传给多人，再以多人中的每一个人为中心呈放射式散播，产生如同核聚变的巨大效应。在这种模式中，每个人既是信息的发布者，又是信息的接收者，在生产信息的同时又消费信息。

（6）信息的即时性。微博与移动设备（如手机、平板电脑等）的绑定，使得用户可以不受时间和空间的限制，在最短的时间内，以最少的字符随时随地发送所见所闻所感。由此，微博不止一次走在传统媒体的前面，最先将消息公之于众并为新闻提供线索。信息的即时性让微博成为新闻发布的重要阵地。

二、微博营销的定义及特点

通过上面的介绍我们可以知道，微博是一个可互动的开放平台，具有独特的传播特性，凭借信息的即时性、良好的互动性等优势深受广大用户喜爱，因而如何做好微博营销是每个企业都应该思考的一个重要问题。那么，什么是微博营销？微博营销有什么特点？微博营销有什么价值？要想做好微博营销，企业可以采取哪些策略呢？

1. 微博营销的含义

关于微博营销，百度百科的解释是："微博营销以微博作为营销平台，每一个听众（粉丝）都是潜在的营销对象，企业利用更新自己的微型博客向网友传播企业信息、产品信息，树立良好的企业形象和产品形象。每天更新内容就可以跟大家交流互动，或者发布大家感兴趣的话题，这样来达到营销的目的，这样的方式就是微博营销。"[1] 还有学者将微博营销定义为"博主通过更新微博内容来吸引其他用户关注，并通过双方沟通和交流时的信息传递来

---

[1] https://baike.baidu.com/item/微博营销/2558948?fr=aladdin.

实现营销目标的一种营销方式""是一种以 Web 2.0 为基础的新媒体营销模式，企业可以通过微型博客，快速宣传企业新闻、产品、文化等，形成一个固定圈子的互动交流平台"等等。

由此可见，由于认识角度不同，人们对微博营销的内涵有不同的理解，但也有共同点：微博营销是基于微博这一新媒体平台的营销，是与微博新媒体特点紧密联系，并可与其他媒体有效整合的营销方式。

2. 微博营销的特点

随着微博作为一种创新的信息传播方式开始盛行，微博营销日益受到企业的重视。企业只要在网站上实名注册一个微博，及时更新发布信息，就可以快速地在网络上建立起企业的品牌形象，准确有效地将企业的各种信息传达给潜在客户。企业在利用微博营销时需要把握好微博营销的特点，以便更好地达到宣传推广产品和品牌的目的。微博营销除了用户覆盖范围广这一特点外，与其他营销方式相比，还有以下几个特点。

（1）立体化。从产品的角度来说，当今社会不仅产品同质化严重，而且新产品令消费者目不暇接，人们对商品的深入了解往往需要多种途径，在传递产品信息时，谁能做到将信息具象呈现，谁就可能激发消费者的购买欲望，进而使消费者坚定购买信心并采取购买行动；从品牌的角度来说，要提高品牌的"三度"，即知名度、美誉度、忠诚度，都离不开对品牌定位、品牌形象、品牌文化等的宣传，渠道的选择更是宣传工作的重中之重。微博营销可以借助先进的多媒体技术手段（如文字、图片、视频等）对产品进行描述，具有视觉上的直观性和冲击力，使消费者能够全面了解有关产品和品牌的信息，这就是微博营销的立体化特征。

（2）低成本。营销策划中资金预算是非常重要的，与传统广告相比，微博营销不需要繁杂的行政审批程序，也省去了企业支付给广告刊播平台的费用，这样不仅帮助企业节省了推广费用，而且大大节约了人力和时间成本。在微博上，企业可以发布任何与企业相关的文稿、图片、视频或者网站链接，免费进行企业宣传。

（3）便捷性。微博操作简单，信息发布便捷。只需要简单的构思，就可以完成一条信息的发布。这比发布博客要方便得多，毕竟构思一篇好博文要花费很多的时间与精力。

（4）互动性强。"微博营销的互动性首先体现在给消费者提供发言的机会，其次是可以直接为特定的潜在目标消费者量身定制个性化的信息，使得企业的营销活动更富有针对性和人情味。"[①] 微博具有社交网络的开放性，用户可以对企业微博进行评论、转发等，企业则可以针对特定的潜在消费者进行互动，通过回复用户，让用户感受到企业的人情味和趣味性，增强营销效果。

三、微博营销价值分析

微博营销作为数字时代的一种重要营销形式，逐渐成为企业进行品牌形象塑造、宣传企业产品的重要途径。微博营销具有重要的营销价值，如果企业能够发挥其正面的蝴蝶效应，必将在激烈的市场竞争中占据一席之地。总体看来，微博营销的价值包括以下几个方面。

1. 提升企业的品牌知名度

唐·舒尔茨（Don E. Schultz）说过："在同质化的市场竞争中，唯有传播能够创造出差异化的品牌竞争优势。"对企业而言，微博是树立、推广自身品牌形象的绝佳平台。当企业在微博上以官方身份出现时，本身就是在大众面前的一次自我曝光和宣传。当然，企业在微博上介绍新产品，推出新服务，或者利用品牌代言人的微博来发布产品介绍，也是企业进行营销和推广的方式。

借助独一无二的交互方式和多渠道的传播方式，微博能够实现企业与用户之间的对话。微博上的粉丝往往是主动跟随者，因此企业能够获得用户的认同。这不仅能够增进信任，保证对话的质量，而且能提升产品和品牌的知名度与美誉度。

2. 维护和管理客户关系

微博的直接性和互动性使得企业可以很好地收到客户反馈，增加获取客户需求的机会，与客户建立良好的联系。事实上，企业可以通过微博平台开展售前和售后的服务，以此来优化客户体验，同时节省服务成本。微博不仅是企业和客户之间沟通的桥梁，而且是粉丝之间互相交流和分享的平台。

随着信息获取渠道的多元化，客户的反馈意愿也逐渐增强，这迫使企业

由以往的引导沟通方式向倾听沟通方式转变。再加上微博具有互动性，用户在微博上畅所欲言，企业可以利用微博收集到大量真实的客户反馈。企业可以通过搜索关键词来查看与产品或品牌相关的内容和评论，及时对客户的意见和建议作出回复，并在此基础上不断改进产品和服务，提升客户的满意度。

3. 实时监测传播效果

微博能使企业获取消费者的兴趣和偏好需求，深入了解市场潜在机会以及竞争对手的优势和劣势所在，并以此为导向更精准地对如何更好地为消费者创造价值作出决策。

企业可以对在微博上进行的各种活动进行全程"微直播"，还可以在特定时间开展"微访谈"，跟踪和记录用户对企业各种营销活动的反应，了解用户的看法和想法，及时回应用户反馈，对活动的传播效果进行直观和公正的评估监测。借助微博，企业可以收集分析粉丝的言论，获取粉丝的个人动态和潜在消费意愿。企业还可以在微博上利用第三方应用发起投票和调查，甚至可以针对调查中涉及的问题与用户进行一对一沟通，提高调查的实时性、互动性和准确性。[①]

4. 开展危机公关，树立良好形象

微博是企业发布信息的重要渠道，并以其沟通快速、开放、透明的特点以及相对软性的传播方式，成为企业预防和处理危机的理想工具。

首先，企业可以通过微博及早发现危机的苗头，及时反应，主动沟通，防患于未然；其次，在危机发生后，企业可以通过微博把事实真相迅速、准确地呈现在公众面前，让公众了解得更全面、更客观；再次，企业可以通过微博随时掌握公众对危机的反应，表明企业的态度和立场，防止事态进一步恶化；最后，企业可以适时发布危机处理过程和结果，安抚公众情绪，重塑企业形象。因此，当企业面临危机事件时，微博是进行危机公关、表明企业态度和立场的一个有效途径，它可以使企业免遭危机事件的影响，甚至创造良好的口碑和企业形象。

5. 孵化网红，助力粉丝经济增长

随着泛娱乐化的蔓延和分享经济的发展，人物或内容的影响力资产将重

---

① 姜炜.企业微博营销传播探究.上海：上海外国语大学，2013.

构互联网话语体系，驱动创新势能增长，也在兼具社交和媒体双重属性的微博平台上催生了一批活跃的网红，他们能够创造或传播个性化内容，获得关注并聚集大量粉丝，通过多种手段将流量变现，这已成为互联网经济产业链的重要一环。[①]

中研普华研究院等权威机构的数据显示，2022 年中国网红经济市场规模达到 1.3 万亿元，同比增长 26.9%。全球范围内，2023 年活跃网红数量超过 1 000 万人，市场规模以超过 30% 的年均增速增长。事实上，网红已成为连接粉丝群体与品牌的重要纽带。企业通过团队化运作，培育自身垂直领域的网红并让其与粉丝互动，引爆热点话题，增强网红与粉丝之间的黏性，有利于锁定潜在消费人群，提高产品转化率。

四、微博营销策略分析

网络时代的每一次技术变革都伴随新的商机，从即时通信工具到论坛网站，从博客到 SNS 网站，互联网创新推动新营销模式不断涌现。微博因其独特的信息发布方式与广泛的社会影响力越来越受到企业的关注，微博营销做得好，有助于塑造良好的企业形象，扩大品牌知名度，促进企业的发展。那么，如何做好微博营销呢？

1. 互动营销策略

互动营销策略是指企业在微博平台上运用正确的方式，在合适的时机建立企业与消费者之间的良性互动。微博克服了传统媒介平台只有单向信息传播出口的缺点，企业可以在微博上通过各种吸引眼球的话题和活动鼓励用户积极参与评论和转发。可以说，微博的交互性使其成为企业与消费者之间沟通的桥梁。

企业利用微博做好互动营销，可以让消费者了解企业文化和产品信息，消费者通过对企业微博的点赞、评论和转发表达自己的态度和观点，帮助企业完善产品或服务，乃至参与企业的发展进程，产生是品牌建设主人翁的归属感。企业要了解市场需求，把握消费者动态，就需要与消费者进行直接沟通，利用微博的高效性、开放性、交互性等特点积极与粉丝交流。"企业也可

---

① 孙蕾. 新浪微博网红产品营销策略研究. 大连：大连理工大学，2016.

转发一些具有代表性的用户留言、回复，展现企业与消费者的互动，拉近与粉丝的距离，提升企业亲和力。"①

互动营销的最佳实践者当属小米公司。小米自创立以来就一直坚持"手机发烧友"的品牌理念，保持与广大发烧友的深度互动。从发布第一款手机到小米路由器、小米电视机、小米汽车等产品，无不是小米坚持与粉丝用户互动交流、不断改进的结果。在小米的官方微博上，每天都有大量的粉丝用户与小米沟通交流。一方面，粉丝用户在使用小米产品的过程中有任何问题和要求都可以直接反映给小米公司，得到解决和满足；另一方面，小米公司在与粉丝用户的互动中，可以了解产品的不足并加以改进，小米公司通过微博直接面对消费者，有利于全面把握消费者的需求。

企业与粉丝互动的形式多种多样，如不定期送小礼品、日常分享、新品折扣、互动性话题、直播福利、买家秀鼓励、意见征集与关怀等。② 以海尔为例，其发起的话题"美好生活在此刻"阅读量达 1.1 亿，参与讨论量达 18.9 万，"潮流生活智定义"阅读量达 5 255.7 万，参与讨论量达 16.9 万，其内容涵盖广告、微博转发抽奖、新品发布、明星代言等，尤其是"双十一""双十二"购物狂欢节，网友对此有着热烈而充分的讨论。"试试转发点赞这条微博，真的什么都不会发生"与"转发这条锦鲤，你将会有好运发生"此类趣味性较强的互动拉近了企业与粉丝的距离，让粉丝感受到企业的年轻活力。随着微博与淘宝、京东等电商平台的业务关联日益紧密，企业发出各种优惠券进行平台间导流，不仅给粉丝让利，而且在保持客户满意度与忠诚度方面有重要作用。

2. 情感营销策略

情感营销策略是指企业运用消费者普遍认可、信赖的传播优势，通过在微博平台上对目标消费者进行情感分析、定位、互动、巩固等策略，挖掘、调动其情感需求，最终满足其诉求，实现营销目标。

我们知道，社会化媒体是建立在一定的人际关系链之上的，微博也具有基于人际关系的社会化传播特征，它的关注链条就是建立在相识人群、信任人群或有共同价值观人群之间的。一条微博借助转发、评论等手段可在这些

---

① 王莞. 论企业微博营销. 武汉：中南民族大学，2012.
② 张琪. 网红服装店铺互动营销探析. 中国市场，2018（34）：124－125，135.

具有特定联系的社交群体中广泛传播，包含在内容中的情感因素也会随之扩散，这恰恰与企业进行情感营销的要求相契合。

　　企业进行微博情感营销时，首先需要进行情感定位，确定微博情感营销的主题及内容。要做到这一点，需要分析大量的消费者信息，确定目标消费者并对其需求进行准确分析，只有这样，确定的情感营销主题才能吸引更多的目标消费者，也更容易使其成为忠诚消费者。其次，情感营销的微博内容需形成一个有独特人格个性的虚拟情感形象，文字力求亲切自然，贴近消费者。只有满足消费者情感需求的人性化营销，才会使消费者产生信任感。最后，企业要利用微博强大的互动性与消费者建立长期的情感联系，通过及时回复消费者的疑问、解决产品问题等积极行为，使消费者逐步产生对企业的信任与情感，在潜移默化中形成长效营销。

　　最有特点的案例就是微博上以亲情、爱情、友情为主题的营销活动。比如假牙护理品牌保丽净在进入中国市场时，并没有将营销目标设定在使用假牙的老人身上，而是聚焦在 25～39 岁的主体消费人群身上，因为在销售产品的过程中，保丽净发现，有相当一部分消费者并不是假牙佩戴者本人，而是其子女。子女在外工作，没时间陪伴在父母身边，内心通常会怀有愧疚感，保丽净决定利用这种愧疚感，从年轻人热衷的微博入手，将保丽净塑造成连接父母和子女情感的桥梁，吸引年轻人群关注保丽净并激发其购买需求。保丽净在父亲节、母亲节之际，从亲情的角度出发，从儿女的视角思考，先后在其官方微博上推出了"亲情距离测试""微家书""亲情视频"三部曲，得到大量微博用户的关注和点赞。据统计，活动效果远远超出预期，保丽净官方微博的粉丝数量增长到 6.5 万，粉丝的质量与活跃度很高，共发送微家书 18 万多条，名人微访谈 1 小时问答次数达 4 000 多次，保丽净品牌曝光超过 1.5 亿次。由此可见，企业只要善于利用情感营销策略开展微博营销活动，就可以获得巨大收益。

　　3. 优质内容策略

　　优质内容策略是指企业利用微博发布经过设计的新颖营销事件或关注最近的热门话题，以优质原创内容和互动活动机制获得网友的转发和评论，吸引用户关注，从而达到提升企业知名度、打造企业品牌等营销目的的策略。①

---

　　①　赵黎昀 . 微博营销探析：策略研究与前景分析 . 郑州：河南大学，2012.

有了微博这样一个与消费者零距离接触的交流平台，企业的负面信息与不良用户体验很容易迅速传播，可能给企业带来不利影响。好的企业微博就像企业的新闻发言人，发布的信息更具参考价值和可信度，承载了品牌形象监测和推广的功能。因此，微博发布的内容必须是优质的，此处的优质不是指语法、韵脚上的优质，而是指基于用户角度的一种考量，需要满足用户的审美和信息需求。

企业在采用优质内容策略时，需要注意几点：一是产品宣传应避免单一说教或者单向传播，应巧妙利用植入式营销，突出消费者的感受，表现出乐于倾听和沟通的态度，尽量使文字简单、明晰、幽默、独特、口语化并带有时代特色。比如早期的微博流行语"凡客体"便是由凡客诚品网站的广告语演变而来的，博文营销使凡客诚品成功扩大了品牌影响力，宣传了企业文化。二是重视互动性。企业在微博上发布的内容若想吸引消费者，要丰富活动的形式，改进激励措施，提升消费者互动的意愿，这样才能带来更多的关注、评论和转发。三是推进在线客户服务。要做到定时、定量、定向发布内容，让消费者养成浏览习惯，消费者登录微博后，能够想着看企业微博的新动态，只有做好在线服务才能达到这个境界，企业要通过微博尽可能持续出现在消费者眼前。较为典型的案例是杜蕾斯官方微博，其在微博上的运营手法可圈可点。微博用户关注杜蕾斯官方微博后，会看到很多有趣的、充满互动性的内容。无论是精心打造的"小杜杜"形象还是优质的微博内容，都极大地引起了网友的兴趣，同时优质的内容富有互动性，邀请网友参与相关话题的讨论并给予一定的奖品，进一步调动了网友的热情。四是规范企业微博内容，维护品牌形象。企业在进行微博营销内容的创作时，追求流量热度需以维护良好的品牌形象和产品口碑为前提，切忌进行不恰当的联动与合作，给品牌造成负面影响。例如，一直以来以优秀的内容营销著称的杜蕾斯官微也有"马失前蹄"的时候。2019 年 4 月 19 日杜蕾斯官微发起了一个"419 不眠夜"的话题，与喜茶、饿了么、淘票票、百威啤酒等热门品牌进行联动营销，却因海报文案带有低俗的暗示意味，与饮品等营销卖点结合不当，给受众带来了强烈的不适与反感，由此引发巨大争议，并受到上海市市场监督管理局的处罚，一时间让杜蕾斯的官微形象从"风流"变为

"下流"。① 因此，在微博运营中，优质的内容是关键，只有优质的内容才能吸引网友的关注与积极参与。

4. 意见领袖策略

在传播学中，活跃在人际传播网络中经常为他人提供信息、观点或建议并对他人施加个人影响的人物被称为意见领袖。意见领袖作为媒介信息和影响的中介及过滤环节，可以对大众传播效果产生重要的影响。微博的意见领袖策略是指企业微博通过锁定意见领袖，引导意见领袖去讨论和传播与企业或产品有关的事件话题，快速、广泛地影响大量其他用户，从而达到提高品牌知名度或者其他预期的营销效果。

在互联网世界，意见领袖拥有强大的话语权，时刻影响着数以万计的"围观"群众，每个意见领袖都有自己的粉丝群，其中既有名人也有草根。此外，不同领域的意见领袖之间关系密切，一个意见领袖对某一事件的关注，很容易引发互动频繁的其他意见领袖的转发与评论，可以迅速形成集聚效应，极大地加快信息的传播速度，扩大事件的影响力。然而，企业在使用意见领袖策略时应该注意，要选取和自己品牌形象匹配的意见领袖，否则会显得生硬，适得其反。

运用意见领袖策略的经典案例当属完美日记。在市场竞争异常激烈的彩妆市场，完美日记却凭借意见领袖策略，实现 8 个月内销量增长近 50 倍，不但力压国货同行，更是全面赶超国际大牌。② 2019 年 3 月 13 日，完美日记探险家十二色动物眼影全面上线，在上线前，完美日记便选择头部意见领袖提前曝光产品，制造话题热度，随后联合中底部意见领袖进一步扩散宣传，交叉触达消费者。在时间选择上，完美日记意见领袖策略与产品促销活动节点结合紧密，有效缩短了消费者由"产品种草"到"消费拔草"的链路，快速实现了产品销量的转化提升。可见，意见领袖在微博事件的发生发展过程中起着至关重要的作用，企业如能灵活、恰当地运用意见领袖策略，将取得意想不到的效果。

---

① 杜蕾斯大型"翻车"现场：风流和下流只有一字之差．（2019 - 04 - 22）．https://baijiahao. baidu. com/s?id=16314798410100021728-wfr=spider&for=pc.

② 爆款品牌完美日记的 KOL 投放策略．（2021 - 03 - 17）．https://zhuanlan. zhihu. com/p/ 357827824.

5. 多账号矩阵策略

多账号矩阵策略是指企业在微博平台上申请多个微博账号，建立多账号微博传播体系，形成一个强大的传播系统。

微博矩阵传播系统有三类：第一类是蒲公英式，它适合拥有多个子品牌的集团公司，例如阿迪达斯账号的蒲公英式系统（见图 2-2）；第二类是放射式，由一个核心账号统领各分属账号，分属账号之间是平等的关系，信息由核心账号向分属账号放射，分属账号之间并不进行信息交互，这样的系统适用于地方分公司较多且为当地服务的企业，这类企业集团账号的构建模式被称为 HUB 模式，例如万达集团账号的放射式系统（见图 2-3）；第三类是双子星式，企业老板账号很有影响力，官方账号也很有影响力，账号间形成互动，它适用于老板名人效应很强的企业，例如"小米"账号的双子星式系统（见图 2-4）。这三类模式都属于初级矩阵模式。企业要想建立一个成气候的微博矩阵体系，除了主账号、子账号外，还需要很多小账号。这些小账号要站在消费者的角度，润物细无声地影响消费者。[①] 企业需要在有效把握目标受众心理的基础上，综合运用各种传播媒介和手段来宣传推广其微博，形成多重立体化的宣传网，扩大微博的影响力，使微博真正成为企业塑造品牌的有力工具。

6. 社群营销策略

社群营销策略是指企业在微博平台将使用同一品牌或具有相似价值观的群体集合，为其提供价值服务，引导群体与品牌产生良性互动，培养忠诚消费者。以微博为首的社会化媒体给予了企业和消费者更多发声的机会，企业可通过管理微博超话和官方粉丝群与消费者建立持续的互动关系，充分发挥粉丝的价值，建立品牌生态闭环。

开展微博社群营销对企业和消费者来说是互利互惠的。企业能够以最小的投入获取目标消费者并进行高效的客户管理，将其培养为忠诚顾客。微博社群是企业和消费者之间良好的沟通平台，通过与消费者的沟通互动，企业能及时获取市场反馈，把握消费者需求，对产品改进和品牌发展都具有重要意义。社群内优质的 UGC 及口碑推荐因其高精准度和高可信度，对消费者具

---

① 杜锐. 论企业微博营销策略. 现代营销，2013（5）：97.

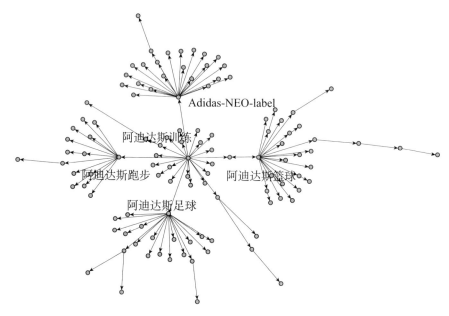

图2-2　阿迪达斯账号的蒲公英式系统

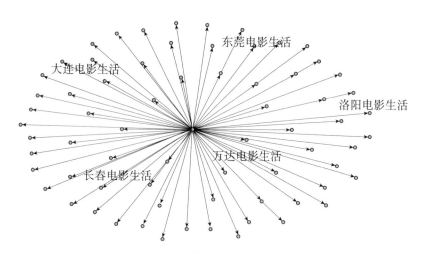

图2-3　万达集团账号的放射式系统

有极强的消费劝服作用，因此能够为企业实现良好的销售转化。对消费者而言，企业社群提供了更丰富且及时的营销资讯，社群内的专属优惠和福利也是吸引其参与的一大原因。用户在微博社群中能掌握更多主动权，拥有表达自己态度和观点的机会，对产品的问题和反馈也能够得到及时的回复，甚至

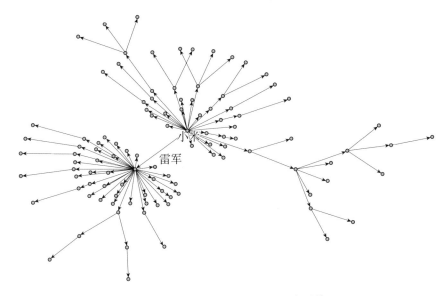

图 2-4 "小米"账号的双子星式系统

可以参与到产品设计和品牌建设中。

打着"趣味社交货币"标签成功实现小众潮玩出圈的泡泡玛特，一直以来在微博社群运营上做得非常出色。在微博中，泡泡玛特共拥有 8 个官方粉丝群，人数近万，粉丝群承担着产品交易、资讯分享、福利发放等多种功能，群组有着严格的规则制度，群主和管理员均来自官方，用户需与官方微博有一定的互动量（关注、转发、评论、点赞）后方可成为"铁粉"，获得入群资格。粉丝群的门槛设置也为泡泡玛特提供了更丰富的营销方式，例如采用"仅入群者可购"的饥饿营销方式售卖限量款产品，为社群打造专属福利。此外，在泡泡玛特超话中，官方账号通过发放福利吸引粉丝参与打卡、买家返图、拆箱、话题互动等活动，带动社群氛围和官方微博互动。可以说，泡泡玛特微博社群真正实现了企业与粉丝的良好沟通，释放圈层经济价值，充分发挥了潮玩"社交货币"的作用。

企业在进行微博社群营销时需要首先明确社群定位，打造独特的圈子氛围，以此来吸引特定群体并建立起高黏性的社群文化。比如自媒体社群"罗辑思维"就有着清晰的社群定位——"第一知识群"，其受众聚焦于对丰富知识、先进思想需求旺盛的知识分子人群，所提供的服务也是围绕该人群定制的精选文章、资讯小报、视频脱口秀。[①] 其次，社群应为成员提供优质的产品和服务，包括使其获得企业资讯的信息价值、社群福利的利益价值、优质内容的学习价值和交友圈层的链接价值。最后，社群营销同样需要通过促销活动来提高品牌社群知名度，吸引更多潜在用户的加入，提高社群的互动性。除了微博线上互动活动，社群还可以定期举办线下活动，促进社员间的交流，提升社群关系强度和社员品牌忠诚度。

7. 整合营销传播策略

整合营销传播策略是指运用微博平台，综合海量信息与多重传播渠道等传播优势，通过事件营销、品牌推介等方式传播企业与品牌影响力。企业在进行微博整合营销时需要在有效把握目标受众心理的基础上，尽可能地调动各种资源，综合各种传播媒介和手段推广微博，提升微博影响力，使得顾客在任何媒体上都可便捷地了解企业信息。整合营销传播理论在微博平台中的应用主要包括两个方面：一是企业微博内部的资源整合；二是企业微博与其他资源的整合。微博内部的整合包括企业的官方微博、企业管理者微博、企业子微博这三种资源的整合。以小米公司为例，"小米公司"为其官方微博，用来发布公司重大新闻、产品信息以及营销活动；"雷军"为小米董事长微博，用来与大 V 粉丝交流互动，发布独家消息；还有"小米手机""小米汽车""小米智能生态""小米之家"等众多小米子微博，用来与受众在不同领域进行沟通。

企业将微博与其他资源整合时应该注重哪些方面呢？一是整合主流网络媒体。比如新华网、人民网、新浪、搜狐、网易、腾讯等，这些主流网络媒体具有较强的公关能力，它们提供的策划、发布、监测等全方位服务能提升企业的整体营销力。二是整合微信、论坛、社区、SNS 等社交网络。通过嵌入社交网络的热点话题、热点事件并进行互动，可以引起更多网友的关注。三是整合视频分享网站。通过视频分享网站的创意服务和主题设计，安排广告定制或者广告植入，也是比较常用的营销手段。四是整合搜索引擎营销。百度、谷歌等搜索引擎的服务全面而有效，通常能以较小的投入获得极大的访问量和商业价值。[②] 五是整合线上线下活动。线上为线下活动造势，同时线

---

① 李雪娟. 社群经济发展策略研究. 昆明：云南大学，2015.

② 刘新荣. 微博营销的原则与策略研究. 现代营销，2013（10）：55-56.

下活动吸引更多人参加线上活动，二者很好地结合，通过裂变式传播实现信息的大范围传递，强有力地吸引媒体和消费者的关注。还可以将活动现场情况制作成病毒式视频，进行二次包装和传播，达到进一步扩大宣传的目的。

案例 2-1

珀莱雅联合《中国妇女报》的微博营销成功之道

2021 年国货美妆品牌珀莱雅在第 111 个国际妇女节期间，联合《中国妇女报》发起"性别不是边界线，偏见才是"主题活动，并发表了"在成为一个女人或男人之前，我们首先是人"相关长文案。同时基于这段长文案，珀莱雅发布了极具品牌态度的 TVC，邀请了独具个性的歌手直面镜头为对抗性别偏见发声，在表达打破刻板印象的"双抗"价值主张和态度的同时，也传递出其品牌态度，成功引起公益圈、学术圈、广告圈等各个圈层关注和讨论，实力"出圈"。

女性是珀莱雅的主流消费群体，也是产品创新的灵感源泉。作为国产护肤品牌，珀莱雅致力于打造属于自己的勇敢无畏的品牌精神，并鼓励所有人敢于追求自我、表现自我，让性别不再成为刻板印象，共同携手打破性别偏见。在此次营销中，珀莱雅推出定制"双抗精华艺术礼盒"，其中包括主打产品——双抗精华。作为本次传播主张的载体落点，珀莱雅将双抗精华"抗氧抗糖"的特点与品牌联合女性男性共同对抗性别偏见的"双抗精神"无缝相融，使产品在满足消费者实质需求的同时，让消费者更好地感知珀莱雅传达出的积极对抗性别偏见的品牌态度。

在珀莱雅此次品牌营销活动中，微博作为重要的营销传播阵地凸显其社会化媒体营销价值。

1. 持续造势，提升话题讨论热度

珀莱雅前期不断为话题造势，早在 2 月 24 日，珀莱雅便联合《中国妇女报》在微博发起"性别不是边界线，偏见才是"的话题活动，呼吁对抗性别偏见，打破刻板印象，并邀请网友互动，网友纷纷留言讲述曾遭受过的性别偏见。3 月 7 日，《中国妇女报》在微博发布宣传视频进行预热，3 月 8 日，珀莱雅微博官宣发布三八妇女节特别宣传片。"性别不是边界线，偏见才是"这一话题在 3 月 8 日当天引爆全网，获得了 1.5 亿阅读量和 10.6 万讨论量。珀莱雅联合《中国妇女报》，通过前期的持续预热吸引众多微博用户参与讨论，有效扩大传播受众，提升了话题的曝光度和讨论度。

2. 联动多领域意见领袖，深度探讨性别议题

在此次营销活动中，珀莱雅联动各领域 KOL 为"性别不是边界线，偏见才是"话题发声，不仅促进了话题互动，更深化了性别议题。多个领域 KOL 纷纷参与话题讨论，从各自不同的专业领域视角出发，通过微博分享自身对性别偏见的看法，共同探讨性别这一议题。中国社会学家李银河也在话题之下通过微博发表自己对性别偏见的看法，从学术层面探讨性别偏见背后的深层原因，引入专业的学术讨论，带头倡导社会大众重视性别偏见问题，令这场运动更具社会性与话题度。

3. 结合热点事件，巧妙联结用户情感

三八妇女节是很多品牌在女性消费群体中提升好感度的重要时间节点。对于以女性为主要目标消费群体的美妆品牌珀莱雅而言，在妇女节发声至关重要。珀莱雅此次营销活动成功出圈的一个重要原因便是借势三八妇女节这一营销节点，深刻洞察消费者心理。在契合节日主题的同时，珀莱雅从消费者角度出发，将视角聚焦于大众关注的"性别平等"，并将倡导女性权利的视角着眼于"男女平权"，在对女性偏见提出质疑的同时也质疑了种种对男性的偏见，如"男人不能哭""跳芭蕾舞的男生娘娘腔"等。这一视角的拓宽扩大了此次活动的受众范围，破除了群体局限性。珀莱雅在微博发布的品牌 TVC 在对抗性别偏见、追求性别平等方面传达了鲜明的品牌态度，戳中了众多微博用户，尤其是引发了年轻人内心的情感共鸣，进而拉近品牌与消费者之间的距离，增强品牌与消费者之间的情感联结。而年轻群体作为微博的活跃用户群，通过自发评论、转发等形式积极表达自身想法，在话题的裂变式讨论中大大强化了品牌的传播效果，赢得更多消费者对珀莱雅品牌态度和理念的认同。

讨论题

1. 珀莱雅为何选择在三八妇女节联合《中国妇女报》在微博发布视频，并引发微博用户热烈的话题讨论？

2. 你认为此次活动珀莱雅在微博的一系列营销策略有何亮点？还有哪些可以改进的地方？

3. 你能否根据珀莱雅及其目标消费者的特点，提出别的微博营销创意？

第 3 节 微信营销

从 2011 年面世起，微信的用户数量迅速增加，2012 年 3 月底突破 1 亿，同年 9 月 17 日突破 2 亿，截至 2024 年底，微信及 WeChat 的合并月活跃账户数达 13.85 亿。① 作为现阶段最活跃的即时通信工具，微信凭借多样化的功能和强有力的社交关系链获得了大批企业的青睐。与微博相比，微信有更强的黏性和更精准的目标定位，这让微信成为继微博之后企业的又一营销利器。② 那么，微信营销有哪些优势？企业又该如何利用微信这一平台做好营销呢？

一、数字营销环境下的微信

腾讯是中国较大的互联网公司之一，拥有 QQ、腾讯网、Qzone 等多个平台，涵盖门户、视频、移动等多产品形态，形成了属于自己的媒体大平台生态圈。在社会化媒体尤其是微博快速发展之时，腾讯凭借广阔的视角和敏锐的前瞻力，创造性地打造了微信这一应用平台。

1. 微信的定义

微信是腾讯推出的一款免费的即时通信软件，用户可以通过手机、平板电脑和 PC 快速发送文字、图片、语音和视频。微信提供公众平台、朋友圈和消息推送等功能，用户可以通过搜索号码、查看"附近的人"、扫描二维码、分享名片等方式添加好友和关注微信公众平台，还可以将内容分享或推荐给好友以及将看到的精彩内容分享到微信朋友圈。

微信支付是微信 2013 年推出的一项新功能，至此，微信开放体系初步形成。很快，微信商城也随之开发，它是基于微信研发的一种社会化电子商务系统，消费者只要通过微信平台就可以享受到商品查询、选购、体验、互动、订购与支付的线上线下一体化服务。

时至今日，微信已经超出其最基本的通信功能，集社交、获取信息、购物、支付等多种功能于一体，本领越来越强大，设计也越来越人性化。

---

① 腾讯：微信及 WeChat 合并月活跃账户数增至 13.85 亿．（2025 - 03 - 19）．https://baijiahao. baidu. com/s?id=1827012262898174224&wfr=spider&for=pc.

② 戚蕾，张莉．企业微信营销．企业研究，2013 (11)：50 - 52.

2. 微信的发展历程

说起微信的由来，就必须提及 Kik。Kik 是一款基于手机通讯录功能的即时通信软件，它跨越了运营商壁垒、硬软件壁垒和社交网络壁垒，使手机、iPad 等移动终端成为新的社交平台。它虽然既不能发照片也不能发附件，但在 2010 年 10 月 19 日登录 App Store 和 Android Market 后，在短短的 15 天内就拥有了百万用户，其受欢迎程度令不少手机应用望尘莫及。

国内最早出现的类似于 Kik 的是语聊软件——米聊，它在国内市场最早发布公测客户端，新颖的沟通模式让它从一开始就受到用户热捧。随后盛大网络等 SNS 运营商闻风而动，2011 年 1 月 21 日，腾讯正式推出基于 QQ 用户的微信，这款通过网络快速发送语音短信、视频、图片和文字，支持多人群聊的手机聊天软件，使用户可以与好友进行形式更加丰富的类似于短信、彩信等方式的联系。在实际操作中，使用微信仅需支付流量费，从运营商提供的数据来看，微信通过互联网的后台运行每小时只需 2.4k 流量。"讲短信"、免费、无距离限制等功能无疑具有强大的市场吸引力。[①] 在这场语聊工具大战中，飞聊、口信、翼聊、个聊、易信、来往、陌陌等产品应运而生，但微信无疑是其中的霸主，曾在 27 个国家和地区的 App Store 排行榜上排名第一，成为时下最热门的社交信息平台。微信已经渗透到千千万万普通百姓的生活当中，甚至可以说，微信已经成为人们的一种生活方式。

3. 微信的特点

通过上述分析可知，微信是一款功能强大且十分人性化的即时通信软件，那么它有什么特点？

（1）熟人网络，小众传播。微信作为一款手机社交软件能在短时间内被大众接受，一个主要原因就是其用户来源基于已有的腾讯用户，同时微信还可以实现跨平台添加好友，微信用户可以通过访问手机通讯录添加已开通微信功能的家人和朋友。微信不同于其他类似的社交平台的特点就在于它建立的好友圈中均是已经认识的人，建立起来的人际网络是熟人网络，其内部传播是基于熟人网络的小众传播，其信任度和到达率是其他媒介无法企及的。

---

① 党昊祺. 从传播学角度解构微信的信息传播模式. 东南传播，2012（7）：71-72.

（2）富媒体内容，便于分享。与传统媒体相比，新媒体的一个显著特点就是移动互联网技术的应用，通过手机等终端可以随时随地浏览资讯和传递消息，充分利用碎片化的时间，微信在这方面可谓做到了极致。微信特有的对讲功能使社交不再限于文本传输，而是成为集文字、声音、图片、视频于一身的富媒体传播形式，更便于用户分享所见所闻。用户除了使用聊天功能外，还可以使用微信的"朋友圈"和"视频号"功能，通过转载、转发、"提醒谁看"及"推荐"功能将内容分享给好友。

（3）公众平台，一对多传播。微信公众平台于 2012 年 8 月 18 日正式上线，个人和企业都可以通过这一平台打造一个微信公众号，实现与特定群体以文字、图片、语音等形式的全方位沟通和互动。微信公众平台是企业进行业务推广的一种便捷途径，其传播方式是一对多的传播，直接将消息推送到手机，因此到达率和被观看率几乎是 100%，已有许多个人和企业的微信公众号凭借优质的推送内容拥有数量庞大的粉丝群体。借助微信公众号可以进行广告植入，由于粉丝对微信公众号高度认可，广告不易引发他们的抵触情绪，加上高到达率和观看率，能达到十分理想的传播效果。

（4）基于地理位置提供服务。基于地理位置的服务（location based services，LBS）意指与定位相关的各类服务系统，简称定位服务。它包括两层含义：首先是确定移动设备或用户所在的地理位置；其次是提供与位置相关的各类信息服务。与传统网络媒体相比，微信的地理位置服务是一大特色，比如"附近的人"功能就是以 LBS 为基础的。微信可方便地通过手机 GPS 服务获取用户的地理位置信息，用户在分享最新动态时勾选地理位置，好友便能看到其所在地，地理位置也是商家进行精准营销的重要信息。

（5）互动便利，实时推送。微信作为一种即时通信软件，便利的互动性是其区别于其他网络媒介的优势所在。尤其是在微信公众平台中，用户可以像与好友沟通一样与企业公众号进行互动。企业可以通过微信公众号迅速更新信息并即时向用户推送。例如微信公众号中做得比较成功的"艺龙旅行网"会根据季节和天气状况向用户推送适合前往的旅游地区，用户可以直接回复，咨询旅游区的酒店预订情况，这些在其他网络媒介中都是很难做到的。①

---

① 韩梅. 新媒体：营销新渠道：以"微信"为例. 今传媒，2013（5）：95-96.

二、微信营销的定义及特点

通过解读微信的定义和特点我们可以知道，微信作为社会化媒体具有独特的传播优势，便利的互动性、定位服务，还有"听一听""看一看"等趣味性功能，奠定了微信被广泛使用的基础。微信的流行使企业把注意力投向了微信营销，微信营销具体有哪些模式？微信营销有什么特点和传播价值？企业又该如何利用微信进行营销？

1. 微信营销的定义

微信营销是伴随着微信的火热应用产生的一种点对点的营销方式。用户注册微信后，可与同样注册的"朋友"形成一种联系，用户订阅自己所需的信息，商家通过提供用户需要的信息，推广品牌与产品。

微信营销主要表现为基于手机或者平板电脑的移动客户端开展的营销活动，商家通过微信公众平台，结合微信会员卡展示商家微官网、微会员、微推送、微支付、微活动，已经形成一种主流的线上线下互动的营销方式。[①]

2. 微信营销的特点

微信营销是数字时代的新型营销方式，因其独特的优势而受到企业的关注，越来越多的企业开始利用微信对企业本身及其产品或服务进行营销。微信营销主要有以下几个特点：

（1）低廉的营销成本。传统的营销方式（如电视广告、报纸广告、宣传海报等）通常要耗费大量的人力、物力和财力，微信营销是基于微信这一平台进行的，微信的各项功能大多可供用户免费使用。与传统营销方式相比，微信营销的成本极为低廉。

（2）强大的后台支撑。微信依托的是强大的腾讯公司，腾讯拥有新闻、游戏、QQ 等多种产品形态，多年的发展积累了广泛的用户基础。在互联网行业，用户的使用带来流量，流量进而带来红利，微信与腾讯固有用户关联是微信用户数量如此庞大的一个重要原因。

（3）精准的营销定位。在微信公众平台中，通过一对一的关注和推送，企业不仅可以向粉丝推送相关产品及活动信息，而且可以建立自己的客户数

---

① https://baike.baidu.com/item/微信营销/7433136?fr=aladdin.

据库，使微信成为有效的客户关系管理平台，通过用户分组和地域控制，针对用户特点，将信息推送至目标用户。此外，在朋友圈信息流广告中，企业可以借助微信后台掌握的标签化用户数据，使目标用户的触达更加精准。

（4）信息交流的互动性。微信的主要载体是智能手机，这意味着只要拥有智能手机，无论何时何地企业都可以与客户进行互动，了解进而满足客户的需求。微博营销虽然也可以与粉丝互动，但及时性远不如微信营销，而且与微博的开放性不同，微信在进行信息交流时具有私密性，更能够体现社会化媒体的强关系。

（5）信息传播的有效性。我们知道，企业可以利用微信公众平台向客户推送信息，这能保证客户100％接收到企业推送的信息。另外，因为客户是对产品或企业感兴趣而自愿扫描企业二维码或输入账号添加官方微信的，所以，当接收到来自企业官方微信的信息时，他们能进行有效的关注。

（6）多元化的营销模式。微信营销拥有位置签名、二维码、开放平台、朋友圈信息流广告、微信公众平台、微信小程序、微信视频号、LBS竞价广告等多种营销模式，这些模式各具特色，企业可以根据不同的营销目的选择不同的模式组合。另外，微信支持多种类型的信息传输，不仅支持文字、图片的传输，而且可以发送语音和视频，这使得企业可以利用微信完成与客户的全方位交流和互动。

三、微信营销价值分析

既然微信营销有上述传播优势，必定有其特定的价值。微信营销到底有哪些价值呢？

1. 微信传播符号多样化，能立体地展示企业信息与形象

作为一种新兴媒体，微信的信息传播符号具有多样化的特点：语音、文字、图片、视频、表情等一应俱全。其中，语音通信功能的加入意义重大，它改变了互联网用户以往单纯依靠文字和图片进行社交的状况，使人与人之间的交流回归语音。其多元化的信息传播方式，对于企业品牌营销具有重要的价值。企业可以利用微信提供的基本会话功能，通过语音、文字、图片、视频等与用户进行交流，传播品牌信息，展示企业形象。例如，2012年8月，星巴克（中国）入驻微信，用户扫描星巴克品牌二维码将其添加为好友后，

只需用微信发送一个表情符号，星巴克就会根据用户发送的表情，用《自然醒》专辑中的音乐来回应用户，同时向其推送新产品信息。

2. 微信功能强大的社交方式有利于用户扩大社交网络，使企业营销方式多样化

作为移动互联网社交应用工具，微信最初的社交群体是以手机通讯录里的熟人为代表的强关系社交圈。后来，微信逐渐把社交圈扩展到陌生人层面，推出了基于 LBS 的"附近的人"等功能，以拓展弱关系链（即陌生人）。微信的系统插件也打通了 QQ 邮箱、微博好友等通道，让用户获得了更多的沟通和交流方式，最终形成一个庞杂的社交网络。

对企业来说，面对数以亿计的庞大用户群，可以通过微信的"位置签名""二维码"等多样化的营销方式向目标用户推送信息。以二维码扫描为例，在微信中，企业可以设定自己的二维码，用折扣和优惠吸引用户关注，用户只需通过手机摄像头扫描识别二维码，就能轻松获得相应信息。在线上与商家建立联系，在线下消费，这充分体现了微信打通线上线下的营销优势。

3. 微信信息传播迅速，使企业信息推送的时效性更强

微信的传播内容具有即时性的特点。用户可以通过微信随时随地与人交流，传情达意。只要用户在线，就能够对信息进行快速接收和反馈，而且微信支持离线消息接收，信息传递速度比较快，传播更具时效性。以微信基于LBS 功能划定的千米交际圈为例，借助 LBS 的定位功能，当不同用户在同一时间处于同一地理位置时，用户可以通过微信"附近的人"将自己的地理位置信息暴露给周边 1 000 米范围内的"微友"，同时也可以搜索到对方，双方打招呼聊天，交换彼此的身份信息，从而迅速形成一个社交网络。商家也可以很好地利用这一特点，在特定商品消费人群集中的地方开展各种促销活动时，可以利用微信的查看"附近的人"和向"附近的人"打招呼功能，即时推送促销信息，以引起"微友"的围观。

4. 微信可以使企业精确定位目标人群，从而实现精准营销

微信公众平台的开放为企业实现精准营销提供了可能。企业可以开通微信公众号，与用户展开互动。从企业的角度看，通过公众平台推送的信息到达的都是主动选择关注认证账号的潜在用户。用户的主动关注和选择意味着企业目标人群的精确定位，这就给企业精准营销提供了可能。企业可以利用微信公众平台的认证账号，通过后台的用户分组和地域控制，有针对性、有区别地向某一类用户发送特定信息，实现精准的信息推送。这样做既可以让目标受众看到合适的信息，又可以避免造成无关信息的干扰。

5. 微信点对点深度沟通，有利于企业进行客户关系管理

对于企业来说，客户关系管理（CRM）的目标是建立真正以客户为导向的组织结构，以最佳的价值定位瞄准最具吸引力的客户，最大限度提高运营效率，建立有效的合作关系。[①] 作为一个以用户关系为核心建立起来的社交平台，微信能在 CRM 中起到很大的作用。微信的沟通机制是点对点的，这种基于用户的点对点沟通方式，在用户间建立起有效的深度沟通机制，有利于企业更便捷地了解用户的个人特征，同时针对这些特征开展相应的客户关系管理活动。通过分析后台的用户资料和特征，企业可以制定有针对性、个性化的客户管理机制，然后利用微信开展客户服务，通过聊天、答疑解惑等互动形式加深与客户之间的沟通联系，将普通关系发展成强关系，为企业的微营销奠定良好的客户关系基础，从而产生更大的价值。

四、微信营销策略分析

通过以上介绍我们可以看出，微信营销具有独特的传播优势和价值。那么，企业可以采取哪些微信营销策略呢？

1. 推送"完美"内容，提升用户忠诚度

从诞生那天起，微信就注定是一个深社交、强关系、弱媒体的移动平台，正因如此，企业不能频繁地推送信息，用户受到无用信息的干扰过多，很可能会取消关注。[②] 同样，如果品牌长时间不与用户沟通或互动，也会有被取消关注的可能。因此，企业必须努力推送"完美"的内容，这里的"完美"主要体现在质、量、形式及推送时间等方面。

（1）质的完美。微信公众号的订阅号每天可以群发 1 条信息，服务号每个月可以群发 4 条信息，在这有限的信息中，应当减少广告的硬推送，更多的是与用户保持一种联系，培养用户对品牌的情感，而不是让用户感觉到账

---

① 王易. 微信营销与运营. 北京：机械工业出版社，2014.
② 魏加晓，梁策. 微信广告的应用研究. 企业导报，2013（8）：98 - 99.

号是一个单纯的广告媒体。因此，企业在推送信息时必须注重信息的质量，比如内容的知识性、语言的风趣性、表情符号的丰富性等，要让用户有兴趣阅读和转发信息。

（2）量的完美。为了让用户及时了解企业的产品和品牌，微信公众号会不断推送相关的信息，但轰炸式的信息推送会造成用户极大的反感。如果用户一天接收数条来自同一官方微信的推送信息，甚至信息内容相似，会做何感想？过快的推送节奏极有可能迫使用户取消对官方微信的关注。那么什么样的节奏才算适度呢？据调查，企业推送信息的频率以两三天一次为宜，尽量保持适当的活跃度。

（3）形式的完美。信息以何种形式进行推送也会影响用户的接受程度。比如星巴克（中国）的公众号曾在推送的内容中设置了新品、杯子、星享卡、美食等选项，供用户选择，回复不同的代码会得到相应的内容，非常有趣。这种互动形式不仅拉近了与消费者的距离，而且可以通过回复的内容更加精准地了解消费者的兴趣所在。在"内容为王"的环境下，不少企业开始尝试长图文营销，即通过微信公众号发布漫画、长图文开展产品软植入的内容营销。2017 年百雀羚与"局部气候调查组"团队合作的母亲节广告《一九三一》刷新了大众对于微信公众号营销的认知，真正让这一创意形式进入大众视野。这种方式本质上是以更丰富有趣的优质内容来吸引用户，降低广告硬度，提高广告可读性。漫画和长图本身具有极强的视觉表现力，能够通过画面更好地进行场景营销，信息传达准确率较高，同时，其夸张、幽默的独特魅力，往往能够促使受众进行二次传播。因此，企业应该努力使推送内容的形式多样化，让用户体会到不同的乐趣，从而提升其对品牌的忠诚度。

（4）推送时间的完美。2018 年 6 月，微信公众号迎来近年来力度最大的一次改版，订阅号的群发消息以发布的时间顺序进行排列，以"标题＋头图"的形式直接展示。此次"信息流"式的改版，凸显公众号优质内容的价值，同时，对推送时间的把握要求也更高。新榜联合网易 H5 发布的 2019 年《微信公众号 10w＋数据报告》显示，21:00～22:00 是全天推送最高峰时段，也是阅读量超 10 万的文章分布比例最高的时段。移动端的用户阅读时间非常碎片化，运营者应当以公众号的定位、目标用户的属性、文章内容的特性为考虑前提，以公众号各时间段点击率统计数据为支撑，适当错峰推送，找到最契合自身的完美推送时间。

2. 塑造服务形象，增强用户黏性

微信作为一种强关系的通信工具，到达率高，用户忠诚度高，转化率也高。正是因为这种强关系，特别容易"得罪"粉丝，如果企业一味地把用户当成盈利的"工具"，就很容易造成用户反感，使其取消对公众号的关注，没有了关注，一切便都化为泡影。因此，做好微信营销的关键就是做好服务。我们知道，微信营销具有信息交流互动性强的特点，用户和企业可以随时交流互动，这就要求企业的微信客服具有良好的亲和力，应耐心、详细地回答每一位用户的问题并提供相关建议。在公众号的系统开放和升级上，也要从服务用户的角度出发，增强用户对品牌的黏性。把微信当作为用户提供有价值服务的工具，才能留住用户，也只有将微信做成企业的拟人化交流工具，才可能激发用户的主动传播意愿，吸引更多的消费者关注。运营微信要遵循的基本原则为 5C 原则（见图 2-5），可按顺序逐级降低使用频次。

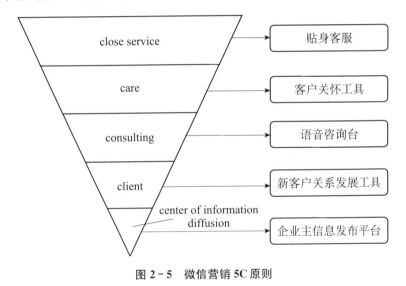

图 2-5 微信营销 5C 原则

（1）贴身客服（close service）：借助微信，企业可与客户全天候即时通信，延伸客户服务体系，满足客户对产品咨询服务的需求。

（2）客户关怀工具（care）：可以借助微信丰富的表达方式（文字、声音、视频、位置、超链接等），以友好的方式向客户传递产品使用提示及客户关怀活动信息，增加客户黏性。

（3）语音咨询台（consulting）：在客户服务以外，面对潜在客户对产品或服务的咨询，企业可以发挥自动应答、即时回复等功能，解答潜在客户的问题，完成对潜在客户的服务。

（4）新客户关系发展工具（client）：通过微信转发、一键推荐等功能传递优惠及互动信息，可以建立与微信用户新的关系链。配合二维码、移动互联网广告可实现更多新客户的关系链接。

（5）企业主信息发布平台（center of information diffusion）：可以向客户简短地传递新闻、优惠、营销活动等信息，并结合微信 LBS 功能引导消费者进行线下行动，以便将潜在客户转化为真正的客户。[①]

3. 挖掘精准客户，做好精准营销

微信有强关系性，企业可以利用这种强关系做好精准营销。精准是基于对客户的准确把握，要做好微信营销，挖掘精准客户是关键。那么，如何挖掘精准客户？

（1）利用 QQ 挖掘用户。结合企业自身的行业属性，在 QQ 群中进行关键词检索，能更精准地找到潜在用户群。同时，QQ 账号与微信的打通大大提升了用户转化的便捷度。通过 QQ 邮件、好友邀请等方式，能批量实现 QQ 用户的导入，这种方法对于企业来说有一定的可行性和回报率。

（2）通过微博群、行业网站及论坛用户导入。这些平台上聚集的都是属性相同的用户群体，他们大多有相同的爱好，对于行业产品及服务具有同样强烈的兴趣及需求，通过对相应企业公众号的推广，能获得一定比例的有效用户转化，虽然数量有限，但用户忠诚度往往很高。[②]

（3）做好精准营销客户关系管理系统。企业要建立科学的客户关系管理系统，通过用户分组和地域控制有针对性地向目标客户推送信息，而不是对所有用户群发信息。随着企业的发展，粉丝的数量可能大量增加，企业需要及时完善其客户关系管理系统。

（4）线上线下达成有效连接。一方面，企业可以利用传统媒体进行线下宣传，比如利用宣传单、海报、产品包装、名片等形式，加印企业的微信公众号二维码，吸引感兴趣或有需求的用户主动关注；另一方面，企业可以策划促销、路演、行业峰会等线下活动，在活动中引导用户关注企业微

---

① 李睿. 移动互联营销：微信营销原则思考. 声屏世界・广告人，2013（1）：123-124.
② 微信营销如何挖掘精准客户. 广告主，2013（6）：13.

信公众号，同时还可以通过微信朋友圈集赞赠送福利等形式促使用户转发分享活动信息，以获得更多感兴趣的用户关注，实现线下向线上的导流与沉淀。

4. 利用朋友圈，构建全新的社交关系链

微信的"朋友圈"功能激活了微信的私密社交能力，为分享式的口碑营销提供了最佳渠道。移动社交分享在移动商务中一直是热门话题。以首批与微信合作的 App 美丽说为例，通过与开放平台的对接，用户无须离开聊天窗口就能看到商品大图、价格、购买链接、美丽说社区等热度信息，这样既得到了朋友分享的信息，又可以继续聊天。用户通过微信把美丽说上面的商品一个接一个地传播出去，达到社会化媒体最直接的口碑营销效果，其灵活性受到用户与商家的喜爱。加上"朋友圈"分享功能的开放，微信用户可以将手机应用、PC 客户端、网站中的精彩内容快速分享到朋友圈，并支持以网页链接方式打开，这为企业的口碑营销提供了一种全新的方式。

有些商家利用朋友圈"点赞"功能来宣传自己的活动。具体操作是：商家通过微信公众号发布活动信息，让用户通过集齐"点赞"的方式获得商家的优惠，比如可以获取礼品或者电子优惠券等。同样，利用好友助力，也可以促进微信信息的裂变传播。用户在参与活动时需要在活动页面上输入姓名、手机号码等个人信息，如果想要赢取奖品，则需转发至朋友圈并邀请好友助力，获得的好友助力越多，获奖的概率也就越大。① 例如，微信上的好友助力砍价、小程序助力抢票等。以微信钱包里的第三方服务"电影演出赛事"为例，"砍价 0 元看电影"活动在朋友圈较为常见，这个活动选取的是当下最热门的电影，用户只需点击"砍价 0 元得"按钮，并将相关链接分享到朋友圈或者微信好友群邀请好友助力砍价，在规定时间内砍价达到额定价格即算是砍价成功。

此外，微信的"推荐"功能为品牌信息的场景化流动提供了新的条件。微信在 2017 年正式上线"看一看"这一新功能，经过几次升级更新，如今微信在公众号文章下设置了"点赞""转发""推荐""评论"四个选项按钮。用户在阅读完一篇公众号文章时，可以点击文章最后的"推荐"选项，其他微

---

① 李军. 移动大数据商业分析与行业营销：从海量到精准. 北京：人民邮电出版社，2016.

信好友则可以通过微信"发现"页的"看一看"来了解好友"推荐"哪些内容，捕捉朋友的阅读痕迹，公众号文章通过好友"推荐"功能也得以在朋友圈流动，实现内容的再曝光。微信的"推荐"功能是基于微信的社交关系网来运转的，在提高公众号文章的曝光量和阅读量、实现公众号的流量释放方面发挥重要作用。企业抓住这个隐秘的小功能，通过在公众号推文中提醒用户点击"推荐"选项等方式，将品牌和产品信息传播置于用户的阅读场景之中，达到潜移默化的广告效果。

5. 利用定位功能，开拓销售新渠道

与传统网络媒体相比，微信的地理位置服务是一大特色，"附近的人"就是以 LBS 为基础的。企业可以利用"附近的人"功能开拓销售新渠道，用户点击"附近的人"后，可以找到自己地理位置周围的微信用户。通过这些微信用户的资料就可以看见基本信息，企业利用其中的签名档，填入自己的位置信息、促销信息等内容，就相当于把微信的签名档转换成了一个免费的广告位，而且随着微信用户的增加，这也可能变成移动的"黄金广告位"。一家叫"饿的神"的快餐店在午间向附近的人打招呼，以宣传自己的快餐业务，需要订餐的用户点击"附近的人"后，收到快餐店的热情招呼，可立即在微信上回复完成午餐订购，这就是一份超越了空间的电子传单。

微信的地理位置服务适用于餐饮、房产、教育等多个行业[1]，企业依托微信平台的 LBS 精准定位，能够对用户账号的时间、地点等特征进行更精确的划分，从而更具针对性地开展营销活动[2]。这种定向推送有利于实现产品和服务信息的高效触达，为企业提供了一种有效的销售渠道。

6. O2O＋二维码，打造病毒式传播

O2O[3]＋二维码扫描功能，能够打造品牌病毒式传播，成为打通企业线上和线下的关键入口。二维码是微信重要的功能之一，用户可以通过扫描二维码或在其他平台上发布二维码名片，便捷地拓展微信好友。微信的社交特征与二维码的便捷性相结合，使得更多的用户可以充分享受移动互联网带来的

---

① 哈吉德玛. 基于位置服务（LBS）的应用研究. 现代信息科技，2019，3（4）：61-62.
② 宋启平. 精准定位理论下微信营销策略分析. 商业经济研究，2016（17）：67-68.
③ O2O：英文 online to offline 的缩写，即线下商务机会与互联网结合，让互联网成为线下交易的前台。

便捷与实惠。另外，二维码这一小小的标志还让活动变得时尚轻松，增加了趣味性。① 利用 O2O 进行营销，把不同地区的人连在了一起，突破了地域的限制，扩大了活动的辐射面，提高了用户的参与度。因此，企业可以通过设定自身品牌的二维码，用折扣和优惠吸引用户关注，探索 O2O 新营销模式。

例如，2021 年盒马鲜生推出微信小程序，扫描门店二维码即可获得新用户福利优惠，享受到便捷的购物体验。在小程序中，用户可以浏览丰富的商品信息，根据自己的喜好进行选择，并通过微信支付轻松完成购买。同时，盒马鲜生的物流配送系统与小程序紧密集成，确保用户下单后能够享受到快速的配送服务，无论是选择线下自提还是送货上门，都能满足用户对速度和便利的需求。门店二维码成为连接线上与线下的重要入口，商家利用自身品牌的二维码开拓"微扫描"的营销模式，能够吸引更多用户参与体验并促成有效的销售转化。②

7. 依托熟人网络，打造微商、微店新世界

微商是基于微信生态，集移动与社交于一体的新型电商模式，起源于 2013 年兴起的朋友圈代购，它以区别于传统营销模式的新型营销机制迅速占领"微用户"的朋友圈并蓬勃发展。微商主要分为 B2C 与 C2C 两种类型，基于微信公众号的微商称为 B2C 微商，基于朋友圈开店的微商称为 C2C 微商。朋友圈与微商是相辅相成的，微商这种营销模式是朋友圈日益发展的产物。

微商营销通过对用户进行有针对性的引导销售产品，这一营销模式是建立在信任的基础之上的。从根本上来说，一切商业交易的核心问题都是信任问题，微商则强化了这一点，利用朋友圈销售产品依靠的是熟人关系的优势，即使是基于微信公众号的微信小店、微信商城，也是依靠企业与用户之间建立的相互信任得以长期发展。以"等蜂来"纯天然蜂蜜的营销为例，其微信平台与分销平台双管齐下，利用微信平台精准吸引粉丝，并选择有赞分销平台吸引代理客户。"等蜂来"拥有两个微信公众平台——订阅号与服务号，订

---

① 王金泽 . 微信营销完全攻略 . 北京：人民邮电出版社，2013.
② 秦泽宇 . 微信营销模式的"多元化"时代 . 营销界，2021（22）：32 - 33；黄轶珺，徐仁杰，丁其磊 . 消费者选择 O2O 模式商超行为影响因素分析：以上海盒马鲜生为例 时代经贸，2023，20（1）：114 - 117.

阅号每天推送 1 条信息，服务号保持每月输出 4 条有价值的信息，不仅提升了品牌的认知度，更重要的是保持了与用户的互动、产品信息的推送，从而达到销售产品的最终目的。也正是利用这一模式，"等蜂来"经营仅 8 个月，月流水就突破了 100 万元。

8. 活用小程序，打通线上线下销售渠道

2017 年 1 月 9 日，运行在微信上的轻量级 App 微信小程序正式上线。小程序在线上打通了微信个人号、订阅号、服务号、微信群、朋友圈，线下则通过小程序码、微信卡券、微信支付连接服务和商业，凭借无须下载注册、直达服务的属性脱颖而出，成为企业营销矩阵中的又一利器。目前，企业使用小程序的营销模式有以下几种。

（1）关联小程序和公众号。在公众号的推文中嵌入文字跳转、图片跳转等模块，用户可直接点击这些模块进入小程序，公众号借助其多元化的功能实现与粉丝的深度交互，增强公众号的服务属性，有效提高购买转化率。"蘑菇街女装精选"是"公众号＋小程序"组合运用较好的一个案例，用户在公众号推送中看到喜欢的服饰可以直接点击进入小程序下单，操作更加简便。[①]

（2）小程序分享拉新。小程序中有拼团、分销、砍价、拼手气红包等多款营销插件，和微信社群的社交属性相契合，通过分享小程序实现品牌推广和购买行为达成。例如，社交电商拼多多就是通过完美结合"微信＋小程序"将电商的交易服务体验推向极致。拼多多在小程序上的飞速裂变主要体现在分享传播和拼团砍价的精细运营策略上。此外，拼多多应用上的"开红包领现金""一分抽奖"等日常运营手法，刺激了小程序应用保持日常活跃，保证了用户的留存和沉淀。

（3）增加品牌信息曝光。用户在移动设备上搜索关键词或附近的小程序时可以看到企业的签名档和产品信息，此营销方法具有目标受众精准、信息反馈及时、推广宣传成本低的特点，适用于餐饮美食、商超便利店等企业。

（4）在小程序游戏中植入品牌信息。小程序主要分为两类：一类是以"美团外卖"等为主的 O2O 服务类小程序；另一类则是娱乐社交类小程序。微信官方发布的 2018 年春节期间微信数据报告显示，春节期间小游戏同时在

---

① 韩齐雅，张梦，左奕航，等．微信小程序营销应用分析．消费导刊，2018（7）：90－91，93.

线人数最高达 2 800 万人/小时，其中，"跳一跳"荣登"最受欢迎小游戏"排行榜首位。知名运动品牌耐克很快就瞄准了这个商机，在其中植入品牌 Logo，获得频繁曝光，提升了商业价值。[①]

9. 数据挖掘用户特征，信息流广告精准投放

微信信息流广告内容穿插在用户阅读的资讯中，和朋友圈其他内容一样，可以点赞、评论，达到润物细无声的广告效果。信息流广告基于海量的微信用户，抓取其社交关系、兴趣图谱、信息定位和浏览页面等数据，生成个性化标签，实现对不同标签用户的精准投放、海量触达，用"软性"方式提高用户体验的同时，也为品牌提供了更加优质的服务。信息流广告投放后用户的反应均会被记录下来，成为日后推送活动的重要依据。

信息流广告发端于 2015 年 1 月，微信团队选取宝马汽车、vivo 智能手机、可口可乐三个面向不同消费群体的品牌，在朋友圈测试信息流广告（见图 2-6）。除了右上角带有"推广"的标志以外，信息流广告和朋友圈的内容一样，因其"用户标签化"的推送特性，看到广告的用户纷纷在朋友圈内展示自己接收到的是哪个品牌的推送，寻找认同感，在朋友圈内又促成广告的二次发酵。[②]

图 2-6　2015 年 1 月可口可乐、宝马和 vivo 在微信朋友圈投放的信息流广告

10. 挖掘视频号优势，打造微信营销商业闭环

2020 年 1 月，微信上线视频号，官方将其定位为"一个人人可以记录和

---

① 杜晓曦. 基于微信小程序的企业营销模式分析. 今日财富，2018（7）：86-87.
② 王玉琪. 微信朋友圈信息流广告的互动模式研究. 成都：成都理工大学，2017.

创作的平台，也是一个了解他人、了解世界的窗口"，用以弥补微信长文丰富而短视频内容匮乏的现状。视频号借助微信生态的力量得以在众多短视频平台中赢得一席之地。其一，微信为视频号提供直达入口，视频号内嵌于微信中，用户通过微信发现页即可直接点击进入，简化了操作流程；其二，微信现有的十几亿用户为视频号带来了丰富的潜在流量，微信平台的强社交性加快了视频号内容的传播裂变，从而实现私域流量的承接与转化。

视频号作为微信生态的一个窗口，与直播、小程序、小商店、公众号、个人微信、朋友圈等构成了多链路的传播格局，多个节点相通，激活了微信内循环的流量。基于微信现有生态的视频号主要有以下几种营销模式：

（1）视频号＋个人微信。个人微信背后的社交力量值得重视，个人微信连接好友圈子，构建起基于强关系背书的社交网，依托视频号"点赞即推荐，点赞即分享"的独特传播机制[①]，个人点赞的视频号内容会推送给其微信好友，个人将视频号内容分享到微信群聊、朋友圈等，也能实现内容的多次曝光。因此，企业在视频号发布优质、有趣、有吸引力的内容，能促使用户点赞分享，从而获取更多关注，扩大内容传播声量，增加企业私域获客的机会。

（2）视频号＋公众号＋社群。公众号、视频号相互影响，强化品牌影响力。在公众号的自动回复、菜单栏或者推文中嵌入视频号信息，可以让用户通过点击或搜索去关注视频号。同样地，在视频号简介或视频内容中嵌入公众号信息，也可以引导用户关注公众号。二者积聚的粉丝还可以通过社群进行沉淀、维护和转化。例如，"秋叶 PPT"作为知识内容生产平台，将视频号与个人微信、粉丝群、公众号等的入口相连，从而实现用户的多节点导流，并引导用户的下一步消费行为，包括购买精品课程、图书资料、周边产品等，完成了知识产品的商业化变现。

（3）视频号＋直播＋小程序/小商店。企业通过打造"视频号—直播—小程序/小商店"的传播链条，构建微信内部的视频号直播场景，激活视频号原本沉淀的私域流量并触达更多用户，通过视频号承载的小程序或小商店，用户可以实现"即看即买"，即时转化。随着"直播带货"商业模式的兴起，越来越多的企业正在探索视频号直播的商业价值。

---

① 祝福．"视频号＋"与企业数字化转型升级．现代广告，2021（Z1）：46－51.

11. 打造微信社群，实现与用户强连接

微信作为用户基数庞大的移动社交平台，能够提供大批可挖掘、可集聚、可转化的潜在客户，以微信为平台建立网络社群，将营销思维应用于社群之中，实现商业化变现，是当下日益活跃的营销模式。微信便捷的操作方式能够大大降低建立社群的门槛和成本，从而帮助企业实现快速高效的客户积累。[①] 企业通过建立微信社群，将对品牌或产品感兴趣的潜在客户，或者是对品牌高度信任和认同的忠实客户迅速聚拢起来，实现了与客户"面对面"沟通[②]，使产品和品牌信息高效触达目标群体，传达品牌理念，同时在与客户互动的过程中，及时了解和收集客户反馈，建立与客户的亲密关系，进一步增强客户黏性。

微信社群运营得好，可以帮助企业实现营销增值。概而言之，微信社群营销策略主要有以下几种：

（1）打通微信生态，实现精准引流。微信相对成熟的生态系统为企业营销提供了很大的利用空间。利用微信个人号、朋友圈、公众号、视频号等多触点传播，能帮助企业实现向微信社群的精准引流。比如，美妆品牌雅诗兰黛在官方公众号菜单栏设置了"专属群聊"按钮，用户点击即可收到公众号自动回复的入群二维码，扫码进群可以领取官方福利，抢先了解各种专属权益，雅诗兰黛借此将对美妆、对品牌感兴趣的用户聚集起来，盘活公众号沉淀的私域流量，方便后续的品牌信息传达和产品销售转化。此外，一些商家还会在公众号文章末尾设置入群提示，引导用户进群。微信生态的各个节点一旦被打通，能够帮助商家达成多渠道为社群引流的目的。

（2）营造互动场景，实现快速转化。商家通过微信社群发布各种产品或活动信息，利用微信强交流、高互动性的特点，与用户友好沟通、及时解答社群成员的问题，把握用户需求，为用户提供优质的服务体验，从而与其建立良好的互动关系。以完美日记为例，其社群负责人每天会在微信社群内开启话题讨论，让群内用户分享自己的心得体会，并为用户提供产品建议等，保证社群的活跃度，让用户在其中获得价值感，同时在社群发布有吸引力的产品文案或促销信息，引导用户下单购买。在这个过程中，商家与用户的良

---

① 董子铭，刘雪逸 . 微信社群营销的优势、困境与传播策略 . 新闻知识，2017 (8)：8 - 11.
② 杨晓 . 微信营销何以成为品牌攻占新阵地 . 国际公关，2024 (15)：33 - 35.

性互动，有利于品牌好感度的提升。

（3）培育品牌文化，强化用户黏度。微信社群同时也是传播企业价值或品牌文化的重要平台，企业通过文化价值的输出实现用户的深度沉淀，比如通过定期开展社群活动等形式营造良好的社群氛围，用心打造社群文化，给用户带来亲近感和归属感，在潜移默化中将品牌形象和文化理念植入用户心里，从而强化用户对品牌的忠诚度。

案例 2-2

瑞幸咖啡微信私域：精准裂变之道

"一杯生椰拿铁，3 年热销 7 亿杯。"瑞幸咖啡自 2017 年成立以来迅速崭露头角，截至 2024 年第三季度末，瑞幸咖啡的门店数量已超过 2 万家。凭借丰富的产品线、便捷的服务和创新的营销策略，瑞幸咖啡在中国乃至全球咖啡市场中占据一席之地，展现出其强大的生命力和发展潜力。

2018 年 9 月，腾讯与瑞幸咖啡达成战略合作，"luckincoffee 瑞幸咖啡"小程序正式上线，用户只需简单三步，就能以更轻、更快、更便捷的方式触达消费。微信视频号内容推广、福利直播、企业微信和"福利官"微信社群紧随其后，瑞幸咖啡形成了独特的微信运营生态系统，私域用户实现裂变式增长。

（一）私域流量的引入

1. 线下门店推广

瑞幸咖啡在门店内显眼位置摆放二维码标识，鼓励顾客扫码加入门店微信群或企业微信群。此外，瑞幸咖啡还专门设置了福利官活码，通过提供优惠券、折扣等福利吸引顾客扫码加入福利社群。瑞幸咖啡还积极开设校园和企业门店，这些门店作为线下流量的入口，也有助于将顾客转化为线上社群成员，有效地将实体店铺的流量转化为私域流量。

2. 线上平台引导

瑞幸咖啡在微信公众号和小程序上定期发布新品信息和优惠活动，吸引用户关注社群信息并参与互动。例如，在公众号文章推送中设置领取优惠券的跳转链接，强化用户"先进群领券再喝咖啡"的消费意识。还在公众号菜单栏放置"入群 48 折"的提示，引导用户添加"瑞幸首席福利官 lucky"的企业微信号，进一步沉淀目标用户，建立私域池。

（二）私域流量的转化

1. 社群运营与用户互动

在社群中，瑞幸咖啡每天发布多条内容，包括产品推荐、福利发放、互动玩法等，保持社群活跃度。例如，当用户加入瑞幸咖啡的社群时，他们会收到一系列精心设计的欢迎信息和福利。每天早上 8 点半，瑞幸咖啡会发送早餐优惠券，培养用户习惯，同时通过群内信息提醒促单。此外，依托定位功能，根据用户地理位置，邀请用户加入门店社群，以有助于社群复购率的提升。

2. 视频号与朋友圈推广

瑞幸咖啡的视频号直播并不是传统意义上的带货直播，而是更侧重于提供优惠券、与用户互动的"陪伴型"直播。直播页面会提供领取福利的方式，例如"每日直播领券"，旁边是优惠券的二维码，扫码即可领取五折券。而朋友圈的内容主要分为三类：新品介绍、优惠领取、福利活动。除此之外也会发布一些生活化的内容，配上走心的文案，让朋友圈不那么"广告"，"刷存在"提醒用户下单。

3. 个性化营销与会员体系

瑞幸咖啡根据用户的购买历史和偏好数据，实施个性化营销策略，提高活动的针对性和成功率。同时，通过会员体系中的等级制度、积分激励和会员专属活动，瑞幸咖啡维护和加深了与用户的关系，提升了用户的消费频次，进一步促进了私域流量的转化。

（三）私域流量的裂变

瑞幸咖啡在用户数量和私域规模都能保持高增长，得益于它的裂变模式和对私域流量的挖掘。在公众号菜单栏、小程序首页的显眼位置、员工企业微信主页和用户入群页面均设有"拉新"福利内容。在自己的私域渠道内设置裂变的入口，通过福利诱导，不断拉进新用户，保持私域的规模和活力。

瑞幸咖啡通过精心构建的微信私域运营体系，不仅成功地将线下流量转化为线上私域流量，还通过社群运营、视频号直播、朋友圈推广等多种方式，实现了私域流量的有效转化和裂变。私域运营模式的不断成熟和优化，为其在未来的市场竞争中继续保持领先地位加足了马力。

资料来源：瑞幸咖啡私域案例拆解：2 000 万的私域用户!.（2024‐09‐09）. https://mp. weixin. qq. com/s/WphtTNQFp0PdJJ2XZAzzVA.

讨论题

1. 瑞幸咖啡为何选择微信社群作为营销的重要平台？

2. 你认为瑞幸咖啡的私域流量运营有哪些优点？

3. 瑞幸咖啡的微信营销策略还有哪些不足之处？该如何改进？

第 4 节　SNS 营销

一、数字营销环境下的 SNS

随着全球互联网的飞速发展，SNS 社交网络已经成为备受关注的焦点。从最早对国外社交网络的模仿起步，到现在逐渐形成自己的特色，国内社交网络在不断摸索前进。

SNS 的发展吸引了越来越多的人加入其中，这种将现实人际关系延伸至网络人际关系的媒介已成为用户与朋友之间进行情感交流，获取生活服务信息和娱乐休闲消遣的重要场所。以社交为目的构建的社交网络并不局限于为用户提供一个社交活动的平台，它也为市场提供了一个营销新平台。那么，到底什么是 SNS？它经历了怎样的发展历程？它的特点又是什么？

1. SNS 的定义

关于 SNS，现在多从以下三个角度来理解。

（1）社会性网络服务（social network service）：旨在帮助人们建立社会性网络的互联网应用服务，也指社会现有已成熟普及的信息载体，如短信 SMS 服务。

（2）社会性网络软件（social network software）：是一个采用分布式技术（通俗地说是采用 P2P 技术）构建的下一代基于个人的网络基础软件。

（3）社交网站（social network site）：是指个人之间的关系网络，这种基于社会网络关系系统思想的网站就是社交网站。

在互联网迅速发展的今天，人们希望借助互联网方便地与他人交流，提高工作效率，对社交网络越来越依赖，因此，SNS 所建立的平台是具有商业价值的，其强大的功能日渐突显。在国内，大多数时候人们提到 SNS，指的都是社交网站。

2. SNS 的发展历程

SNS 的概念是随着 Facebook、人人网、开心网等 SNS 网站的成熟而逐渐被人熟知的。早在 1997 年就出现了第一个 SNS 网站——SixDegrees。这个网站根据六度空间理论构建，是社交网络的雏形。2002 年 Friendster 创建，开始出现 SNS 的第一波热潮，Friendster 仅用短短的几个月就发展了 400 万注册用户，一年之后注册用户数翻番，达到 800 万，并且引来大批网站竞相效仿，同类型的新网站层出不穷，在不到一年的时间内就出现了十几家类似于 Friendster 的社交网站。这些网站的开发团队和运营者或多或少地受到 Friendster 的启迪，并且得到了国内外风险投资的支持，由此，在全球范围内掀起了 SNS 网站热潮。

2003 年底，MySpace 这个和 Friendster 功能类似的网站上线。MySpace 的特色和价值在于：以音乐作为网站的核心，为音乐爱好者提供音乐上传服务，创造了一个展示自己独特个性的平台。MySpace 在洛杉矶地区的俱乐部、乐队和各种派对中的地下推广吸引了很多独立制作乐队，很快在用户之间形成了病毒式传播，并形成了围绕音乐的社交网络，取得了惊人的效果，成为年轻人搜寻新音乐以及兴趣相同者交流的地方。经过几年的快速发展，MySpace 拥有了大批注册用户并迅速崛起。

与 MySpace 以音乐为核心为用户提供娱乐和兴趣交友的服务不同，Facebook 所提供的平台和服务是为了使用户能在这里找到现实生活中有真实关系的朋友。Facebook 于 2004 年 2 月 4 日发布，其创始人是在哈佛大学就读的大学生。Facebook 以高校大学生群体为突破口，迅速积累了大量用户，并且获得了风险投资的支持。在其后的短短 4 年内，Facebook 借助留言板、发状态、虚拟礼物、发起线下活动、视频分享和第三方平台等功能，一举超过 MySpace，成为全球最大的 SNS 网站，拥有来自全球超过 20 亿的用户，成为互联网发展史上的一个奇迹。

Friendster 在美国的迅速崛起也带来了中国 SNS 的第一波热潮。彼时中国的 SNS 网站也多是对 Friendster 的模仿。彼时中国较大的 SNS 网站包括友友觅、亿友、多多友、联趣等。值得一提的是，当时的亿友网采用了将六度空间理论与中国传统文化相结合的全新模式。这些网站多是海归精英在受到 Friendster 成功的启发后创建的，但网站的内容单一导致用户黏性不够，并且当时国内绝大多数用户还无法接受 SNS 的概念，SNS 网站逐渐被冷落。

之后，MySpace 在美国成功掀起的 SNS 浪潮更加猛烈，又迅速带动了中国形形色色的网站对 MySpace 的模式加以模仿，力图创造中国式的 MySpace，然而由于种种原因，鲜有成功者，国内第二波 SNS 浪潮的衰退由此开始。这期间表现较为突出的是 QQ 空间，除了有 QQ 好友这个用户基础外，通过推出同学录、同事录和同城好友等对用户进行群体分类，QQ 空间的个性化设置不断完善，之后又推出了 SNS 娱乐应用，并开启了与第三方合作的众多应用。QQ 空间始终把握满足用户需求的主线，注重迎合用户的习惯，取得了月活跃用户数超 5 亿的成绩。

2005 年，受 Facebook 的影响，校内网（后改名人人网）创立，它模仿 Facebook 的模式建立了中国最早的校园社交网络，抢占了大批高校大学生用户，之后经过近一年的发展，成为国内 SNS 成功的领跑者之一。2009 年，为了创建一个更加广阔的社交平台和获得更大的用户群，校内网更名为人人网，跨出校园面向社会所有群体。2010 年人人网注册用户已经达到 8 000 万。2011 年人人网上市，开盘价为 19.5 美元，相比发行价上涨 39.28%，市值排名仅次于百度、腾讯，成为当时中国互联网排名第三的公司。2018 年 11 月 14 日，人人网由于未抓住移动端崛起机会以及市场竞争等原因，终究没有成为"中国的 Facebook"，反而以 2 000 万美元现金加 4 000 万美元股权对价出售给多牛互动。2024 年 12 月 2 日，人人网团队发布"服务升级公告"，将针对社交体验的稳定性、安全性和丰富性进行系统服务升级，承诺在严格保护用户数据和隐私的前提下暂时停止服务。但截至 2025 年 7 月仍未明确恢复时间。

3. SNS 的特点

SNS 的核心是用户，用户的集聚是通过关系，社交网络的内容是用户自行筛选的。因此，SNS 的特点主要表现在以下几个方面：

（1）用户信息的可靠性。用户注册之初要填写用户资料，包括上传的头像，所处的位置、性别、出生日期、所属地、教育背景、工作背景、兴趣甚至政治观点、宗教信仰，还有邮箱账号、QQ 号、MSN 账号等信息。实名制的注册模式使得 SNS 以现实中的社会关系为基础，模拟现实社会中的关系网，将人们的沟通交流方式移植到网上，在用户之间建立起信任关系。

（2）用户关系的亲密性。SNS 是通过各种各样的关系建立起来的新型社交网络，用户之间通常是线下好友，或者是好友的好友，彼此了解，具有相当亲密的关系，这种关系让用户在线上了解好友动态的同时也可以在线下互动交流，增加了更多的趣味性，增强了与好友的亲密程度，因此黏性较强。

（3）传播内容的碎片化。SNS 上的内容是由用户生产的，是用户自发提供或者分享的看过的电影、听过的音乐、心情的变化等，因此内容呈现碎片化，对于用户来说增加了趣味性，能够接收到不同好友的不同信息，也能自我呈现想要分享的信息，内容更加多元化。这种碎片化的信息使 SNS 的内容传播更接近人际传播，并以关系为基础为用户提供了一个平台，新闻在这里可以得到广泛的议论，凭借其形式多样的互动功能，往往能达到比大众媒介更好的传播效果，甚至会因为网络民意而扭转舆论倾向。

（4）用户的去中心化。SNS 作为参与式社交网络，强调合作、共享、平等、开放，用户中没有一个固定的焦点，任何人都随时可以成为焦点。SNS 以用户为节点，以关系相连接，织成一张人脉巨网，不再存在信息发送的中心点，只有信息传递的用户节点。作为一种非群体化的传播模式，个体成为传播的起点和终端，消减了中心的意义，突显了去中心化的特点。内容的传播者和接收者之间采用的不再是线性模式而是循环模式。在接收者会变成传播者，传播者也会变成接收者的信息传递方式下，用户的主动性被激发，接收者和传播者成为一体。

（5）社交平台的开放性。SNS 为用户提供了一个可以自由发挥的平台，这个平台是开放的、包容的。为增强用户黏性，平台需要不断增加新的应用，并引入第三方应用程序，不断扩充与完善网站。

二、SNS 营销的定义及特点

随着营销理论和实践的不断创新和发展，SNS 营销逐渐成为企业营销不可或缺的一部分。那么，到底什么是 SNS 营销？它有哪些特点呢？

1. SNS 营销的定义

SNS 营销就是利用 SNS 网站的分享和共享功能，在六度空间理论的基础上实现的一种营销。[①] 这里有几个关键点：

---

① https://baike.baidu.com/item/SNS 营销.

（1）SNS 营销利用的是 SNS 社交网络，但是这并不意味着载体的唯一性，在微博、微信等社会化媒体迅速发展的今天，企业可以对各个平台进行整合，在充分利用 SNS 网站优势的同时，与其他平台的优势进行综合，从而形成全媒体无缝整合营销方案。

（2）SNS 网站具有分享和共享功能，而且 SNS 是建立在人际关系基础上的，六度空间理论是它的理论基础，这就为企业利用 SNS 进行病毒式传播提供了便利条件。

（3）六度空间理论（six degrees of separation）又称作六度分隔理论、小世界理论。1967 年，哈佛大学心理学教授斯坦利·米尔格兰姆（Stanley Milgram）做过一次连锁信件实验，结果发现了"六度分隔"现象。简单地说就是你和任何一个陌生人之间所间隔的人不会超过 5 个，也就是说，最多通过 5 个中间人你就能够认识任何一个陌生人。

2. SNS 营销的特点

SNS 营销的载体是 SNS 社交网络平台，其理论依据是六度空间理论，它有广泛的用户群，用户之间形成了强关系链。可以说，SNS 平台具有自己的特点，基于 SNS 的营销活动也具有独特的优势。

（1）传播速度快、范围广。SNS 用户之间联系密切，关系黏性大，其特殊的网际、人际传播方式使社区内的信息传播更有迅速爆发的特点，能够在很短的时间内聚集大批用户的关注；同时，由于社区用户的参与度和分享度都比较高，社区热点事件往往能够借助各种渠道和方式得以大范围快速传播。

（2）影响力较大。SNS 的出现为广大网民提供了发表言论的良好平台。以共同兴趣爱好为基础组建的社区具有更好的用户黏性。当企业在社区传播产品和品牌信息时，社区内很容易形成对产品或企业评论的较强声音，从而对消费者的消费选择产生较大的影响。

（3）互动性强。互联网技术的迅速发展使得网民上网时间不断增加，上网习惯更加成熟。主要表现在网民更乐于主动获取和分享信息，显示出高度的参与性、分享性与互动性。SNS 的最大优势就是能够充分激发人与人之间的互动，这也是 SNS 营销互动性强的特点所在。

（4）营销成本低。SNS 社区的最大特点就是社区参与者都是基于某种兴趣爱好聚集在一起的，社区用户关系有很好的黏性。在此基础上 SNS 信息传播的对象主要是社区用户，扩散方式主要是众口相传，因此与传统广告相比，无须大量投入，可借助用户评价的病毒式传播获得较大的影响力。

（5）精准营销，真实营销。SNS 网站的精准性完全基于网站用户的真实性，作为真实关系网络延伸的 SNS 网站，其会员信息的真实度与其他互联网应用形式相比是较高的。在广告主看来，SNS 网站最吸引人的一点就是有大量用户真实、详细、准确的资料。SNS 网站可以通过注册信息非常详尽地知道每一个用户的基本信息，从用户的使用行为中分析出兴趣、经历、偏好、朋友圈、购物记录，这为精准营销活动做好了数据积累。

三、SNS 营销价值分析

对于传统企业而言，SNS 的营销价值就在于其庞大的用户量、极好的用户黏性、良好的互动性以及强大的信息分享和传播功能。SNS 的核心是人际关系，把相同爱好、相同行业的用户群体聚合起来，形成信息共享机制，能有效地激发用户的活跃度和黏性，这就说明用户才是 SNS 整个价值链条的核心。

1. 互动参与的客户关系

基于高黏性的人际关系网络，SNS 能够形成一个高效的信息发布、反馈通道。企业在 SNS 社区可以快速有效地公布消息，及时与消费者沟通交流。这种充分的互动可以避免企业与消费者之间因缺乏沟通造成误解，使企业和消费者之间更加了解和信任。通过及时有效的沟通，企业能清楚地了解消费者的消费习惯和个性特征，为消费者提供更合适的服务，大大降低遭遇消费者信任危机的风险。此外，通过 SNS 交流平台，企业还可以让消费者参与产品和服务研发。从产品和服务本身来说，质量的提高和控制将得到有效的保证和监督；从消费者的角度来说，也获得了一种参与感和成就感，两方面的共同作用提高了新产品、新服务在市场上成功的可能性，加深了企业和消费者的联系。因此，绝不要把 SNS 广告想象成简单的广告展板，SNS 广告远比我们想象的有趣和有效，这种互动广告方式使 SNS 营销渐入佳境。

现代科学技术的进步使不同商品之间的同质化趋势越来越严重，面对大量无太大差别的商品，消费者的购买决策过多地依赖于自己对产品的主观认识和接触。在这个时候，企业与客户建立良好的关系，树立品牌形象尤为关键。要与客户建立良好的关系，必须突破传统的商业概念，不能停留在交易层次。应该将与客户的关系上升到更高层次，为客户提供及时的服务，与客户进行感情交流，培养客户忠诚度，发展互动参与的客户关系。这种互动参与的客户关系是 SNS 黏性和去中心化的体现。SNS 为客户关系发展提供了新的途径。

2. 口碑传播效果明显

依托强大的社区黏性人际网，SNS 能全方位打造更为宽广的口碑传播渠道，这使得社区信息的传播速度更快，传播形式更自由，传播领域更集中。当然，基于社区用户的口碑营销传播对企业营销而言也是一把双刃剑。在 SNS 信息传播中，如果消费者在接触了某产品或服务之后，对其相当满意或者感觉十分愉悦，就可能与社区好友分享自己的快乐体验和感受。因为是基于自己的认知有感而发的，所以这种分享很容易获得其他用户的认同，从而影响到他们对该产品或服务的认知和态度；相反，如果消费者在接触某产品或服务后产生不满情绪，不管这种情绪有没有客观证据加以支持，企业都免不了面对如潮的恶评，当此信息浏览者有某种相同产品或服务需求时，就很有可能被这种不满情绪影响。

SNS 社区的口碑传播不仅可以引导需求，而且可以创造需求。比如社区好友看到豆瓣网上朋友精彩的电影评论后，哪怕是之前不太感兴趣的电影，往往也会下载下来，或者去电影院一睹为快。对于有共同兴趣爱好的 SNS 社区来说，创造需求更加容易，因为它本身就是基于某种特定需求而形成的圈子。这件原本需要企业做的事情在 SNS 社区中可能由有些人代劳了，比如分享自己亲身体验的朋友，或者讲述某东西重要性的学者等。当然，这种引导可能并无目的性，如果企业加以利用，那么 SNS 平台将发挥口碑传播的强大力量。

3. 分众的长尾价值

在长尾市场，有三种基本的参与者：消费者、聚合者和生产者（身兼三职也是有可能的，它们并不冲突）。[①]

---

① Chris Anderson. Can you make money in the long tail?. http://www. longtail. com/the long tail/ 2006/12/can you make money in the Long Tail. html.

（1）消费者。其更看重消费。人们有了更多不同的选择，他们个性化的口味更多地得到满足，更多地消费个性化的内容。

（2）聚合者。其更看重收益。收集各种各样的内容，并且制作搜索和推荐它们的工具，SNS 就是这样的一种工具。在微内容增长的同时，聚合者的门类增多，为分众的精准营销奠定了基础。

（3）生产者。其更看重要求的满足。对生产者来说，长尾带来的利益不在于直接的经济收益而在于个体需求的满足和实现。平均每个博客在 Google AdSense 上的回报少得可怜，平均每个乐队在 MySpace 上卖出的 CD 也不足以收回录制成本，但是对于个体来说，他们更关注的是声誉和个人梦想的实现，以及因此得到的各种机会。

分众以及他们产生的大量微内容需要一个聚合者才能显现其营销价值。海量的长尾信息冗杂且繁乱，如不进行重构和聚合则无法体现其价值。如果企业自己去搜寻和综合信息势必浪费大量的人力、物力和财力，SNS 作为微内容的聚合者，其营销价值就凸显出来了。企业可以寻找与自己产品和品牌定位相同的 SNS 圈子，在找到这样的目标消费群之后，可对他们进行品牌植入营销。同时，还可以在这样的微内容中发现和收集新的需求，进而开发新的产品或者发现新的市场。

四、SNS 营销策略分析

SNS 社交网络拥有大量的用户资源，用户之间有亲密的关系，如果可以利用这一平台开展有效的营销活动，对于企业发展来说将是事半功倍的。那么具体有哪些 SNS 营销策略呢？

1. SNS 社交平台的营销方式

伴随着 SNS 社交平台的发展，企业的营销方式也在不断探索和创新。在此，我们将 SNS 社交平台的营销方式划分为体验式营销、互动式营销和大数据营销三类。

（1）体验式营销。体验式营销重视消费者的感官、情感、思考、行动和关联，这正好与 SNS 社交平台的基本功能——相册、日志、评论、分享和好友——相匹配。SNS 社交平台体验式营销的常用手段包括虚拟礼物和游戏植入两种方式。例如，开心农场游戏将虚拟礼物放入其中，以其注册量 4 000 万为基数，假设有 1% 的人使用此虚拟礼物，那么至少有 40 万送礼者，相对应的收取礼物者也有 40 万人，这样就有 80 万人参与到虚拟礼物的体验中；即使没有参与送礼活动，每天浏览礼物页面的人也不在少数，大范围的浏览传播起到了免费的广告宣传作用。

（2）互动式营销。SNS 因其高度参与性与互动性，为互动式营销提供了最佳的营销平台。首先，越来越多的网民在网络视频上花费更多的时间，要选择有价值的视频渠道，除了专门的视频网站推荐外，SNS 上好友的推荐、分享起到更为重要的作用。SNS 社交网络与视频网站处在不断的开放与融合过程中，视频中的网络广告成为企业营销的有效手段之一。其次，SNS 都拥有群组功能，群组的成立是以好友间的共同爱好为基础的，因此，在群组中开展兴趣营销会给企业带来更多忠实的客户。最后，网民将 SNS 作为发表意见的主要平台，对于企业广告或者某产品的快速简洁的评论会形成强大的声音，加上意见领袖的引导，会如滚雪球般吸引众多的好友关注。总之，SNS的互动式营销的核心在于借助视频营销、兴趣营销、口碑营销等营销手段实现 SNS 的病毒式营销。

（3）大数据营销。SNS 社交平台用户资料的真实性和完整性为企业进行大数据营销提供了得天独厚的条件。例如，Facebook 就掌握用户的年龄、性别、地区、受教育程度、兴趣爱好等信息，使广告主可以更加精确地定位目标受众群体，实现大数据精准营销，通过后台的数据分析，还能实时追踪营销的效果，随时根据情况调整营销策略。

2. SNS 社交平台的企业品牌推广策略

企业品牌营销的目的在于通过各种宣传手段提升客户对企业品牌的认知度与忠诚度。SNS 社交网络上的企业品牌营销策略主要有以下几种：

（1）建立企业公共主页。在 SNS 网站上可以建立企业的公共主页，也可以建立某产品的公共主页。一方面，企业公共主页作为企业和 SNS 用户亲密交流的窗口，形成企业与用户之间一对一的互动，能够增强用户黏性，并吸引好友的好友关注企业；另一方面，在公共主页上聚集的大量粉丝，作为企业的无形资产，有助于企业零距离接触客户，建立企业数据库。

（2）品牌广告植入。SNS 社交网络上企业品牌广告植入的方式有两种：一种是通过 SNS 网页游戏，将产品外形、定位、价格等植入其中；另一种是将企业品牌植入用户的交互媒介。很多 SNS 用户会在 SNS 游戏上花费大量时间，企业可以结合自身定位和特点在网页游戏中展示产品，潜移默化地使用户在游戏娱乐的过程中接受企业产品，加深对产品和品牌的印象。另外，SNS 网站上有虚拟礼物，虚拟礼物作为人际关怀的一种表达方式，迎合了 SNS 互动的需求，在用户中的使用频率颇高。虚拟礼物包含饰品、服装、书籍、生日祝福、时尚用品等，将企业品牌和产品嵌入虚拟礼物中，可以让赠送和接受礼物的双方都加深对企业的了解，同时在"好友新鲜事"中的呈现也可以让其他好友了解，无形中又提升了品牌知名度。

（3）企业品牌与用户动态相结合。SNS 社交网络的内容是由用户自行选择产生的，这个过程大部分通过状态和分享来完成。分享作为 SNS 最重要的元素之一，是好友对好友推送信息的一种方式。状态和分享组成了用户的动态，在这些动态中用户使用率最高的是分享、相册和留言。企业将品牌融入高使用率的用户动态更新，利用 SNS 分享的优势，可达到病毒式营销的目的。企业品牌与 SNS 用户动态相结合通常包括以下几个步骤：首先，结合时代亮点寻找一个让目标客户感兴趣的非冷门话题，与企业文化相一致，能够让目标客户兴奋；其次，根据该话题，结合目标客户的网络使用习惯，在企业公共主页或者其他媒体上大规模呈现该话题，引导客户进行体验式互动，先让一部分人兴奋起来；再次，基于 SNS 网站用户的动态更新，依托口碑营销方式让更多的人参与到该话题中；最后，对互动内容做二次包装和传播，利用一些先锋关注者产生的互动效果，对信息进行包装，逐渐形成一个有共同认同感的客户群体，并深化认同程度，增加客户数量，提升客户质量。在此基础上，不断爆出新的话题，保持持续的关注，延长 SNS 的营销周期。

（4）整合营销传播。整合营销传播包括与传统媒体的整合、与微博和微信等其他新媒体的整合、线上线下的整合等，总而言之，就是整合一切可以整合的资源，使 SNS 营销能够无缝、全方位地渗透到每个目标受众并取得预期的效果。企业发挥传统营销底子厚的优势，结合 SNS 营销庞大的用户资源、较低的宣传成本、较快的传播速度等优势，将线上品牌推广、活动宣传与线下活动或者电子商务相结合，实现高效营销。有效的整合营销传播，一方面可以提升企业品牌认知度，另一方面可以将消费者对品牌的热爱转化为实际的商品销售量。

3. SNS 社交平台的客户关系管理

客户关系管理的核心在于客户价值管理，即深度挖掘客户的详细资料，分析客户需求，以客户为中心，遵循"一对一"的营销原则，展开包括判断、选择、争取、发展和保持客户所需在内的全部商业过程，以期满足不同价值客户的个性化需求，提高客户忠诚度和市场占有率，保证客户价值的持续性，最终实现提升企业盈利能力的目标。客户关系管理的基础是客户信息，在SNS 社交平台，用户与用户之间通过关系而聚合，关系是 SNS 的重要节点之一。SNS 社交平台的用户信息、用户关系为企业客户关系管理提供了得天独厚的条件，信息的迅速响应和传播有助于客户关系管理。企业必须以客户为出发点，以开发和维持客户关系为企业经营发展的核心，建立客户数据库，有针对性地开展营销活动，并建立售后服务体系，努力维持长久的客户关系。

在社交网络的客户关系管理中，企业要做的是分析社群的需求，自动分化社群并找到符合自己需要的社群，有意识地维护此社群的发展，以便形成长期的目标社群。在目标社群中，每个用户都是独立的主体和内容的提供者。用户与用户之间不再是孤立的，而是相互交织在一起的。一方面，企业可以通过用户在社交网络中的使用习惯、行为痕迹了解用户个体化的需求，针对不同的用户提供不同的产品和服务，实现精准营销；另一方面，企业通过话题讨论等有意思的活动或者积分、奖励等激励措施吸引用户参与，通过用户的体验分享加强更多用户对产品的认知。此外，企业还可以将 SNS 作为客服窗口，利用 SNS 的即时性和互动性优势，客服人员可以在网站上提供企业产品相关信息，快速解答用户的疑问，提供售前售后全方位、快捷的人性化服务。

案例 2-3

豆瓣：宝格丽品牌理念传达的阵地

1. 活动背景

成立于 1884 年的意大利珠宝品牌宝格丽曾出现在多部经典的电影作品中，其自身代表着顶级品质与高端服务的完美结合，这为影片及其角色增色不少。2017 年，宝格丽成为上海国际电影节官方合作伙伴，在 2018 年第 21届上海电影节推出"宝格丽经典呈现：喜亦风流"展映单元，以《英俊的安东尼奥》《昨日、今日、明日》《圣母街上的大人物》《意大利式结婚》《意大利式离婚》5 部经典影片让人们重温意大利电影辉煌时期，展现宝格丽品牌所推崇的意式生活方式。

宝格丽充分利用此次电影节的契机，以豆瓣为重要阵地开展了品牌营销活动。这不仅是因为豆瓣用户追求生活品质、消费能力强、对电影见解深刻，更重要的是这一合作形式具有重要意义，即可以通过电影传达品牌理念，提升用户认知度。

2. 活动过程

首先，宝格丽与电影的结合主要通过"宝格丽经典呈现：喜亦风流"展映单元的形式加以展现。宝格丽是意大利著名珠宝品牌，因此，宝格丽的品牌推广回归到意大利这个时尚、神秘国度，选取了 5 部经典的意大利电影展现经典意式生活，5 部不同的电影代表不同款式的钻石项链。豆瓣网页的交互设计使用户可以通过点击鼠标切换电影来查看不同款式的钻石项链。

其次，每部电影的旁边还会有豆瓣用户对电影的深入剖析，使品牌自身的意式浪漫与永恒经典的高雅艺术形象在电影中融合，让用户全方位了解品牌对电影的贡献，同时，使品牌自身的形象更加立体和丰满。

最后，不同于以往豆瓣需要注册登录才可以对电影进行评论的做法，游客也可以对电影即时评论，并能看到自己的留言"上墙"，满足用户心理。

宝格丽在豆瓣平台发布了一系列宣传内容，这些内容出现在豆瓣开屏广告、信息流广告、话题广场等区域。品牌通过一系列原生广告内容，将同为"瑰宝"的电影与珠宝联系在一起，以"电影是人类的艺术瑰宝和宝格丽为珠宝中的瑰宝"为切入点，让用户看到宝格丽就能联想到相关的电影，加深了品牌的文化底蕴。

3. 活动效果

据统计，此次宝格丽的广告整体投放覆盖 1 700 万用户，在没有奖励机制的情况下，信息流广告在短短的 3 天内获得了 1 000 余个点赞和转发量，品牌在 Minisite 的参与互动人数达 17 万，另外 Minisite 上还出现了上千条高质量的影评。

4. 案例评析

在宝格丽此次与豆瓣的合作中，豆瓣为品牌精准地找到了全新契合点——电影作为一种现代艺术，其文化传承百年，每一部电影都拥有不可磨灭的时代印记，是人类文明史上不可或缺的重要部分。珠宝作为一门精雕细琢的艺术，已有千年历史，能恒久流传，记录了人类世世代代对于美好事物、时尚的追求。电影通过银幕、声音与文字传递美的理念，珠宝通过视觉把美具化成可感的物质。将同为"瑰宝"的电影与珠宝联系在一起，是此次营销创意成功的因素之一。

此外，豆瓣作为国内有较大影响力的 SNS 网站，拥有以白领和大学生为主的过亿都市青年人群。豆瓣电影在国内外电影市场具有良好的信任度和公信力，每月有几千万的电影用户活跃在这里，其互动式的多对多传播将品牌信息扩散到各个讨论小组，从而实现品牌理念的传递、产品及服务的购买。

讨论题

1. 宝格丽为什么要选择豆瓣作为开展此次营销活动的平台？
2. 此次营销活动有哪些成功之处？是否还存在不足？该如何改进？

案例分析 2-1

华为 Mate 60 社会化媒体刷屏之路

在三联生活周刊公布的《2023 年度十大热梗》中，"遥遥领先"位列第三。而"遥遥领先"这个梗最早源于 2020 年 10 月 22 日的华为 Mate 40 系列发布会上，常务董事余承东在介绍华为手机的各项技术优势时，多次用"遥遥领先"来形容华为与同行的差距。"遥遥领先"经过网络的发酵成为热梗，这也为 Mate 60 系列的爆火埋下伏笔。Mate 60 一开售，市场反响火爆异常。京东、淘宝、华为商城等线上平台各种颜色的 Mate 60 Pro 在开售不到 1 分钟的时间内全部售罄，甚至线下出现了排队盛况。华为 Mate 60 备受青睐，除了其性能出色外还得益于其精妙的社会化媒体运营。

1. 突破传统宣发模式，吸引注意力

2023 年 8 月 29 日，"华为 Mate 60"相关话题持续刷屏各大社交媒体平台。没有任何预告，华为仅在微博用一封信就直接低调官宣 Mate 60 Pro 开售。其采用了一种创新的市场策略——"未发先售"，即在未进行正式的产品发布会之前便开始销售。这种做法打破了传统的产品推广流程，通过直接上市的方式，迅速将产品推向市场，以期在竞争激烈的智能手机市场中抢占先机。这样不仅缩短了产品从发布到上市的时间，也减少了营销成本，同时能够快速响应市场变化,满足消费者的即时需求。通过这种策略,华为 Mate 60 能够更灵活地应对市场动态,提高产品的市场竞争力。

2. 视频主打情感牌,塑造记忆点

在常规认知中,故事片不能植入产品,否则会破坏氛围的连贯性,不过华为打破常规才是常态。对于华为 Mate 60 的视频宣发,情感传递和产品利益点兼而有之,且互不干扰。比如在微博和微信视频号的宣传视频《如果感到幸福,你就拍拍拍》,围绕 Mate 60 系列"风驰闪拍"的产品功能,化用一首耳熟能详的儿童歌曲,把拍手节奏与快门声融合在一起,形成独特记忆点。歌曲中传递出的快乐氛围,应和着按下快门时的幸福时刻,看得人嘴角不自觉上扬。并且,这首儿歌还扮演了品牌对用户的一个行为指令,在心理上反复强调"开心幸福了,就拍下来",使消费者对产品和品牌的记忆度大大提升,对品牌的推送内容有了期待,这不仅增加了消费者与品牌的黏性,更有利于视频内容的二次传播。

3. 共创社交话题,加强传播力

华为十分重视利用社交平台的话题性和互动性特征,通过精心设计和策划的话题标签来吸引和扩大目标用户群体。在华为 Mate 60 发布期间,华为在微博创建了一系列与产品特性、用户需求和市场热点相关的话题标签。例如,"华为 Mate 60 遥遥领先""华为 Mate 60 王炸""华为 Mate 60 又有哪些黑科技"等等。这些话题不仅能够吸引华为的忠实粉丝,还能吸引那些对新技术、新功能感兴趣的潜在用户,引起共鸣并激发讨论。

华为营销团队通过整合微信和微博资源,利用有情感、有创意的短视频向消费者展示"风驰闪拍"的独特卖点,给消费者留下了深刻的印象,促进了刷屏级的社会化媒体传播,也让华为 Mate 60 顺理成章地成为 2023 年安卓手机市场里的翘楚,获得了十分可观的销量和口碑。

资料来源:以华为 Mate 60 为例,关于手机品牌在社交媒体平台上打爆全链路分析. https://mp. weixin. qq. com/s/mxr022P1fiXot7pSAl5y9g.

讨论题

1. 试分析华为 Mate 60 社会化媒体营销活动的背景。

2. 华为 Mate 60 的社会化媒体营销有哪些成功之处?

3. 如果你是此次活动的策划者,你还有哪些更好的营销创意?

案例分析 2-2

安踏奥运营销新花样：从公域到私域的闭环

奥运会历来是各大运动品牌争夺观众注意力、抢占消费者心智的重要营销舞台。2020年东京奥运会因新冠疫情遭遇了诸多挫折，在此背景下，这一重要的国际赛事也在全球范围内备受关注，安踏作为奥委会的合作伙伴，已累计赞助了20多支中国代表队，在东京奥运会期间通过建立社会化媒体传播矩阵，形成全方位多元化的传播生态，成功完成了用户流量的吸纳、承接、沉淀与转化。

（一）微博实时跟踪赛事热点，点燃全民热情

1. 创意系列海报，传达品牌态度

安踏品牌活跃于奥运全时段，围绕"爱运动 中国有安踏"主题发布了一系列创意海报。在赛前预热期，发布奥运倒计时海报，引导大众关注中国健儿，聚焦奥运赛事，将大众带入体育竞技场；在奥运会开幕式当天，安踏用一组中国队态度海报和一套直击人心的文案传达了中国运动员的决心和目标，如中国举重队的海报文案"举得起万众瞩目，也挺得起众望所归"，花样游泳队的海报文案"我的新花样就为了给你好看"等，有态度有力量，点燃大众的奥运激情。而在赛事期间，安踏捕捉赛场上各种激动人心的场景或故事，即时输出热点海报，紧扣大众情绪，以简单的文案直接有效地诠释奥运精神和传达品牌态度。

2. 观测舆论趋势，打造热点话题

奥运期间，安踏发布话题"奥运怎么说"，在微博上和大家畅聊奥运赛场上的精彩记忆，在互动中拉近与粉丝的距离。同时安踏在微博上线安踏奖牌榜，和全民一起，实时跟踪夺冠热点，带话题"站上领奖台"记录运动员身穿安踏领奖服夺冠领奖的高光时刻，让安踏领奖服成为具有奥运记忆的品牌符号，实现品牌增值。此外，安踏洞察社交数据，感知运动员热度趋势，打造"哨响之后"专栏节目，微博邀请身穿安踏领奖服的运动员参与并和网友进行互动，借助奥运热度持续进行品牌曝光，加深品牌记忆。

3. 借力微博品牌号，积累粉丝流量

安踏联合微博品牌号打造奥运"品牌时刻"，通过微博博文、微博信息流广告、热点视窗等多通道将用户引流至"品牌时刻"，微博用户可以通过关注品牌账号、点赞品牌微博、分享活动领取装备等方式参与完成品牌任务,5 天解锁 1 亿心动值助力奥运,安踏以这种形式迅速实现了内容在公域的裂变传播,激活私域粉丝参与互动,完成了流量的积聚和转化。

据统计,在赛事期间安踏 9 个定制话题登榜微博热搜,获得超 20 亿阅读量,并引发了大众对于赛事和品牌的讨论热议,同时官微粉丝增长超 30%,大幅提升了安踏的品牌声量。"品牌时刻"活动上线期间,全程"心动值"累积破亿,安踏品牌提及量日均提升 224%,为安踏树立了优质的品牌口碑。

(二) 微信生态全布局,多触点打造奥运场景[①]

1. 朋友圈借势传播,扩大品牌声量

安踏洞察奥运的流量高峰期,在观众关注度高、赛事氛围高涨的重要时刻,比如东京奥运会的开幕式/闭幕式、赛场运动员的夺金时刻等,第一时间发布朋友圈信息流广告,紧密结合实时奥运热点定制广告内容,同时在评论区引导用户点击进入微信"搜一搜"品牌专区,抽取奥运福利。在这一过程中,安踏通过跟踪舆论情绪,即时迎合用户的兴奋点,迅速吸引用户的注意力,引导用户关注品牌。

2. 创意营销玩法,实现交互传播

安踏在微信平台开创了多种有趣的互动玩法,吸引更多的用户参与其中,从而深化用户对品牌的认知。例如,用户可以根据摇动、滑动、长按等指令进入安踏朋友圈广告的隐藏页面,接着隐藏页面会将用户引流至安踏官方小程序商城,用户可以在此直接选择和购买奥运冠军同款产品,为奥运健儿加油助威,与冠军共享发光时刻。此外,用户还可以领取安踏的官方福利,与安踏品牌一起庆贺运动员夺冠。安踏利用各种有意思的小活动与用户亲密互动,实现了奥运、品牌与用户在情感上的强连接,在传递奥运热情的同时也传播了品牌的价值理念。

3. 多链路传播,全方位触达用户

安踏不仅仅是在朋友圈推出赛事热点相关内容,还连接微信平台上多个节点,实现了创意内容的全方位、多渠道传播。一方面,安踏联动微信内部的"看一看""搜一搜""公众号盒子"等多条渠道,给用户带来丰富的内容

---

① 不止终点,看安踏刷新奥运营销边界.(2021 - 08 - 10).http://www.sohu.com/a/482593564_138481.

体验，实现内容的多次曝光；另一方面，这些渠道与官方直播间、小程序商城入口相连接，能够帮助品牌高效引流用户，并借助赛事热度顺利实现销售转化。

奥运会极高的全民关注度为品牌提供了诸多营销机会，安踏成为此次东京奥运会获益最大的品牌之一。回顾东京奥运会期间安踏的品牌营销策略，其成功主要依靠两点：

第一，依托奥运 IP 本身的极高热度。作为全球瞩目的国际性赛事，奥运点燃了全民关注的热情，安踏与奥运强关联，利用赛事本身的热度能够迅速获得巨大的曝光量，同时中国运动员出征奥运，代表了国家的运动实力、形象和荣誉，安踏通过为中国国家队运动员提供奥运装备，为夺金运动健儿打造冠军领奖服，围绕"爱运动 中国有安踏"这一主题，将品牌内涵与民族自豪感挂钩，有利于品牌形象的升华。

第二，依托立体的社会化媒体传播矩阵。安踏以微博和微信两大社交平台作为奥运营销的主阵地，通过微博话题、"品牌时刻"助力等形式引发大众热议和传播，实现强有力的品牌引流；同时打通微信生态，利用朋友圈广告、"看一看"、"搜一搜"、直播、小程序等多触点使内容在短时期内大范围地传播曝光，抢占用户的品牌心智。从公域的传播裂变到私域的聚合转化，安踏的奥运营销极大地提升了品牌的影响力。

讨论题

1. 安踏为什么选择微博和微信作为此次奥运营销的主阵地？
2. 你认为安踏此次社会化媒体营销有何亮点？
3. 你觉得安踏此次奥运营销有不足之处吗？如何改进？

第 **3** 章

移动营销

学习目标

读完本章后，你应该理解：

1. 移动营销的概念、基本形式和主要策略，以及移动营销的现状。
2. 二维码的定义、价值、营销策略与创意应用。
3. LBS 的定义、营销特点与应用方式。
4. 移动广告的定义、分类、营销价值与发展趋势。
5. App 的分类、营销价值与应用策略。
6. 移动支付的定义、营销价值与应用策略。
7. 移动音频营销的定义、价值与策略。

引 例

肯德基开展"KFC雨神宅急送"移动营销活动

在数字营销的浪潮中，消费者对于个性化和即时互动的需求日益增长，肯德基洞察到这一趋势，并与墨迹天气 App 联手，推出了"KFC 雨神宅急送"营销活动。在多雨的季节，肯德基以雨天为场景，邀请了被称为"雨神"的萧敬腾改编创作出《雨神宅急送》广告歌曲以及一系列求雨攻略，旨在提升消费者在雨天的订餐体验，并强化雨天与肯德基宅急送的品牌联想。

通过实时天气数据和 LBS 定位技术，肯德基为下雨天城市的用户推送雨天限定菜单，这种精准营销策略不仅解决了外卖平台无法根据用户所在地的天气推送菜单的痛点，还让雨天限定菜单更精准化地触达目标群体。活动上线后，全国累计超过 85 万人次使用了雨天限定菜单，配餐时间每单缩短了25%，订单量增长了 4%。

明星网络梗的巧妙使用不仅吸引了消费者的关注，还化解了他们对下雨天的消极情绪，使之转为"求雨"的积极态度。与墨迹天气 App 的合作，让肯德基在实现快速圈粉的同时也增强了品牌与受众之间的黏性。这一活动不仅提升了用户体验，也展现了肯德基在数字营销领域的创新能力和对消费者需求的深刻理解。

第1节 移动营销概述

一、移动营销的定义

从最早的短信营销开始，移动营销实际上已存在多年，但真正让移动营销引起大众关注的，还是 2009 年以来伴随智能手机的普及发展起来的移动化大潮。由于移动营销的新形式、新方法等层出不穷，学者很难给出一个非常全面的定义。举例来说，宋杰等曾在《移动互联网成功之道：关键要素与商业模式》一书中描述，移动营销的未来将是用户移动化、终端移动化、应用移动化、流量移动化、收入移动化。① 从业界来看，对移动营销的定义同样众说纷纭。2003 年美国市场营销协会（American Marketing Association，AMA）将移动营销定义为"通过移动渠道来规划和实施想法，对产品或服务进行定价、促销、流通的过程"。2009 年美国移动营销协会（Mobile Marketing Association，MMA）将移动营销定义为"基于定位的、经由移动设备或网络进行的，通过个性化定制与消费者相关的互动的形式，使企业与消费者能沟通交流的一系列（营销）实践活动"。

上述定义揭示了移动营销的一个基本特点，就是利用无线通信媒介和无线渠道来开展营销。这是一种广泛意义上的移动营销。与传统意义上的移动营销相比，在移动互联网的背景下，今天的移动营销主要是指基于无线智能移动终端，利用移动网络开展的各种形式的营销活动，更是一种基于移动互联网的营销。

为了使研究更有针对性，我们将移动营销定义为：基于以智能手机为主的智能移动终端，利用移动互联网开展的营销活动。

二、移动营销的价值

移动营销价值的凸显和移动互联网的发展是分不开的。简而言之，移动互联网的迅速发展使得人们的生活迅速转向移动化，移动营销则是这一生活方式下最有效的营销方式之一。

移动营销的发展离不开以下两个条件。

1. 智能手机迅速普及，高速网络不断发展

CNNIC 发布的第 55 次《中国互联网络发展状况统计报告》显示，截至 2024 年 12 月，我国手机网民规模达 11.05 亿人，网民中使用手机上网的比例为 99.7%。智能手机已成为我国移动互联网发展的重要载体。

在智能手机快速普及的同时，高速网络也在迅速发展。2019 年 6 月 6 日，工信部正式向中国电信、中国移动、中国联通、中国广电发放 5G 商用牌照，标志着中国电信产业正式步入 5G 时代。5G 作为最新一代的移动通信技术标准，其实际传输速率能够达到 1Gb/s，是 4G 网络的 10 倍以上。5G 网络能

---

① 宋杰，等 . 移动互联网成功之道：关键要素与商业模式 . 北京：人民邮电出版社，2013.

够提供超高速率、高连接稳定性、低时间延迟等更好的用户体验，其低成本、低能耗、高网速、高承载等特性，为移动营销的开展提供了更大的可能性。

2. 移动化生活方式越来越流行

今天，智能手机和移动互联网在人们的生活中扮演着非常重要的角色。移动新闻客户端、微信、抖音等移动应用的出现，使人们开始从传统的电视、报纸、广播以及 PC 互联网转入移动互联网；微信等即时通信工具正逐步取代传统的语音通话、短信业务；团购、地图应用、移动支付、二维码、旅游App 等的出现，更是将移动化的触手伸向了人们衣食住行的各个方面。总而言之，消费者的生活方式正在迅速移动化，他们手中的智能移动终端具有无与伦比的重要性。

移动营销的重要性在于它跟人们移动化的生活方式紧密联系，是移动化时代最有针对性的营销举措。不仅如此，移动营销开创的一系列具体营销方法和措施，更是对传统营销的继承和发展。总而言之，在移动化的时代，移动营销是不可或缺的。本章将分别对二维码营销、LBS 营销、移动广告、App 营销、移动支付以及移动音频营销六种主要的移动营销形式加以介绍。

第 2 节　二维码营销

一、二维码的定义

要想了解什么是二维码，只需环顾四周。不论你在室内还是室外，不论你是出门旅行还是上班通勤，道路两旁、公交车站、地铁通道……是不是随处可见各式各样的二维码图案呢？仔细想想，你的脑海里也许会浮现出这样的场景：在去上班时，你只要拿出手机扫一扫路边的二维码，立马可以在离自己一公里远的咖啡厅买到一杯打折的咖啡；在等地铁时，你只要拿出手机扫一下广告中的二维码，马上就可以获得关于产品的更多更详细的信息，如果喜欢还可以直接下单购买；甚至在收快递时，包装盒上也少不了醒目的二维码图案，扫一扫就可以获得该产品的优惠券，下次购买时可以使用……

那么，什么是二维码呢？二维码是由传统的一维条形码发展而来的。传统条形码（见图 3-1）由一组按一定编码规则排列的条、空符号组成，表示一定的字符、数字及符号信息。二维码（见图 3-2）又称二维条形码，是在一维条形码的基础上扩展出另一维的具有可读性的条形码。它是用按一定规律分布于平面（二维方向上）的黑白相间的图形记录数据符号信息的，在代码编制上利用构成计算机内部逻辑基础的比特流的概念，使用若干与二进制相对应的几何图形表示文字数值信息，通过图像输入设备或光电扫描设备自动识读以实现信息的自动处理。[①]

图 3-1　传统条形码　　　　图 3-2　二维码

20 世纪 80 年代，在计算机自动识别领域出现了二维条形码 QR（quick response）Code 技术，它将条形码的信息空间从一维扩展到二维，具有信息容量大、可靠性高、准确度高、防伪性好、保密性强等优点。[②] 从编码密度来讲，一个二维码可容纳多达 1 850 个大写字母或 2 710 个数字，或 1 108 个字节，或 500 多个汉字，其信息容量比普通条形码大几十倍。从编码范围来看，二维码可以将图片、声音、文字、签名、指纹等多种形式的信息编译进来。从容错能力来看，即使二维码因穿孔、污损等引起局部损坏，照样可以正确识读，损毁面积达 50% 时仍可恢复信息。除此之外，二维码制作成本低，持久耐用，可以用多种阅读器识别。以上优势决定了二维码在商业应用中的广阔前景。

二、二维码的发展历程

二维码诞生于 20 世纪 80 年代，出现后便以极快的速度发展。2003 年以后，所有诺基亚手机的电池和机身背后都印上了二维码，其中包含手机的型

---

① 贾换换.广告营销新主张：二维码广告.新闻世界，2013（11）：128-129.
② 钟元生.移动电子商务.上海：复旦大学出版社，2013.

号、配套电路板的串号以及加工工厂与销售地域等信息。2006 年 6 月，日本人在巧克力的包装上印上了简单的二维码，它内含的信息有巧克力的品种简介以及能量和各种营养成分的含量。

20 世纪 90 年代初，关于二维码技术的研究在我国生出萌芽。1996—2000 年期间，我国从二维码共性技术等基础方面着手研究，不断探索新型二维码并致力于自主开发，一路努力，从技术学习引进转变为自主创新研究。[①]

2007 年 8 月 23 日，GB/T 21049《汉信码》国家标准由国家质检总局和国家标准化管理委员会发布。汉信码的出现意味着我国自动识别和数据采集技术进一步发展，是二维码技术发展史上的关键节点，它弥补了以往二维码技术的缺陷，提高了二维码技术的应用水平，拓宽了其应用领域。

2011 年，支付宝推出二维码支付功能，标志着二维码在移动支付领域的应用正式开始。随后，微信支付也在 2013 年加入二维码支付行列，推动了二维码支付在中国的快速普及。二维码支付极大地改变了人们的支付习惯，提升了交易的便捷性和效率。

2020 年，二维码技术被广泛应用于智能交通系统，例如在公共交通中，乘客可以通过扫描二维码快速支付车费，这种非接触式的支付方式在新冠疫情期间尤为重要，减少了人与人之间的接触，提高了交通系统的效率和安全性。

随着智能终端的快速普及和移动互联网的迅猛发展，二维码凭借自身的便捷性和应用领域的多样性在世界各地迅速普及。目前，中国作为全球最大的二维码市场，占据了全球市场份额的 70％以上。[②] 由于二维码的便捷性和易操作性，其应用领域极为广泛，可以说二维码已经渗入我国民众生活的方方面面，在餐厅、书店、超市、商场，二维码随处可见，我们的生活已经被这种蕴含丰富意义的简单符号包围。

三、二维码营销的五种形式

在当今数字时代，随着智能手机的普及和网络技术的快速发展，二维

---

① 郑昱 . 汉信码：中国完全自主知识产权的二维码 . 中国质量新闻网 .
② 中研网 . 2024 年中国二维码行业的市场发展现状及投资风险分析 . （2024－07－03）. https://www.chinairn.com/hyzx/20240703/110904617.shtml.

码作为一种便捷的信息传递和交互工具，正被越来越多的企业用于营销活动。[①] 以下介绍五种常见的应用形式。

1. 线下虚拟商店

电商是最早使用二维码营销的。早在 10 多年前，1 号店就建立了地铁线下虚拟商店，京东也在各大楼宇建立起商品展示系统。操作方法是在展示商品的旁边贴上二维码，消费者通过扫描二维码进行移动支付，进而完成对商品的购买。线下虚拟商店的发展使得消费者可以随时随地购买商品，不一定必须到实体店，为消费者提供了极大的方便。

2. 二维码广告

二维码营销的另一个重要方式便是二维码广告。平面广告对我们来说早已不陌生，二维码广告最基本的做法就是在商品的平面广告中印上二维码。消费者通过扫描二维码便可以从线下转入线上，进入企业的官网或产品的页面，了解更多更全面的商品信息。

这种方式最大的优点就是趣味性强。比如知名汽车企业雷克萨斯的二维码广告。印刷在 2012 年 10 月 15 日这一期的杂志上看起来平淡无奇的雷克萨斯汽车平面宣传海报，其最不平常之处就在于当读者扫描这个印刷广告背面的二维码，奇迹就出现了：雷克萨斯 ES 2013 的前灯会亮起，引擎也会旋转、咆哮，天空会闪烁光芒，汽车播放起音乐，并向读者展示它的内部构造。[②] 由此可见，二维码广告比传统广告更富趣味性，更活灵活现。

3. 实体包装

实体包装形式的二维码传播已被很多淘宝卖家应用，淘宝卖家尝试用二维码刺激消费者进一步到线上去了解有关商品的信息，从而进行二次购物。各种快递包装盒、包装袋上都会印上含店铺地址信息或微信公众号的二维码，卖家承诺扫码二次购买会有优惠，以此激励消费者返回线上购物。此外，鼓励消费者在特定时间段上网购物，还会拉动网站低峰时期的流量。总之，实体包装的形式促进了线上线下宣传的创新结合。

---

① 王朝晖．基于二维码的互动营销策略及其对消费者行为的影响．现代营销（下旬刊），2024（11）：41-43.

② 张书乐．二维码：开启营销新主张．销售与市场（评论版），2013（2）：94-95.

4. 线上预订，线下消费

前述三种都是通过线下二维码吸引消费者转移到线上购物的形式。而这种形式是消费者在线上完成对二维码的扫描后，以二维码作为凭证转移到线下商店进行消费。比如麦当劳、哈根达斯的天猫旗舰店以及许多团购网站、化妆品的电子会员卡都采用了这种方式。这是一种快捷环保的操作方式。

5. 场景化预设，沉浸式体验

这是一种更契合消费者心理、仅在满足消费者"需求"时才出现的场景化二维码广告，在场景的预设下带给消费者沉浸式的体验。例如，菲律宾宿务太平洋航空推出适应我国香港气候场景的新型二维码广告。该公司想出了一个妙招——"你有 raincoat，我有 rain code"。Rain code 即雨代码，是使用防水喷漆在马路上喷的广告，平时隐形，直到雨天才显现出来。二维码上的文字"It's sunny in the Philippines"，中文意思是"菲律宾现在是大晴天！"行人扫描二维码便可进入购票网站，来一场说走就走的旅行。最终菲律宾宿务太平洋航空公司网上订票量增长 37%。

四、二维码营销价值分析

作为快速发展的营销工具，二维码已经充分应用于现代商业。在实际应用过程中，二维码具有独特的营销价值。

1. 线下流量的主要入口

二维码的实时性、便捷性使得消费者更喜欢用手机扫描二维码接入网页、付费购物。二维码广告、二维码电影票、二维码优惠券已经非常流行，扫描二维码极大地方便了生活，节约了资源，对于人们来说已经习以为常，因此二维码成为当下主要的营销方式。在这样的趋势之下，二维码在商家的应用场景不胜枚举，许多商家会利用二维码将消费者引流至线上平台，如顾客扫描二维码连接 Wi-Fi、自助点餐、自助购物等就会自动关注商家的微信公众号或是注册小程序会员，二维码由此成为线下流量的主要入口。

2. 与移动支付紧密联系

当前通过智能移动终端消费已成为主要的方式。中国人民银行的数据显示，截至 2023 年底，我国的移动支付普及率已达 86%，居全球第一。无论是支付便利性，还是商品查看的灵活性，移动电商的优势日益明显。由此可见，在无线网络、移动设备发展的基础之上，伴随着移动支付的普及，用户已经形成了通过移动终端消费的习惯。二维码的扫描读取是通过智能手机进行的，与移动支付的联系非常紧密。商家可以通过二维码和移动支付建立起一个"消费者导流—商品选购—支付完成"的营销闭环。

3. 为市场提供安全保障

现代商业市场上假货防不胜防，在淘宝、拼多多等电子商务平台，消费者更是难以识别产品的真假。出现这一现象的主要原因是消费者没有了解真假产品的渠道，缺乏辨别真假产品的方法。有了二维码，便可以防伪溯源，消费者只要用手机扫描印刷在产品上的二维码就能验证防伪。通过这种防伪技术，企业不但可以有效打假，而且可以得到消费者的信任，提升企业的品牌形象。除了防伪，二维码还能防止窜货。经销商的窜货行为往往会给企业的渠道管理和市场销售带来混乱，不仅损害其他经销商的利益，最终还会给企业带来较大的损失，比如渠道的崩盘，因为在窜货严重的情况下，很可能没有经销商愿意再代理企业的产品。[①] 如今有了二维码这一技术，情况就不同了，消费者通过扫码就可以了解产品的原产地与渠道信息。可以说，二维码为维护现代商业环境提供了又一层保障。

五、二维码应用策略分析

目前二维码的技术日趋成熟，它除了具有编码密度高、信息容量大等优势之外，还具有成本低、制作简易、持久耐用的特点。如何将二维码结合到移动营销之中，如何创新地应用二维码，是我们要讨论的重点。

1. 设计生动有趣的二维码

开展二维码营销的首要思路就是抓住人们的眼球，让消费者对它产生兴趣，继而有扫描它的欲望。普通、呆板的由黑白方块组成的二维码已经泛滥，人们逐渐产生了见怪不怪的审美疲劳，在二维码呈现方式上创新成为许多商家营销的突破点。例如，韩国大型连锁超市 E-mart 为了能够提高超市中午的人流量和销售量，开展了名为"Sunny Sale"的二维码营销活动。E-mart 在

---

① 李锦魁. 移动物联时代的二维码品牌营销. 中国广告，2013（2）：156-157.

户外设置了一个二维码墙（见图3-3），有趣的是，只有在正午时分，阳光洒在二维码墙上，二维码才会显现出来。在活动期间，顾客只要扫描二维码就可以进入超市的手机商城进行购物并享受特别优惠。这种生动有趣的二维码营销活动吸引了人们的眼球，在活动进行的一个月中，E-mart 中午时段的销售额增加了 25%，会员数量更是增长了 58% 之多。

图3-3　E-mart 设置的 "Sunny Sale" 二维码墙

2. 创建方便快捷、实时获取的二维码

二维码给我们的生活带来的另一种便捷就是让我们可以随时随地了解信息，而且这种了解方式更加方便和迅速。比如，在中国进出口商品交易会上以"企业二维码专辑＋产品移动画册"的模式为参展商与采购商提供服务，与会者只要用手机扫描某个企业的二维码，就可以立即进入相应的移动画册，得到更加丰富的信息。如此一来，一本几十页的册子，可以汇集成百上千家企业产品的二维码，成为通向这些企业产品移动画册的"大门"。

3. 将二维码巧妙化作大事件

二维码营销本身已是一大创新，如果能够同时与事件营销等其他营销方式相结合，就会创造出更好的效果。例如，智讯互动出品的"全国最大草坪二维码"案例曾荣获 2013 年大中华区艾菲奖（旅游与地产类）银奖。这次二维码事件的策划背景是：合肥森林公园本是一片被当地人遗忘已久的区域，在这片区域上新建的万科森林公园在开盘前夕的首要任务就是重新唤起合肥市民对这一区域的关注。合肥万科在任务和预算都有限的情况下，策划出了一个"全国最大草坪二维码"的大事件，为这片区域赢得了极大的关注。

4. 建立无处不在的二维码商店

二维码可以真正地突破线上与线下的阻隔，让商业店铺随时随地开展经营。企业只需将产品二维码通过印刷、喷印、附着、粘贴、镂空、篆刻等方式添加到产品外包装或者各种传播媒体（如报纸、杂志、户外广告牌、DM单、宣传单、网络媒体、电视媒体）上，消费者通过手机扫描这些二维码，就可以随时随地查看商品的介绍、图片、价格等信息，并且可以直接下单购买，简单、方便、快捷。一部手机就能让消费者完成"逛店"、选购和支付的全过程。[①]

5. 利用二维码实现精准营销

手机具有个性化特征，利用二维码便可以实现精准营销。手机二维码可以精确地跟踪和分析每一个媒体、每一个访问者的记录，包括访问者的手机机型、话费类型、访问时间、地点、访问方式以及访问总量等，为企业选择最优媒体、最优广告位、最优投放时段提供精确的参考。如地铁里、商场里含有二维码的产品广告，通过设置编码和对浏览记录的分析，可以很容易地统计出不同区域的广告效果。[②] 因此，企业应当努力研究关于客户群体的细分需求与精准营销，开展多种尝试，并建立相关客户的数据库。

6. 注重二维码的安全问题

二维码技术的发展也给许多恶意程序（比如手机病毒、钓鱼网站等）的非法侵入提供了可乘之机，它们通过二维码进行传播的风险也在不断增加。这类程序往往通过让用户在扫描二维码后点击网址链接或下载 App 等方式使手机中毒。在共享单车兴起时，曾出现过恶意替换单车二维码致使用户钱财被骗取的现象，引起人们对二维码应用安全的担忧。在未来的发展过程中，对二维码进行加密保护或者制定相应的政策法规来保护用户的网络安全显得

---

① 李锦魁 . 移动物联时代的二维码品牌营销 . 中国广告，2013（2）：156 - 157.
② 张旭东 . 二维码逆袭：终极利器还是纸老虎? . 销售与市场（管理版），2013（1）：69 - 71.

尤为重要。

案例 3-1

利马艺术博物馆的二维码艺术展

2022 年 12 月，秘鲁的利马艺术博物馆举办了一场创新的艺术展览，这次展览的特色是将艺术画作转换成二维码的形式展示。利马艺术博物馆自 1961年成立以来，收藏了 17 000 件秘鲁艺术作品，涵盖了前哥伦布时期到现代的各类艺术品，反映了秘鲁 3 000 多年的艺术历史。

为了适应互联网科技的发展并吸引更多年轻人的关注，博物馆采取了一种创新的方式来展示经典藏品。博物馆选择了一些经典画作，并利用特殊技术将这些画作转换成二维码的形式。这些二维码被精美地装裱起来，不仅在博物馆内展出，也在城市的街头展示，引起了广泛的关注和兴趣。

观众可以在博物馆或街头通过手机扫描这些二维码，进入一个专门的网页，查看画作的高清图像以及关于画作和其背后故事的详细信息。这种互动式的展览体验为观众带来了新颖的观展体验。

此次展览共触达 350 多万人，吸引超过 60 万次访问，博物馆的参观人数比上年增长了一倍。利马艺术博物馆的这次二维码展览大获成功，赢得了年轻一代的关注。

资料来源：国外创意二维码案例：利马博物馆的二维码艺术展．（2023-10-26）. https://www.erweicaihong.cn/lima-bowuguan-erweima.

讨论题

1. 利马艺术博物馆的二维码营销创意有什么特点？
2. 利马艺术博物馆的二维码营销方式对你有什么启示？

第 3 节　LBS 营销

一、LBS 的定义

LBS 这个词对于很多人而言可能很陌生，但实际上我们每天都可能在使用它。当你使用微信时，可以通过"附近的人"这一功能查找在你周围的人并给他们发消息；当你打开团购网站时，可以选择"离我最近"的筛选条件，网站会根据你的地理位置反馈附近的商家信息。这些都是当前 LBS 的常见形式。

LBS 是英文"location based service"的缩写，即基于地理位置的服务。全球移动通信系统协会（GSM Association）将 LBS 定义为：基于目标用户的地理位置信息而提供有附加价值的商务和消费者服务。该协会将 LBS 应用的实现分为两部分：一是提供用户位置信息；二是根据该信息提供服务。

二、LBS 的发展历程

LBS 早在 1965 年美国的 911 电话服务中就已经出现，但真正的迅速发展和广泛应用都是在移动互联网兴起之后。只有具有定位功能的智能设备广泛普及，并在任何地方都可以连接互联网时，LBS 的大规模应用以及更高层次的发展才有可能实现。

2009 年成立的美国社交签到网站 Foursquare 是 LBS 发展历史上的一个里程碑。Foursquare 的核心功能是利用用户共享的地理位置信息展开社交。在该网站上，用户只需要"签到"，网站就会显示周围有哪些人，用户可以由此展开社交活动，或者获取一些其他服务。作为移动互联网环境下 LBS 应用的鼻祖，Foursquare 在最初的两年中发展势头迅猛，只用了不到一年半的时间用户量就突破了 300 万。但在最初的高速发展期过后，Foursquare 等主打"签到＋社交"的 LBS 服务类网站以及应用从 2011 年开始大多遇到了用户增加缓慢、营销模式单一等问题。

2010 年，当大洋彼岸的 Foursquare 高速发展时，中国国内一批以 Foursquare 为模板的 LBS 网站和应用如雨后春笋般出现，比较知名的有切客、嘀咕、街旁、玩转四方等。2011 年，国内的 LBS 网站同样遭遇寒冬。在单纯签到类的网站发展遇冷的同时，LBS 本身的发展却从未停止过。实际上，在智能手机普及的基础上，LBS 已经成为各大社交平台、电商平台等的标配。例如，微信不仅可以发送地理位置信息，而且可以查看"附近的人"；移动端的美团网有"离我最近"的搜索选项；以百度地图、高德地图等为代表的手机应用更是借助 LBS 朝着"移动生活位置服务平台"的方向发展。这表明在用户生活移动化的趋势中，用户的地理位置是极其重要的信息，利用好这一信息的关键是如何进行整合。

2014 年 4 月，阿里巴巴斥资 19 亿美元收购高德地图；2014 年 5 月，腾讯斥资 11.73 亿元收购地图服务提供商四维图新；2017 年 6 月，Snap 收购了法国社交地图软件开发公司 Zenly……网络巨头纷纷在地图服务这一领域攻城略地，其最终目的还是 O2O。有效利用用户地理位置信息提供服务的 LBS 模式，其发展前景是值得想象和期待的。

三、LBS 营销的主要形式

LBS 的营销模式大体有以下四种。

1. 生活服务模式

这一模式以生活服务为出发点，与人们的日常生活紧密地结合在一起。比如美团、饿了么等外卖类应用，都是基于人们的地理位置为特定商圈内的用户提供相关服务。这一模式的最大特点是实用性极强。除了外卖等生活服务型应用、游玩网等旅游应用，以及 M 卡等会员卡应用，这种模式还能随时记录用户的相关信息，并将服务渗透到用户生活的方方面面，使人们的生活更加便利。

2. 休闲娱乐模式

休闲娱乐模式通常分为签到模式和游戏模式。采用签到模式的 LBS 应用有嘀咕、街旁等。用户可以主动签到并记录自己所在的位置，附近的商家也会通过积分和优惠券等方式来激励用户签到。由于签到模式过于单一，这类公司后来大多销声匿迹或者转型了。游戏模式主要是让用户利用移动终端将虚拟与现实结合起来的一种游戏形式。比如 2013 年 Niantic 工作室推出的 Ingress 和 2016 年任天堂推出的手游 Pokémon Go 就成功引入了 LBS，吸引了全世界的大批玩家。

3. 社交模式

社交模式的主要特点是地点交友。不同的用户只要在同一时间出现在同一区域，就可以建立用户关联。比如陌陌就是一款基于 LBS 的移动社交工具，首页展示有"动态""附近"等内容，对应列表页有发布者和距离提示。用户可以通过视频、文字、语音、图片来展示自己，基于地理位置发现和认识周围的陌生人，并与其建立真实有效的社交关系。

4. 商业模式

LBS 在商业方面的主要应用是团购。举例来说，美国 GroupTabs 的操作方式是：GroupTabs 的用户到达一些本地的签约商家后使用 GroupTabs 的手机应用进行签到。当签到人数达到一定数量后，所有签到的用户就可以得到一定的折扣或优惠。除了团购，还有优惠信息的推送模式，比如 Getyowza 为用户提供基于地理位置的优惠信息推送服务，其盈利模式是通过与线下商家合作获得利益分成。

除上述四种常见的形式之外，当前 LBS 还存在两大发展趋势：一是平台化，即 LBS 功能与生活服务、电商融合，提供以位置为导向的周边生活信息推荐和电商购买平台；二是垂直化，即移动终端上的各种垂直类内容和应用与 LBS 服务相结合，LBS 作为各种应用的标准配置工具，为广告、游戏等细分领域提供更具场景化效果的体验。[①]

平台化趋势以百度地图、大众点评网以及各种团购网站为代表，其中平台特征最为明显的是地图信息、本地数据库都比较齐全的地图应用。在百度地图中，一个非常重要的功能就是"周边"，用户通过这个功能可以发现周围的美食、酒店、景点等信息。用户打开百度地图，不再只是获得导航服务，还能够获取大部分生活服务，因此百度地图对于消费者而言是一个移动的生活服务门户，对于商家而言则是一个能够有效接触到消费者的营销平台。

垂直化趋势在实际应用中也十分常见。无论是在社交应用（如微博、微信、陌陌），还是品牌定制的应用，或是一些游戏应用中，都能看到 LBS 的踪影。当前在这些应用中，LBS 更像是一种新奇好玩的技术应用，主要功能是使 App 更有趣，同时给使用者提供具有场景化效果的用户体验。别克的《全城大搜藏》就是一个典型的例子。值得一提的是，很多品牌的活动都会要求参与者到指定地点在 App 上签到，领取奖品，这其中使用的正是 LBS 技术。

四、LBS 营销价值分析

1. SoLoMo 趋势下位置信息的重要性

关于 LBS，著名的《连线》杂志有一句名言：人们行走在一个这样的移动设备之上，它整合了互联网的数据，并能告诉用户附近的人或物……位置改变一切。这句话道出了在移动互联网中利用位置信息的重要性。[②]

---

① 匡冬芳 . LBS "第二春". IT 经理世界，2012（14）：62 - 64.
② 朱珊 . LBS 之解 . 成功营销，2012（10）：28 - 31.

2011 年 2 月，风险投资人约翰·多尔（John Doerr）首次提出了被视为互联网发展趋势的 SoLoMo 概念。SoLoMo 是由 social（社交化）、local（本地化）、mobile（移动化）三个词的开头两个字母组成的，代表了互联网的三种互不相同但又相互交织的发展趋势。其中，以微博、微信为代表的社交媒体的相继兴起体现了社交化的趋势；LBS 的发展正是本地化趋势的集中体现；移动互联网的兴起、用户生活方式的变化则体现了移动化的发展趋势。

纵观当前移动互联网的发展状况，随着智能手机的普及，移动化、社交化和本地化都得到了很大的发展。与前两者不同，本地化的实施需要网络平台方做大量的前期工作，完善本地的交通、消费、娱乐等方面的数据，逐个收集数量庞大的商户信息，并搭建完善、快捷的服务平台；同时，本地化的发展还需要培养消费者形成通过移动互联网获取生活服务的习惯。这些因素导致当前本地化还有较大的发展空间。

从长远来看，本地化趋势必将越来越明显，并在消费者的生活中扮演越来越重要的角色。当移动互联网能够进入人们生活的各个方面时，人们生活的虚拟化会非常明显，可以在网络上完成大部分事情，但是包括衣食住行在内的很多问题还是必须在现实中解决，这就带来了如何连接虚拟和现实的问题。LBS 正是联系虚拟和现实的一个非常重要的纽带。通过移动互联网获取生活服务，在便利性、获取消费者信息、获取优惠等方面都具有无可比拟的优势。

2. LBS 平台作为移动流量入口的重要性

近年来，中国互联网三巨头 BAT（百度、阿里巴巴、腾讯）纷纷在移动市场布局，通过并购来完善移动产业链，弥补自身的不足。腾讯联姻大众点评网，阿里巴巴收购高德地图，百度收购糯米网。从三巨头的大手笔收购动作中不难发现它们都在布局 O2O。事实上，连接线上和线下的 O2O 模式已经成为互联网的另一个发展热点，这一模式甚至已经全面应用于新兴的直播行业——在 2020 年的联商网大会上，某集团 CEO 提出："基于 LBS 的直播是新零售新体验。"可见，根据用户实际地理位置提供服务的 LBS 正是实现线上和线下联动的一种非常重要的形式。

作为关联用户位置和线下商家的 LBS 平台，必将是非常重要的移动流量入口。位置化的泛移动搜索生态体系，必将能够满足人们衣食住行方方面面的需求。当利用 LBS 定位自身的地理位置，然后在应用中搜索去哪里吃饭、购物成为一种普遍的用户习惯时，LBS 营销的重要性就不言自明了。在这种情况下，LBS 就像商家或者品牌的展示平台，商家、品牌只有在这个平台上才有最大的可能性被消费者看到。

五、LBS 应用策略分析

1. 基于地理位置信息传播，有效提升营销精准度

在移动时代，移动化的生活方式成为越来越普遍的现象。在移动化的生活中，个人的地理位置信息非常重要。消费者的大部分消费行为都集中在一定地域范围内，比如，上班族中午就餐最可能选择的是距离办公楼 20 分钟以内路程的餐馆，居民看电影最倾向于选择离家 3 公里范围内的电影院。这种现象明显存在于大部分生活服务消费中。反过来说，与商家距离在一定范围内的人群也是最有可能的潜在消费者。消费者提交位置信息后，通过 LBS 平台主动搜寻周边的生活信息，或者商家向一定范围内的消费者推送店铺信息，这种营销无疑要精准得多。

基于地理位置是 LBS 营销最重要的特点。位置信息发挥着 O2O 的中介作用，能够匹配商家和目标消费者，加速线上用户和流量与线下资源的聚合，帮助生活服务和电商企业实现基于智能终端的精准营销。尽管当前诸如百度地图、大众点评等 LBS 平台更多占据主导地位，它们会主动收集商户信息，而商家的发挥空间有限，但实际上，许多 LBS 平台已经开始开放 API 接口，企业可以将自己开发的应用与 LBS 平台对接。如今的地图早已不只是指示地理位置那么简单，还承载着海量生活服务信息。百度、谷歌、高德的 LBS 应用正是采用了平台化的运作手段，以地图为入口，通过开放 API 吸引第三方应用来增强用户黏性，通过广告、电子商务等成熟的商业模式与商户合作来赚钱。

2. 增加营销的实用性与娱乐性，提升用户体验

LBS 本质上是一个基于地理位置信息的生活服务门户。用户打开一个 LBS 应用，是为了方便快捷地获取周边有用的生活服务信息。因此，企业进行营销时，不能强推广告意图明显的信息，一定要注意营销活动的实用性与

娱乐性，在达到营销目的的同时，也为用户带来实实在在的优惠。

例如，2017 年淘宝天猫在"双十一"推出的互动游戏"全民捉猫猫"便是"AR＋LBS"营销的典型案例。在活动期间，用户打开手机淘宝，进入"天猫双十一捉猫猫"活动主界面，打开 AR 摄像头点击在捕捉范围内出现的喵公仔即可捉猫。地图视角会随用户走动或旋转而改变，以便于搜寻更多附近的猫。捉猫成功后，可获得抽奖机会，用户参与抽奖有机会获得现金红包以及必胜客、星巴克和肯德基的优惠券等奖品。这种与线下商场及其优惠结合起来的营销方式，除了吸引用户广泛参与，也为品牌、商户提供了一个与用户互动的绝佳平台，娱乐互动性大大增强，不仅提高了用户的消费体验，也很好地宣传了品牌，促进了销售。

3. 结合品牌 App，提供更具场景化效果的用户体验

在企业自主开发的品牌 App 里也可以利用 LBS。LBS 应用能够有效地为广告活动、品牌游戏 App 等提供更具场景化效果、更加真实的用户体验。这种场景化效果的原理是用户使用 LBS 到达现实中的某一位置时，在智能手机的应用中进行相关操作以达到线上和线下联动的效果。也就是说，在现实中品牌信息依然是在虚拟化 App 中传播的，但是和传统的广告不同，这种传播还在一定程度上要求用户在现实世界中抵达特定地理位置。在虚拟和现实的结合中，用户能够获得更具场景化、更丰富的体验，在一定程度上能够促成用户的现实行为，营销效果大大提升。

当前，使用 LBS 技术的品牌 App 已有不少，以阿迪达斯、新百伦等运动品牌为主。这主要是由于在 App 中使用 LBS，能够推动消费者的现实行为，比如到品牌的某一门店，到城市中寻找虚拟道具，抑或在某个地点签到。品牌只有给消费者一个强大的吸引力，消费者才有可能被说服并行动起来。在这一过程中，如何激励消费者行动起来，并与品牌良性互动是非常大的挑战。基于运动品牌的天然属性，其呼吁品牌消费者运动起来的诉求比较适合 LBS 的运用，因此利用 LBS 展开营销也特别有优势。比如，新百伦为庆祝纽约新旗舰店开业发起的城市短跑接力活动，就成功地激励了消费者参与品牌互动。新百伦利用 App "Urban Dash"，让消费者寻找分布在纽约数百个地点的虚拟接力棒，通过奖励找到接力棒并最先跑到旗舰店的消费者一双"New Balance 574"鞋子，充分调动起消费者参与的积极性。

案例 3-2

腾讯社交广告 LBS×生活服务业

你还会翻看那些被塞进你手中的纸质传单吗？如今，LBS 广告借助大数据，已经能够通过精准投放，为广告主大幅提升"电子广告传单"的投递效率。腾讯社交广告 LBS×生活服务业是一个进阶解决方案，为不同需求的广告主量身打造营销方案，已经助力神州共享、途虎养车、贝壳和美团从时间、空间双维度精准定向目标人群，真正实现"圈定对的人"。

1. 初阶玩法——LBS 助力本地推广

广告主借助 LBS 本地广告，精准定位门店数公里范围内的人群，实现业务的本地推广。

神州共享经过长期数据积累和用户行为观察，发现在距离用户 1 公里内投放广告时有效转化最佳。通过向 1 700 多家门店及网点同时投放朋友圈本地广告，神州共享精准触达网点附近 1 公里用户，配以优惠券活动，实现了高效的用户转化。通过基于 LBS 的精准投放，神州共享的朋友圈广告实现了 3.93% 的 CTR[①]，以及 16% 的优惠券领取率。

2. 高阶玩法——LBS 动态商品广告组合出击

若要使广告投放更加高效智能，可将自有商品库接入腾讯社交广告 DMP[②]，借助 LBS 动态商品广告组合玩法，实现投放目标。

针对需求各异的房地产市场，贝壳背靠平台中海量房源数据，借助腾讯社交广告 LBS 动态商品广告，基于用户地理位置，给未安装贝壳 App 的用户推荐距离他们 3 公里内的房源，传递用户关心的价格、首付金额等信息，吸引潜在用户点击附近房源，实现用户拉新。通过精准定向有租房、买房需求的房源附近人群，贝壳的广告实现了 40% 曝光提升、100%CTR 提升的投放效果。

3. 延伸玩法——移动轨迹情景营销

腾讯社交广告基于移动轨迹进行情景预判，将有效信息展示给情景对称

---

① CTR（click through rate，点击通过率），是互联网广告常用术语，指网络广告的点击到达率，即该广告的实际点击次数除以广告的展示量。

② DMP（data management platform，数据管理平台），是把分散的多方数据进行整合纳入统一的技术平台，并对这些数据进行标准化和细分，让用户可以把这些细分结果推向现有的互动营销环境里的平台。

的消费者。

美团基于腾讯社交广告大数据，定位春节有返乡需求的用户，洞察其常驻地及家乡所在地，通过动态广告算法，智能为每位用户定制化推荐出行方式及家乡所在地优惠活动。通过广告的精准推荐，美团优惠机票/火车票/汽车票的广告实现了 56% 的 CTR 提升以及 80% 的 ROI[①] 提升。

讨论题

你还能想到 LBS×生活服务业的哪些玩法？

第 4 节　移动广告

一、移动广告的定义

简单地说，移动广告就是投放在移动终端上的广告，它是随着智能手机、平板电脑等的普及推广而逐渐流行的一种广告形式。过去人们看广告主要通过报纸、杂志、广播和电视等传统媒体，后来有了互联网，PC 端的网络广告随之流行起来。如今，在移动互联网时代，移动广告已经大行其道。

我们可以简要地给移动广告下定义：移动广告即存在于各种移动终端（如手机、平板电脑等）上的各种形式（如文字、图片、语音、视频、链接等）的广告。也可以说，移动广告是无线营销的一种形式，通过图形、文字、视频等方式来推广企业的产品或服务。[②]

二、移动广告的现状

移动广告的发展主要依赖于移动终端的发展变化。今天的智能手机就像笔记本电脑一样，具有独立的操作系统，用户可以自行选择安装应用程序，对手机的功能进行优化和扩充。最重要的是，智能手机可以通过接入无线网络来实现更多的功能。截至 2024 年 12 月，我国手机网民规模达 11.05 亿人，网民中使用手机上网的比例达 99.7%，手机已成为我国第一大上网终端。同

---

① ROI（return on investment，投资回报率），是指通过投资而应返回的价值，即企业从一项商业活动的投资中得到的经济回报。

② Krum C. 移动营销的魔力：让你的客户无处可逃. 北京：电子工业出版社，2012.

时，我国移动通信网络也在不断向前发展，于 2019 年 6 月 6 日正式步入 5G 时代。移动广告具备众多创新优势，受到智能手机发展和普及、手机广告投放能力提升、广告主对数字时代传统广告日益衰退的效果产生不满等因素的影响，中国移动广告市场迎来了爆发式增长。

艾瑞咨询发布的《2023 年中国网络广告市场研究——垂直行业广告主投放调查》显示，2023 年中国移动广告规模预计达到 10 069.7 亿元，2025 年将达到 12 124.2 亿元。艾瑞咨询分析认为，随着移动设备的普及和用户使用习惯的养成，移动广告占网络广告的比重逐渐提高，2022 年移动广告在整体网络广告市场中的渗透率进一步提升至 88.9％，此后几年这一比例将基本保持稳定（见图 3-4）。[①]

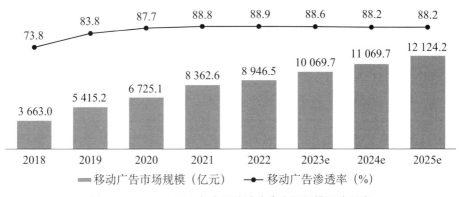

图 3-4　2018—2025 年中国移动广告市场规模及渗透率

三、移动广告的表现形式

目前，常见的移动广告形式大致有以下几种。

1. 短信广告

短信广告是指通过短信平台向用户发送广告以达到营销目的的方式。短信方式虽然"古老"，但依然具有极高的打开率和阅读率，是广告传播的有效方式。短信广告的难点在于手机是人们的私人用品，合法且合理地获得目标客户群体的手机号码并获得其许可一直是短信营销在努力解决的一大问题。

---

① 艾瑞咨询. 2023 年中国网络广告市场研究：垂直行业广告主投放调查. (2024-01-25). https://www.iresearch.com.cn/Detail/report?id=4300&isfree=0.

事实上，发送短信必须以用户的好感与愿意接受为基础，这一点主要体现在针对品牌忠诚者的推销上。比如，用户已经对一个品牌十分有好感并且养成了购买的习惯，那么对该用户进行广告推送、活动宣传就会收到很好的效果，也为客户了解产品动向提供了极大的方便。狂轰滥炸式、漫无目的的广告推送反而会破坏产品形象，令消费者反感。

2. WAP① 广告

WAP 广告与互联网广告类似，它拥有图文、Flash 视频、音乐等丰富的表现形式，主要是利用企业自有媒体和 WAP 媒体合作进行广告推广。广告主按照约定的标准核实后支付相应的广告费用。WAP 媒体包括门户网站、手机浏览器、搜索引擎、社区论坛等，如手机腾讯网、手机新浪网、手机凤凰网等。

3. 语音类广告

语音类广告是指将广告主的语音类信息通过运营商的语音通道传递到终端用户手机上，包括彩铃、客服通道（如 10010）等。如大家比较熟悉的集团彩铃就是语音广告的一种。该业务可以让拨打集团电话的主叫用户在接通等待时收听到统一定制的音乐和语音，以展现集团的整体风采，拓宽集团与外界沟通的渠道。语音类广告结合声音的特性，让信息的传达更加人性化，降低对用户的干扰。

4. 置入类广告

置入类广告主要有两种表现形式。一种是终端置入型，通过 SIM 卡、RFID 芯片、客户端软件嵌入等方式实现。广告可以通过屏幕保护、壁纸、开关机画面、无线互联网接入画面、电源开关画面等方式来呈现，广告内容可以自动联网更新。另一种是内容置入型，包括手机游戏、手机电视、手机搜索等。例如，用户在玩植物大战僵尸游戏时，畅优植物乳酸菌的巧妙植入既没有干扰用户游戏的过程，又潜移默化地将乳酸菌"植物""消化"的概念映射到用户的脑海里。国外有一家名为 Tap. me 的手机游戏广告商，能够在网

---

① WAP（Wireless Application Protocol，无线应用协议），是于 1998 年初公布的，让人们使用手机等移动通信终端设备，接收各种信息、上网、浏览网页、收发电子邮件，甚至进行网上电子商务的一项网络通信协议。

页和手机游戏中创建切合场景的逼真的广告，为各大品牌提供游戏内置广告解决方案。Tap.me 会先让游戏开发者指定赞助广告的位置或功能，然后由广告赞助商在相应位置或功能插入广告，当用户到某一位置或想要使用某功能时，便可看到赞助商的广告。[①]

5. 虚拟现实（VR）广告

VR 是 virtual reality 的首字母缩略语，是一种可以创建和体验虚拟世界的计算机仿真系统，它利用计算机生成一种模拟环境，是一种多源信息融合、交互式的三维动态视景和实体行为的系统仿真，使用户沉浸其中。VR 技术与广告极高的契合度使其从一开始就受到了广告界的青睐，并在社交、医疗、旅游、汽车、电商、房地产等领域得到广泛应用。[②] 得益于交互性、沉浸感等特性，VR 广告成为移动广告发展的新方向，而且 VR 能够实现定制化，配合品牌设计不同的营销场景，将场景营销的效果发挥到极致。例如，沃尔沃推出了虚拟展示厅，允许消费者观看虚拟汽车，查看内部构造；奥利奥为了推广新推出的限量版纸杯蛋糕口味饼干，发布了 360 度全景体验广告，带消费者体验新品制作的全过程。

6. 增强现实（AR）广告

AR 是 augmented reality 的首字母缩略语，是一种将现实世界的环境和计算机生成的虚拟物体实时融合在一起的技术。[③] AR 广告是一种可以将商品的 AR 版本加载在它周围的广告形式，是一种沉浸感更强的广告交互模式。消费者通过能和商品直接交互的场景，会对产品留下更深刻的印象，在观看的过程中，很有可能直接点击甚至购买商品，这样便极大地缩短了购买的路径。AR 广告是一种极为便捷和有效的广告形式。例如，宝马率先在 Snapchat 测试了 AR 广告，人们可以在视频或图像上滑动以触发相关的品牌镜头。宝马用它推出宝马 X2，让 3D 版本的汽车出现在镜头前，人们可以在它周围走动，就像在车展上看车一样。[④]

①　豆瑞星. 移动广告的三种玩法. 互联网周刊，2013（2）：25–26.

②　周茂君，闫泽茹. VR 营销：现状、问题与对策. 西南大学学报（社会科学版），2018（3）：58–65.

③　庞博. 浅谈 AR 技术在新媒体营销领域中应用的案例分析. 新闻传播，2012（7）：154.

④　Vivy，Liffreing I. 广告主如何通过 AR 来卖货?. 成功营销，2018（Z2）.

7. H5 广告

H5 广告属于互动式广告，是伴随着第 5 代 HTML（超文本标记语言）技术诞生的广告，具体来说就是具备"移动端、全屏、运用 HTML 技术"等特性的互动式广告，可以提供免插件的音视频、图像动画、本体存储以及更多酷炫且重要的互动功能。此外，通过移动传输的特性可以实现跨平台传播的愿景，利用 H5 搭建的站点实现 PC 端与移动端、安卓与 iOS 等不同平台、设备的兼容，通过融媒体的表现形态、事先构建的媒介叙事和可供安置的互动按钮，最终实现颇具娱乐性和趣味性的广告传播，在广告效果方面表现上佳。例如，天天 p 图软件发布了一条既结合自己产品特色又具备互动性、传播力的 H5 广告——"五四青年节我终于知道了我前世的模样"。这则 H5 广告通过音视频结合的剧情画面告诉用户，如果坐上平台 p 图构建的"时光穿梭机"，就可以"穿越"回前世，生成独一无二的"前世青年的模样"。通过蹭节日热点的大事件营销和情感营销，该 H5 广告收获了上千万次的点击，取得了不错的效果。

8. 激励型视频广告

激励型视频广告，顾名思义，就是一种激励用户主动观看视频广告以获取特定奖励的广告形式。此广告需要用户主动触发，在游戏结束后，用户通过选择观看广告获取该小游戏提供的激励（如复活/加分奖励等），具体的广告触发场景与奖励内容由小游戏开发者（流量主）自定义。互联网巨头纷纷发力激励型视频广告。2016 年，网易有道、有道云笔记就已经采取了"看视频领空间"的激励视频广告形式；2017 年 7 月，百度提出要推行激励型视频广告；2018 年 5 月，微信官方发布消息称，小游戏激励式视频广告正式全量开放，广告主可在自助投放端中选择小游戏激励型广告进行投放。

互联网巨头布局激励型视频广告，是看重了这一广告模式的高 eCPM[①]。对于具有奖励性的非侵入式视频广告，用户评价颇高，因为它并非强制观看，抽奖券又给予用户游戏体验的增值属性。广告不再是侵入式的弹窗和扰人的横幅展示，而是成了游戏进度系统的自然组成部分，能提高移动游戏的营收

---

① eCPM（effective Cost Per Mille），指的是每一千次展示可以获得的广告收入，展示的单位可以是网页、广告单元，甚至是单个广告。

水平，也能让玩家乐于参与其中。

9. 基于可穿戴设备的广告

麻省理工学院媒体实验室对可穿戴设备的定义是，电脑科技结合多媒体和无线传播以不突显异物感的输入或输出仪器（如首饰、眼镜或衣服）进行连接个人局域网络功能、侦测特定情境或成为私人智慧助理的操作，进而成为使用者在行进动作中处理信息的工具。[①] 与传统智能设备相比，可穿戴设备具有体积小巧、方便携带、实时接触的特点。有心理学理论认为，与受众的个人倾向或情绪状态匹配（或不匹配）的信息内容可以提高（或降低）信息的有效性。如 *Hacking H(app)iness* 的作者约翰·海文斯（John Havens）就预见了智能手表一个稍微隐蔽的用途——当你走过一家商店，如果某一件商品使你的脉搏加快，店家便会向你推销该商品。

基于此，大量广告商尝试在可穿戴设备上投放交互式、个性化的广告，以达到更好的广告效果。印度一家名为 Tecsol Software 的公司推出了可穿戴设备广告引擎服务。如果你佩戴着智能手表在街头行走，手表屏幕上会即时显示你附近咖啡店的信息，或赴约目的地的天气信息。

四、移动广告营销价值分析

1. 提供更多接触消费者的机会

传统广告以报纸、杂志、广播、电视等传统媒体为载体，但已不再受年轻一代的青睐，他们形成了手机不离身、利用碎片化时间浏览信息的生活习惯。移动新媒体具有很强的灵活性与创新性，因此移动广告可以寻求更多技术上和形式上的创新。比如，通过先进的制作技术可以在横幅上呈现各种互动效果。又如，手指滑动和摇晃手机等互动形式都可以增加用户对广告的兴趣以及对产品的关注。

移动广告在接触消费者方面具有较强的精准性和互动性。从精准性方面来讲，目前各种各样的移动终端已非常普及，面向个人用户，广告主可以根据年龄、性别、位置等信息将受众标签化，并向特定的群体发布特定的广告，

---

① 颜延，邹浩，周林，等. 可穿戴技术的发展. 中国生物医学工程学报，2015，34（6）：644 - 653.

克服了传播的盲目性；从互动性方面来讲，移动终端媒体是移动的互联网，其一大优势是延续了网络的互动性，受众的自主地位得以提高，反馈变得更加容易。

移动广告的价值在于可以创意性全方位地接触到消费者，从而获得更多的营销机会。

2. 有效获取目标受众的数据

移动广告可以有效获取目标受众的数据，因为移动广告最大的优势就是互动。互动是以"我"为中心，当"我"对广告感兴趣时，就会去点击它，发表自己的意见，与别人分享。广告要起到作用，一定要让感兴趣的人看。传统的广告只是单向地向受众传达商品信息，不能了解受众是否被广告内容吸引，无法对广告的效果进行有效评估。移动广告具有互动性，商家可以了解用户是否喜欢某则广告，用户看过广告后是否与企业形成互动，是否向自己的好友推送广告……移动广告所能实现的大数据收集与效果评估，是其他广告形式难以做到的。从广告效果来讲，传统媒体广告的效果主要通过事后的调查获得大致的估计，移动广告则通过发送系统及时统计用户反馈，对广告效果进行更加科学的评估。例如，用户在点击分众无线投放的移动广告之后，在相关广告页面中只需轻点"客服电话"，无需烦琐的输入，就能直接连通广告主的客服电话，了解产品与服务的详情。此时的通话会被广告主统计记录，准确地获知广告投放的效果。

总之，通过移动广告的应用，可以收集特定区域特定受众的数据，建立相应的数据库，实现基于场景的精准营销，比 PC 互联网广告更进一步减少广告投入的浪费。

五、移动广告应用策略分析

1. 做到专为移动设备定制

在移动广告营销中，首先要关注移动广告的形式，确保广告形式是专为移动设备定制的。移动设备的许多特点为营销者提供了得天独厚的机会。[①] 一方面，要设计针对本地的广告，利用智能手机的位置功能，向店铺附近的消

---

① 关于移动广告. 中国广告，2013 (1)：86.

费者发送广告信息，吸引消费者前来购买。另一方面，要设计移动富媒体广告，充分利用高端移动设备和平板电脑的性能，提供有吸引力的、可互动的广告，多样化、趣味性的广告形式是吸引消费者的关键。

2. 使移动广告具有兼容性

市场上从高端到低端的手机有很多种，可供广告主选择的移动广告形式也是多种多样的，包括文字、视频、移动横幅等。因此，应使移动广告具有针对不同终端的兼容性，以避免对一则移动广告需要设计多种形式。

3. 扎根生活服务

从根本上说，如果直接把互联网上的广告模式照搬到移动互联网，并不能获得增量市场，因为二者的价值不同，互联网的主要价值在于信息传播，移动互联网的主要价值在于信息化的生活服务。[①] 互联网是一个兼容并蓄、包含丰富信息的数据库，移动广告则应从繁杂的信息中选取有效的信息进行推送，满足特定用户的特定需求。比如，企业可以利用大数据精准获取目标用户，向他们推送所需信息，商家可以向特定商圈的目标用户发送相关产品信息。这一点体现了 LBS 与 O2O 模式的良好结合。如此一来，移动广告具有了更大的现实意义，它使用户摆脱了在互联网上搜寻海量信息的烦恼，它扎根于目标用户的生活服务，做精准用户的生活指南。

案例 3-3

你是什么性格主导色：网易云音乐 H5 爆火之道

2021 年 6 月，网易云音乐推出了一个名为"你是什么性格主导色"的 H5 测试广告。测试共设有 8 道题目，每道题目会分配一段音乐，以此选择你联想到的场景以及感受，便可以得到你的性格主导色及一张属于自己的性格色彩海报：绿的、蓝的、金的……并且在海报中会根据颜色通过系统算法匹配"智慧非凡的开拓者""海平面初升的阳光"等有积极导向的个性描述词（见图 3-5）。活动当天，微信指数与微博热搜指数双双呈上升趋势，"网易云人格主导色"微博话题阅读量达 3.7 亿，讨论人数超 30 万，微信指数飙升突破1 000 万，实现了多圈层人员参与、全链路转发传播的营销效果，这归功于洞

---

① 余小雨.信息＋服务：移动广告寻颠覆式创新.互联网周刊，2012（20）：42-43.

察心理的选题策划、沉浸式的交互体验以及全民参与共创的营销策略。

绿色

从长期性格数据的特异性来看

19.89%的人特别喜欢绿色

也就是说，在中国

每**5**个人中就会有一个喜欢你

你的特质是:

智慧非凡的开拓者

在别人眼中你是绿色

外在绿色的人浑身散发着知性的优雅！
你自在地穿梭在知识的海洋中，有很强的领悟能力！
绿色善于思考，经常提出惊艳全场的新观点！

本质上你也是绿色

极端绿色的人是非常少见的！
只有极端绿色的人才能在危机中保持清醒，解决问题！
绿色是最有安全感的颜色，大家都在寻找极端绿色当伙伴！

这些颜色会被你吸引	这些颜色请保持距离
橙色　蓝+粉	粉+金　金+蓝

橙+粉

从长期性格数据的特异性来看

41.59%的人特别喜欢橙+粉

也就是说，在中国

每**2**个人中就会有一个喜欢你

你的特质是:

海平面初升的阳光

在别人眼中你是橙色

外在橙色的人，是高能量的乐观主义者！
你能为团队带来惊奇的贡献！是人群中的聚光灯！
橙色的人被充沛的精力包围，你的无限活力令人惊叹！

本质上你是粉色

内在粉色的人，心思敏感而柔软！
无限活力的背后，细腻和安静是你对待世界的另一面！
粉色在体察浪漫上有独家天赋，是最温柔善良的颜色！

这些颜色会被你吸引	这些颜色请保持距离
橙+绿 　蓝+粉	金色　银色

图 3-5　网易云音乐"性格主导色"H5 生成报告

1. 契合大众化心理的社交货币

该营销活动选择易引起大众注意又低成本、低时耗的"性格测试"主题，通过含义发散但又正向的词汇使受众自我标签化，实现观看后的自我认可需求的满足。根据社交传播的社交货币属性，人们倾向于相信一个笼统的、一般性的人格描述，并接受通过这种概括普适性的描述进行社交往来，即朋友圈中的海报转发。网易云音乐正是抓住了这一点，将性格色彩海报作为沟通网络中的通行货币，激发了受众参与和转发的热情。

2. 沉浸化的设计与交互体验

这则 H5 广告无论是创意还是表现形式都有一定的创新。与普通测试类 H5 单纯做选择题的形式不同，进入该测试，便让你先听音乐，在一段舒适的轻音乐中用声音联想做选择。这种沉浸式的交互更容易激发受众参与，舒缓自身学习、工作和生活中的压力，并更乐于主动进行后续的测试选择，提高广告的完播率。

3. 全民参与的全域传播

具备一定的"造梗"潜力以及二次创作的空间，是能够实现二次传播甚至全域传播的关键。在本次活动中，除了晒报告以获赞美的受众，另一波受众在 KOC 及 KOL 的引领下开启了自嘲二创模式，开始对主导色的"色"进行自我创造，在微博上掀起了新一波的讨论热潮。

讨论题

1. 本则 H5 广告有哪些创新之处？

2. 请思考还有哪些适合以 H5 测试题广告表现的活动主题，并思考有哪些创新有趣的 H5 交互形式。

第 5 节　App 营销

一、App 概述

1. App 的定义

App 即 application 的缩写，表示移动终端上的应用程序。在 PC 时代，用户基本上是通过打开网页来浏览信息的，在 PC 终端上很少提到"应用"这个词，能够脱离网络开展的工作大多局限于软件，如微软办公软件、Photoshop 制图软件等。进入移动互联网时代以后，移动终端取得了更大的优势，个人化的应用提供了更加迅捷而愉悦的用户体验。如果说过去智能手机大多用于接打电话、收发信息、网上冲浪，那么 App 的出现使其从工具转变为人们的贴身顾问。

基于上面的了解，我们可以把 App 理解为可以从应用商店下载到移动终端设备的应用程序，App 营销就是应用程序营销，是利用第三方移动平台发布应用程序来吸引用户下载使用，从而开展相应的营销活动。[①]

2. App 的现状

早在 1956 年第一部移动电话就诞生了，它改变了人们的沟通方式。1969年 10 月，加州大学洛杉矶分校与斯坦福研究所首次实现了网络连接，为信息技术应用的蓬勃发展奠定了重要的基础。时至今日，移动终端迅速普及，各种形式的 App 不断出现，彻底改变了人们的生活方式。过去，人们习惯看报纸打发零碎时间，现在人们越来越无法摆脱对手机的依赖。地铁里、站台上、道路边……随处可见人们熟练地应用着各种 App。微信、墨迹天气、有道词典、熊猫看书等生活应用，早已深入人们的生活。

App 发展的速度之快、势头之猛，是前几年的营销界无法预料到的。以苹果公司的 App 商店为例，其包括新闻、音乐、游戏、社交、生活等 28 个类别，几乎覆盖了生活的方方面面。艾瑞咨询发布的《2024 年 Q3 中国移动互联网流量季度报告》显示，中国网民人均单日使用 App 时长为 272.4 分钟，用户单日使用次数为 64.9 次。[②] 此外，人均安装的 App 总量在 2024 年 3 月已攀升至 70 个，相较于上年同期增长了 2 个。不过，此时中国 App 总量为 210万款，相较于上年同期下降了 8.2%；新上架 App 数量同比减少了 6.6%，发行商的数量同样出现了 4.1%的下滑。[③] 可见，App 市场已趋于饱和，用户争夺异常激烈。

3. App 应用商店

App 应用通常需要在 App 商店中下载，典型的 App 应用商店有以下几种。

（1）App Store。App Store 是大家最熟知的应用下载商店。持有苹果产品设备终端的用户需要到 App Store 中下载自己需要的 App。目前下载的方式有两种：一种是在设备终端的 App Store 中输入密码直接下载；另一种是将设备终端与授权的电脑相连接，首先在电脑中下载好需要的 App，再输入密码同步到相连的设备中。App Store 只限苹果产品的用户使用，与其他设备终

①　梅洁. APP 营销面面观. 现代商业，2012（20）：29－30.

②　艾瑞咨询. 2024 年 Q3 中国移动互联网流量季度报告. https://www.iresearch.com.cn/Detail/report?id=4654&-isfree=0.

③　新浪财经. 人均安装的 App 总量攀升至 70 个，移动互联网依赖程度日益加深.（2024－05－30）. https://finance.sina.com.cn/jjxw/2024－05－30/doc-inawyfsk4968731.shtml.

端不能通用。

（2）安卓应用商店。安卓应用商店与 App Store 大体相似，但在所有的应用商店中，安卓应用商店最大的优势在于它的免费 App 的比例更高，这一点吸引了不少用户使用安卓系统。

（3）GetJar。GetJar 是世界上最大的独立手机应用商店，它与 App Store、安卓应用商店最大的不同在于它可以为多种手机应用平台设计提供应用，比如塞班、Windows Phone、安卓等。极强的开放性与包容性，使得GetJar 创造了仅次于 App Store 的总下载量。开放的设计与使用理念，可能会让 GetJar 在未来得到更充分的关注和应用。

二、App 营销价值分析

1. App 营销成本低、持久性强

App 营销的首要优势就是低成本、高效益。相比于报纸、电视等传统媒体高额的广告费用，App 只要完成一个有趣好玩的应用程序的开发就可以了。有趣的 App 会吸引用户的关注，再借助社交媒体的互动加以推广，便可以收到良好的效果。其次，用户将 App 下载到手机后，很有可能持续使用。现在人们无论去哪里都是手机不离身，一有空闲就会玩手机。App 营销抢占的就是用户的零散时间，只要用户不主动删除，App 就会一直待在用户的手机里，品牌就有了对用户不断重复加深印象的机会。[①]

2. App 创立了与用户沟通的新模式

目前，许多企业、政府机构、事业单位与用户的沟通与关系维护都采用特定形式的 App。例如，小米在积累了忠实粉丝后，开发了小米社区 App。作为小米官方专门为"米粉"推出的应用，该 App 不仅设置了"产品库"页面，为用户提供查找产品的服务，还提供了问题反馈、售后申请、服务进度、"米粉"交流互动等众多功能，以形成企业与用户之间的良好互动、深度理解。除了企业之外，许多医疗服务机构也会采用特定的 App 对用户进行统一管理、与用户加强信息沟通。比如，医院的 App 会为用户提供就诊咨询、预约挂号和缴费等服务。

---

① 吴勇毅. App 营销崭露头角，企业准备好了吗?.信息化建设，2014（1）：53－54.

3. App 可为每个用户提供私人定制体验

App 最大的优势就是可以尽情创新，定制营销新玩法，为不同的用户提供不同的体验服务。来自瑞典的家居品牌宜家，2016 年推出了一款全新的虚拟现实 App，名为"宜家 VR 体验馆"（IKEA VR Experience）。当用户打开 App，就能进入 1∶1 还原真实世界场景的虚拟宜家厨房，可以在这里随意改变厨房橱柜和抽屉颜色，检查商品布置效果，直到满意为止。此外，2017 年，宜家还推出了一款增强现实 App"IKEA Place"。如果用户想购买宜家家具，可以使用这款 App，用摄像头对准家庭环境，选择心仪产品放到画面当中，就可以看到原始尺寸的虚拟家具放在房间的效果，这大大提升了用户的消费体验。由此可见，个体化道路与个性化服务的 App 设计将会有不错的发展前景，这种私人定制将越来越受到用户的欢迎与喜爱。

三、App 应用策略分析

1. App 的功能定位要明确

App 的开发设计者要考虑到用户的喜好、需求、习惯以及兴趣点，充分洞察目标用户的生活方式特点，找到产品与用户的有效契合点，从而设计出既能体现产品或服务的特点、又可以吸引目标用户注意与兴趣的 App，促进后期的产品推广。

那么，企业 App 如何做到定位明确、功能突出呢？现阶段用户基数较大、用户体验不错的 App 客户端有大众点评、小红书、有道词典、高德地图等。不难发现，这些运行成熟、有一定用户黏度的终端应用，都有自己明确的切入点。如小红书，侧重于时尚、购物、女性话题的分享，用户通过在社区中以文字、图片、视频笔记的形式分享自己的时尚生活，与有相同审美、爱好的用户进行交流，在小红书平台上购买心仪的商品，成为平台的高黏性用户。通过打造优质的垂直社交圈，小红书牢牢地圈住了用户群。

2. 为用户提供最佳体验

有了明确、恰当的定位之后，是否具有超凡的体验是 App 能否被用户认可与接受的重要因素。成功的 App 应当具有自己的特性。比如，使用方便快捷，娱乐有趣生动，设计新颖抢眼等，App 自身的创意决定了它在市场中得到的后期反馈。所以，在确定了前期的定位之后，具有创意的 App 产品设计是另一个值得企业关注的要点。富有创意的 App 才能赢得用户的好感。

（1）增加 App 的趣味性。趣味性强的 App 可以提高用户的参与度。比如日本的 iButterfly App 的趣味性就在于：你可以在不同地域捕捉到不同品种的虚拟蝴蝶，捕捉蝴蝶的同时还能获得折扣优惠券，此外，用户还能通过蓝牙跟其他人交换蝴蝶。这一创新运用了"App＋AR＋LBS"的技术，有效地吸引了用户的目光，在投入市场后获得了广泛的关注与好评。又如知名化妆品公司丝芙兰开发了 AR 化妆应用"Sephora Virtual Artist"，应用中化妆品品类、颜色丰富，仅高光和阴影就有 1 000 多种，用户可以在 App 中随意选择化妆品进行化妆练习，保存后的化妆效果可以分享给家人和朋友，觉得满意可以直接下单购买商品。还有不少健身类的 App，如 Yoga Fitness，利用虚拟的 3D 动画进行教学，从而吸引想学瑜伽的健身爱好者。诸多极具创意的 App 为用户提供了良好的体验，不仅吸引了用户，也助力企业达到预期的目标。

（2）巧用 AR 技术。App 创意的实现，需要许多先进技术，比如 AR 技术。AR 技术的特点是可以利用计算机生成能产生逼真的视、听、触和动等感觉的虚拟环境，通过各种传感设备使用户沉浸其中，实现用户与环境的自然交互。[①] 这种技术的优势在于可以为用户提供一个虚拟世界，给用户带来不一般的体验环境。比如，沃达丰在德国设计了一款游戏类 App，通过该 App 可以让街上的人捕捉分布在城市各个角落的虚拟怪兽。捕到怪兽就可以获得积分，凭积分可以到线下商店换取奖品。还有利用 AR 技术开发的厨房模拟器，可以实现用空的煎锅烹炒 3D 食材。利用 AR 技术开发的尺度测量仪，可以测量任何表面上的直线，如桌面或墙壁（见图 3－6）。这一技术的应用使得对 App 的体验取得了跨越式的进步，成为未来 App 设计发展的一大方向。

（3）关注用户需求，不断更新 App。AppsFlyer 发布的《2024 移动 App 卸载现状报告》统计，超过 1/2 的 App 在下载后 30 天内即被卸载。[②] 界面和用户体验差、内容同质化、漏洞频出、推送通知过多、广告窗口无法关闭等，是用户卸载 App 的主要原因。因此，App 开发者还要注重对 App 的运营和维护，收集用户反馈的问题，通过不断更新 App 进一步优化用户的使用体验。

---

① 豆瑞星．APP 营销的技术桎梏与突围．互联网周刊，2012（20）：38－39.
② AppsFlyer. 2024 移动 App 卸载现状报告．https://www.appsflyer-gcr.cn/infograms/2024-app-uninstall-report-cn-version/.

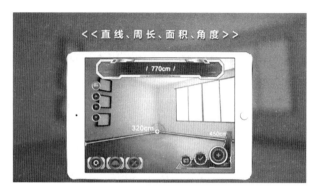

图 3-6　AR 尺子

3. 注重 App 的推广

解决了 App 定位与体验度问题之后，接下来需要关注的便是 App 投入市场后的推广问题。目前市场上的推广方式较多，大体分为付费的广告宣传与免费的口碑营销两大类。线上线下付费的广告宣传是比较传统的推广方式，但不一定能使 App 的宣传推广达到最好的效果。做好推广前的用户洞察，掌握目标用户的人口统计特征，了解目标用户的媒介偏好、生活习惯等是解决 App 推广问题的前提。口碑营销、游戏互动等创新的推广方式在新媒体时代可能会收到更好的效果。下面是 App 的开发商与应用商探索出的九种推广途径。①

（1）打入应用商店排行榜。首先要保证产品质量，其次要关注下载量。限时免费、广告投放等方式都可以促进下载量的增加，也有助于上榜。

（2）PPC 广告和 PPI 广告。App 广告主要有 PPC 广告、PPI 广告两种形式，前者按照用户的点击次数来收费，后者按照每安装一次的费用来收费。

（3）代理发行。将 App 发行工作全权交给代理商来做，这种方法推荐小团队使用，前提是产品本身质量良好。

（4）通过社交网络推广。将 App 信息分享到社交网络平台（如微信、微博等），就会带来一定的关注率与转发率，这也是一种不错的推广途径。

（5）传统互联网广告。在门户网站或者其他网站上发布 App 广告。

（6）找公关公司推广。通过软文等形式获得媒体曝光，从而推广 App。

---

① 郑晓芳．App 推广的九种途径．商学院，2012（5）：40-41．

（7）交叉推广。把相关的软件放在一起相互推广。

（8）联合运营。与其他互联网公司联合运营，比如游戏公司与 DeNA 或腾讯这样的互联网公司合作，共同推广 App 产品。

（9）IT 端的推广。例如在威锋网等网站上推广，这种 IT 端相较于手机端的效果会差一些。

案例 3-4

Keep 带你跑出"趣"

在越来越关注运动健康的社会背景下，越来越多的人加入健身大军，运动健身市场成为最具活力的蓝海市场。运动科技行业的佼佼者 Keep 把"激发每一次运动，让世界充满活力"作为使命愿景，凭借对用户核心需求的洞察和独特定位，从运动应用市场脱颖而出。灼识咨询报告显示，2021 年 Keep 已成为中国最大的线上健身平台。

一、瞄准用户痛点，提出满足用户需求的品牌理念

想要在运动品牌市场独树一帜，少不了差异化定位。从应用首页的"自律给我自由"开始，Keep 就树立了积极、向上、健康的品牌形象。以往的运动品牌理念类广告，大多将"打鸡血""灌鸡汤"之类的精神内涵上升到一定高度，忽视了运动门槛和用户的畏难心理。Keep 在做品牌营销时洞察用户需求，使自己的营销方式和产品功能更贴合用户心理，让更多的人感受到跑步是件好玩又有意义的事。瞄准这一痛点，Keep 主打"趣味跑步"，上线一系列"趣跑"课程，提升跑步的趣味性，并用一则"还想跑"创意 TVC 传达"趣跑"理念。

此外，Keep 的广告将"还想跑"植入跑者的内心，点出了 Keep 跑步的内核，剧情的推进都为凸显产品功能服务，突出 Keep"音乐跑""燃脂跑""剧情跑"等课程的功效。用户可以从广告中了解到，无论自己是新手跑者，还是进阶型跑者，都可以选择 Keep 进行跑步训练，Keep 也将带给用户跑步的"痛快"和"趣味"。

二、媒介渠道整合发声，引发裂变式传播

为了最大化触达目标用户，Keep 频出奇招，线上线下齐发力，形成合力营销。

首先，充分运用社交媒体进行个性化传播，引发关注，形成二次传播。

TVC 上线后，Keep 在微博、微信上精准投放，让用户了解到 Keep 跑步课程的特色，再利用线上传播速度快、范围广等优势破局，带动新一轮宣传热潮。

其次，各大视频网站的传播同步进行。Keep 在爱奇艺、优酷等视频平台推广，多平台的线上推广宣传以及众多 KOL 集体发声，无疑会激发网友的分享欲，实现 TVC 的病毒式传播，不断裂变，从而带动更多人跑起来。

最后，在线上传播发酵的同时，为了扩大"趣跑"创意辐射范围，Keep 还在多个城市的电影院、地铁站等人流密集场所投放了大量的户外广告，重点覆盖上海、广州、南京等即将举办马拉松的城市，意图对这些有跑步热情的城市产生更深的影响，吸引更多的潜在用户加入跑步阵营。

突破传统体育营销中大曝光、高费用（明星代言）的营销模式，Keep 从细分领域出发，充分运用微信、微博等社交媒体及视频网站和户外媒体，精准触达各圈层用户群体，并充分借助用户力量形成裂变传播，借助场景形成沉浸式营销，提升营销效果，不断强化此次跑步 TVC 的营销理念——只要有意思，就会还想跑。

讨论题

1. Keep 是如何实现差异化定位的？
2. Keep 的营销推广案例有哪些亮点？
3. Keep 的推广方案还有哪些可以改进之处？

第 6 节　移动支付

一、移动支付的定义

在日常生活中，越来越多的人可以把手机当作公交卡，免去了忘带或者弄丢公交卡的烦恼；越来越多的人可以随时使用手机淘宝，免去了必须坐在电脑前购物的时空限制；越来越多的人可以在旅途中拿出手机订到回程的车票，免去了在拥挤又恼人的购票长队中浪费时间……移动支付让我们的消费生活变得更加便利轻松。

不同的组织对移动支付有不同的定义。移动支付专业杂志（Mobile Payment Magazine，2010）将移动支付定义为：移动支付是一种能够替代现金、支票、信用卡的快速便捷的交易方式，支付方为了获得某种实物、数字产品或某项服务，包括音乐、视频、网络游戏、手机铃声、壁纸等数字类产品，公交地铁火车、停车等交通票券，以及报刊、书籍、电子产品等，用一定数量的信用额度或者存款，通过移动终端设备进行交易的支付方式。欧洲支付委员会（European Payments Council，2012）认为，移动支付是指通过移动通信网络，借助移动通信终端进行基于 POS 的近场支付和不受时间地点限制的远程支付的支付方式。[①]

二、移动支付的现状

近年来移动支付在我国的发展十分迅猛。自 2014 年以来，全国移动支付体系运行平稳，资金交易规模逐年稳步扩大，特别是 2015 年，移动支付业务迅猛增长，移动支付业务总量同比增长 205.86％，金额同比增长 379.06％。2016 年以后，全国支付体系业务增速放缓。2018 年第一季度移动支付业务量稳中有升，移动支付业务总量 109.63 亿笔，同比增长 17.84％，金额总量 70.82 万亿元，同比增长 16.76％。[②]《2024 年中国移动支付市场研究》报告显示，2024 年第一季度中国移动支付业务量达 443.32 亿笔，总金额 152.07 万亿元，同比分别增长 7.38％和 5.17％。[③] 艾媒咨询数据显示，2024 年中国消费者使用的支付方式中，手机支付以 73.2％的占比位列第一，显示出移动支付用户规模的持续扩大。[④]

三、移动支付的主要方式

移动支付主要分为近场支付和远程支付两种。近场支付指的是使用 NFC 技术，通过移动设备（如智能手机或智能手表）在近距离内与支付终端进行通信，从而实现快速、便捷的支付过程。例如消费者在餐饮付费、商场购物等消费场景，即时通过手机向商家进行支付；远程支付就是通过发送支付指

---

① 杨迎秋．中国移动支付的商业模式研究．北京：北京邮电大学，2013.

② 李忠霞，杨凌云．对我国移动支付发展的思考．河北金融，2018（11）：16-20.

③ 2024 年移动支付市场规模分析：一季度中国移动支付业务量达 443.32 亿笔．（2024-11-22）．https://www.chinabgao.com/info/1253774.html.

④ 2024 年中国移动支付行业发展状况与消费行为调查数据．（2024-11-29）．https://www.sohu.com/a/831549445_100109609.

令（如转账、汇款等方式）或借助支付工具（如网上银行、电话银行、手机银行等）进行的支付。中国移动支付应用的分类见表 3-1。

表 3-1 中国移动支付应用的分类

应用类型		应用举例
远程支付	自有服务	缴纳话费、移动应用支付
	公用事业	缴纳水、电、煤气、有线电视费用
	其他远程支付	逛积分商城、第三方商城、购买虚拟商品（软件/游戏/彩票等）
近场支付	现场消费	购买连锁快餐店（麦当劳/星巴克等）、连锁便利店（物美/百联等）、影院、面包房的商品
	公共交通	乘坐公交、地铁、轻轨
	电子票券	购买演唱会手机票、现场优惠券
	企业一卡通	交话费、移动应用支付

资料来源：周训宙. 移动支付业务技术现状及发展趋势. 互联网天地，2013（11）：6-7.

1. 手机账单

手机账单是早期比较流行的一种简单的支付方式，它将手机服务与月底结算账单关联在一起。比如，借助电话点播服务功能，用户可以拨打电话享受点歌、聊天、订阅笑话等各种服务，然后通过月底账单的方式统一结算。这种方式通常收费较高，用户往往直到看到本月账单才知道自己消费金额之高。

2. 短信支付

短信支付与手机账单的支付方式大体类似，手机账单多用于通话点播服务，短信支付则是通过短信获取想要的内容。用户向指定号码发送短信，从而获得增值的内容或服务。举例来说，用户通过付费短信可以购买自己喜欢的铃声或壁纸。这种支付方式与手机账单方式基本类似，通常也会产生较高的费用。

3. WAP 支付

WAP 是 Wi-Fi 流行之前被广泛应用的一种无线通信协议，它的特点是借助互联网并将其优势运用到移动终端中。它优于前两种支付方式之处是，移动支付的形式不局限于语音通信或者短信发送，可以直接联网并通过网页进行支付。比如一些高等院校为简化学费收缴手续，实行线上 WAP 支付的方式，学生登录学校缴费平台后，通过跳转到支付页面缴费即可完成支付。

4. 储蓄卡与信用卡

储蓄卡与信用卡的支付方式目前较为普遍。使用储蓄卡与信用卡支付需要先将安全控件下载到设备中，然后打开特定的支付页面填写相关信息，进而完成支付。

5. 支付宝与微信支付

支付宝由淘宝网于 2003 年 10 月 18 日推出，目的在于解决交易过程中可能存在的欺骗或者不信任等网络安全隐患。2008 年 2 月 27 日，支付宝发布移动电子商务战略，推出手机支付业务。截至 2023 年底，支付宝官方公布的数据显示，支付宝注册用户数量已经突破 15 亿，活跃用户已经超过 10 亿。[①] 微信支付是集成在微信客户端的支付功能，2013 年 8 月 5 日正式上线，发展十分迅猛。智研咨询的报告显示，2023 年微信支付年度活跃用户数已达 13 多亿。[②] 在移动支付领域，支付宝和微信支付形成了"双寡头"格局。截至 2023 年支付宝和微信支付分别占据第三方移动支付交易规模的 54.5% 和 38.8%。[③]

6. NFC 技术与手机钱包

首先，这一支付方式依托的是近场通信（near field communication, NFC）技术的发展。NFC 又称近距离无线通信，它借助短距离高频无线通信技术，使电子设备之间可以实现无接触的点对点传播。在手机中植入 NFC 相关技术，用户只需把手机在机器上一刷，即可瞬间完成支付过程，这是目前最简单最快捷的支付方式。具有 NFC 技术或相关技术的手机可以被看作"手机钱包"。当手机拥有钱包属性时，用户便可以在公交车、超市、商场、便利店等场所直接刷手机进行消费，非常方便。这也是移动营销领域的一大热潮

---

① 全国支付宝用户数量及增长趋势分析．（2024 - 03 - 22）．https://y21.com.cn/news/202402/90926.html.

② 2024 年微信行业全景分析：微信及微信支付活跃用户规模增长，小程序渗透率扩大，微信公众号有望继续拓展其影响力．（2024 - 09 - 06）．https://www.chyxx.com/industry/1196774.html.

③ 2024 年第三方支付行业研究报告．（2024 - 07 - 16）．https://m.21jingji.com/article/20240716/herald/1acff9f929dfd0d2d4f9aa4c8e7250e4.html.

与发展方向。

例如，传统银行业为了与第三方支付企业分移动支付领域这块"蛋糕"，于 2015 年末推出了银联云闪付。云闪付是中国银联联合众商业银行推出的，以智能手机为基础，基于 NFC、HCE（基于主卡的卡模拟）、TSM（可信服务管理）和 Token（令牌）等技术，在银行客户端内模拟一张实体银行卡，让用户使用手机替换银行卡直接在非接触 POS 机进行消费的一种创新支付方式。与"扫码派"的支付宝和微信相比，云闪付通过动态密钥、云端验证等多重安全保障，使真实银行卡号在支付时被隐藏，持卡人隐私得到有效保护，安全性更高。[①] 再如，"碰一下"是支付宝于 2024 年 7 月推出的基于 NFC 技术的创新支付服务，用户在支付时只需解锁手机，不用打开支付宝，在商家收款设备上碰一下就能完成支付，这一优化体验提升了支付便利水平，获得了广大消费者的认可。从"扫一扫"到"碰一下"，支付宝不仅为消费者带来新技术加持下的新支付体验，也带来消费市场的新增量。

四、移动支付的价值分析

1. 移动支付使无现金时代成为可能

移动支付对用户生活场景的覆盖面显著扩大，因为使用场景越来越丰富，如商场超市购物、生活缴费、公共交通等，几乎覆盖了生活中常用的支付场景，用户对其使用频率提高。点开支付宝，我们可以发现里面包含了购物娱乐（游戏中心、淘票票等）、便民生活（飞猪旅行、滴滴出行等）、教育公益（蚂蚁庄园、蚂蚁森林等）、理财管理（余额宝、花呗等）等模块，内容丰富，依靠一个支付宝几乎可以完成生活中的各项支付。[②] 可见，随着移动支付技术的成熟，移动支付使用场景的丰富，无需现金的时代已经到来。

2. 移动支付成为传统金融方式的竞争对手

我们常常可以听到这样的说法：支付宝钱包动了银行的"奶酪"。自从上线余额宝这一产品，支付宝引来了各界人士的关心和争论。尽管有些专家认

---

① 肖凡，梁晶. 银联"云闪付"与支付宝之争：移动支付当前格局与未来发展趋势研究. 现代商贸工业，2017（15）：84 - 85.

② 杨媚. 我国移动支付发展研究. 现代营销（经营版），2018（11）：47.

为支付宝面对的用户流动性大、资金数额低，这种"草根理财"不可能是传统银行的对手，然而截至 2018 年末，余额宝的规模已达 1.13 万亿元。这一数据背后的意义是，金融不再是"高富帅"的专属，互联网金融因用户群体广泛、资金归集渠道更加方便、成本更为低廉而更具优势，带动了大众理财模式的碎片化转变。由此可见，移动支付开启了"草根理财"的新时代，被更多人接受，具有不可限量的发展前景。

五、移动支付的应用策略与发展前景

1. 发展多样化的移动支付形式

移动支付形式的多样化必然依赖于创新及其他技术的发展。比如目前发展较为成熟的二维码扫描支付方式，方便快捷，具有极强的推广意义。近场支付依靠短距离高频无线通信技术，使得刷手机代替刷卡成为现实。近年来，基于生物识别技术的移动支付逐渐走入人们的视野。

2015 年下半年，基于面部识别的身份认证支付开始涌现，谷歌、亚马逊以及百度、腾讯、阿里巴巴等巨头纷纷积极研发并推广面部识别移动支付应用。除面部识别支付外，目前研究和投入使用较多的生物识别方式还有指纹识别、语音识别、虹膜识别、掌纹识别、静脉识别、耳形识别、视网膜识别等。指纹支付是指消费者通过指纹识别完成消费支付操作的方式。语音支付（又叫声波支付）则是利用声波的传输，完成两个设备的近场识别，其具体操作过程是在第三方支付产品的手机客户端内置"声波支付"功能，用户打开此功能后，用手机麦克风对准收款方的麦克风播放一段声音，收款方手机接收到这段声波后就会自动处理和确认，随后付款方手机中将会出现付款界面，用户根据提示操作就能顺利付款。[①]

2. 移动支付成为重要的流量入口

随着应用场景的增加，人们的移动支付意识逐渐增强，移动支付逐渐渗透到生活的各个方面，不仅存在于线上电商平台购物，在线下购物同样如此。比如，传统的零售业是线下线上完全分离的模式，但在新零售模式下，可以通过支付环节形成线下和线上的闭环。例如，用户在全家便利店扫码支付时，

---

① 吴勇毅，陈渊源 . 声波购：新兴的信息推送方案 . 中国电信业，2016（5）：59－61.

会自动关注"全家微生活"微信订阅号。将线下用户导流到线上平台，不仅可以通过信息推送增加品牌曝光，而且可以通过线上平台积累用户相关数据，为精准营销打下基础。

3. 移动支付支撑信用经济

移动支付的普及使传统的会员制逐渐发展为电子会员制。消费者在支付时可以选择在移动平台上成为电子会员，消费行为将被移动支付平台记录。当越来越多的个人消费数据汇聚，个人的信用体系也随之建立并得到广泛应用。例如，通过支付宝的芝麻信用积分，用户可以申请不同额度的贷款。蚂蚁金服[1]也在联合更多生活服务企业打造信用经济，比如芝麻信用景区、芝麻信用免押金租房、芝麻信用出国游免签等。相比由于个人信用体系缺失而无法形成信用关联的传统时代，移动支付在方便生活的同时，也将通过标记消费行为关联更多信用服务，支撑信用经济。

4. 移动支付接轨国际市场

随着全球化进程加快，中国在国际市场的地位越来越重要。资料显示，中国移动支付市场规模几乎是美国的 90 倍，领先于全球。随着我国移动支付产业不断发展壮大，其发展模式和服务的国际竞争力日益提高，实现了从"跟跑者"到"引领者"的角色转换。中国支付企业通过注入资金、技术赋能、人才输出、经验分享等多种方式与多国展开合作，积极布局海外市场。[2]比如，借助"一带一路"建设契机，中国支付企业逐步向"一带一路"沿线区域输出技术及经验，为相关国家贡献了中国力量。截至 2024 年 1 月，支付宝的商户网络覆盖 70 多个国家和地区，连接 800 万境外商家，覆盖吃、喝、游、娱乐等主要场景；截至 2024 年 10 月，微信支付已为境外 74 个国家和地区提供移动支付工具，支持 31 个币种结算。中国的移动支付已引领国际消费趋势，未来移动支付在全球必将进一步快速扩张[3]，在世界经济发展中起到更加重要的支撑作用。

---

[1] 蚂蚁金服 2020 年更名为蚂蚁集团，2024 年更名为蚂蚁智能科技。
[2] 欧阳日辉，孟红霞. 中国移动支付产业"走出去"研究. 开发性金融研究，2018（5）：88 - 96.
[3] 陈旭双，金环. 浅析中国移动支付行业的现状与发展趋势. 时代金融，2018（24）：168.

案例 3-5

支付宝"碰一下"

2024 年 7 月 8 日，支付宝官宣在全国多地上线"碰一下"支付，简化了支付流程，用户无需打开支付宝应用或展示付款码，只需在手机解锁状态下，将手机靠近商家的收款设备，即可完成支付。

为推广"碰一下"新型支付方式，支付宝开展了各类活动来激励用户。例如，支付宝推出了"笔笔有优惠，天天抽免单"活动，使用户在每次使用"碰一下"支付后都能参与抽奖，奖品包括积分、减免优惠红包和免单机会；通过"食来运转卡"提供餐饮优惠券，鼓励用户在指定餐饮店使用"碰一下"支付时享受优惠；发起"西游集卡兑好礼"活动，用户通过"碰一下"支付收集卡片，兑换奖品或红包，增加用户参与度；实施社交裂变策略，邀请新用户使用"碰一下"支付，双方均可获得红包奖励。

此外，支付宝还与多家知名品牌合作。2024 年 8 月 21 日，美宜佳宣布和支付宝达成数字化战略合作，将在全国门店上线支付宝"碰一下"支付体验和会员数字化服务，让用户手机碰一下即可支付、丝滑入会或积分。支付宝通过"碰一下"支付提升商家的拉新效率和会员支付销售额。商家通过"碰一下"支付技术实现数字化转型，提升经营效率和顾客满意度。

支付宝"碰一下"支付方式利用 NFC 技术，在手机与支付设备间建立快速连接，简化支付流程，提升支付效率。"碰一下"支付不局限于支付，还扩展到会员管理、积分累计等数字化服务，增强了用户体验。

讨论题

1. 支付宝"碰一下"为什么会受到消费者的欢迎？其成功要素有哪些？
2. 试分析"碰一下"如何在中国支付市场中获得更大的市场份额。

第 7 节 移动音频营销

一、移动音频的定义

自互联网和传统广播结合产生移动音频以来，业界、学界就对此有多种不同的定义。有学者指出，移动音频是基于移动互联网技术出现的一种以智能手机、平板电脑、车载音响、可穿戴设备等移动终端为载体，通过在线或下载等方式，提供语音收听的音频传播业务。[①] 艾瑞咨询进一步将移动音频分为广义的移动音频和狭义的移动音频两种。广义的移动音频是指：通过移动网络传播和收听的所有音频媒介内容；狭义的移动音频是指音频节目（播客）、有声书及广播剧、音频直播和网络电台等基于移动终端的实现形式。[②] 随着移动音频的发展，越来越多的移动音频应用问世，这些应用也被称为移动音频平台，即提供移动音频内容及相关服务的平台。根据音频平台的开设主体，国内的移动音频平台可以分为四种类型：第一类是传统广播媒体自行开发的新媒体客户端，如上海东方广播的阿基米德 FM；第二类是互联网服务提供商开发的 App，如腾讯的企鹅 FM；第三类是以车联网为平台的移动音频电台，如车语传媒开发的考拉 FM；第四类是商业型公司开发的移动音频应用，如喜马拉雅、蜻蜓 FM、荔枝等。[③]

根据移动音频的定义，本书将移动音频营销界定为，基于移动终端的网络音频平台及其内容开展的营销传播活动。

二、移动音频发展现状

随着移动互联网的不断发展，智能手机、平板电脑、可穿戴设备等智能移动终端逐渐成为生活中的必需品。随着移动终端技术和功能的成熟，移动终端之间的融合又催生出许多新的传播形态。移动音频，这一以声音为载体，以移动终端为物理设备，以音频为核心产品的媒介，就是媒介融合大背景下，内容与渠道充分融合创新的新兴媒体。自此，广播频率固有的传播模式被打破，形成了个性化的自媒体传播格局。

近年来，我国移动音频活跃用户数呈逐年增长的态势。2023 年，移动音频平均月活跃用户达 2.99 亿，同比增长 11.2%，2018—2023 年均复合增长率为 35.7%。[④]

---

① 申启武. 移动音频的崛起与传统广播的选择. 中国广播，2019（9）：10-15.

② 上海艾瑞市场咨询有限公司. 音频平台营销价值研究案例报告. 艾瑞咨询系列研究报告，2019（10）：58-116.

③ 倪赛美. 移动音频平台的知识传播研究：以喜马拉雅 FM 为例. 山东大学，2017.

④ 2023 年中国在线音频行业现状及发展趋势分析，行业将继续保持快速增长态势.（2024-04-17）. https://www.huaon.com/channel/trend/978760.html.

我国移动音频活跃用户规模排名较靠前的为喜马拉雅、酷我畅听、蜻蜓 FM、懒人畅听和荔枝，其中喜马拉雅移动端的平均月活跃用户达 1.33 亿。此外，移动音频内容的呈现模式和互动方式愈发多样，比如移动音频直播模式就将用户打赏这一商业模式与移动音频行业结合了起来。

三、移动音频营销的表现形式

移动音频营销的表现形式大致可分为五种：品牌电台、半定制节目、热点衍生节目、原生广告及声音流广告。

1. 品牌电台

品牌电台，即基于移动音频平台，为某一特定品牌定制与品牌调性相符合的专属音频节目。如今，网民触网时间越来越长，他们对广告信息越来越敏感，面对信息流、软植入、贴片广告等各式各样的广告形式，他们往往采取广告回避行为以拒绝广告的打扰。探索发展更多新的品牌传播方式已是企业迫在眉睫的需求，而品牌电台则是一种基于用户信息内容需求，不易被用户拒绝的营销形式。

通过挖掘品牌属性特征，感知用户情感需求，建立品牌"人格化 IP"，输出品牌内容价值，能使用户在专注音频内容的同时，不知不觉形成对品牌的清晰认知，推动品牌商业空间进一步拓展。例如，蜻蜓 FM 为数字化资产配置服务提供商璇玑智投打造了一档《璇玑财智》节目，将璇玑智投品牌与理财知识深入融合，结合当下金融热点，为用户解决理财难题，逐步提升用户对品牌的认知度与好感度。

2. 半定制节目

半定制节目，即移动音频平台通过挖掘目标品牌调性，在平台自有的优质内容的基础上，针对目标品牌量身定制的节目。半定制节目不仅能够打造与品牌调性相契合的商业化产品，提升品牌的用户黏性，还能通过设计长期性、延续性、整体性的优质 IP 音频栏目，为品牌打造更具特色和影响力的传播方式，帮助品牌树立立体化的形象。

例如，一汽马自达与蜻蜓 FM 进行了为期 3 年的半定制节目合作，节目采取"主题音乐＋主播心声分享＋主播故事讲述"的形式，用有内容、有情感、有故事的电台吸引大量用户收听，品牌并没有被生硬植入内容中，只是以音乐形象、故事必要的情节要素出现在节目中，这种软性植入具备较强的品牌触达能力。

3. 热点衍生节目

热点衍生节目，即借助当下最具人气的影视剧、综艺节目、明星人物等的热度，针对用户偏好，贴合平台内容风格，为品牌打造符合其调性的热点节目。热点衍生节目的优势在于，热点本身自带流量，能为品牌和平台带来超高的曝光率和话题度。例如，蜻蜓 FM 借助热门场景式读书节目《一本好书》和当红青年作家蒋方舟的热度，为即将上市的奥迪 A6L 打造了一档《一生之书》节目。《一生之书》节目选取了"历史上最好的传记作家"斯蒂芬·茨威格的传记名作《人类群星闪耀时》，借由书中那些恢宏伟大的历史人物与历史事件，体现了奥迪 A6 智慧与进取的品牌格调。

4. 原生广告

移动音频平台的原生广告，即基于用户大数据，对用户进行深度洞察后，所投放的与用户使用场景贴合，整合了网站和 App 本身特点的可视化设计的精准广告。现有移动音频平台都将节目分为了不同的类型，平台基于频道分类，可以发掘用户在不同场景中的真实状态、情感需求，为其提供有效的广告内容信息服务。将产品卖点与目标用户所在场景进行策略组合，与品牌使用场景高度关联，能够帮助品牌渗透用户，使用户在当前场景与广告产生情感共鸣，为品牌带来精准高效的用户触达。比如，喜马拉雅就在首页"猜你喜欢"的页面中投放了"招募有声书学员"课程的原生广告。此条广告不仅在视觉上与页面环境相融，内容本身也符合音频平台的属性。这种基于原生页面的广告不仅不会让用户产生反感，还能够精准吸引对有声书配音感兴趣的用户的注意力，从而达到提升广告转化率的效果。

5. 声音流广告

声音流广告是一种在用户收听的音频节目开头或中间插播一条 15 秒或 30 秒音频广告的营销形式，因为用户（尤其是非会员用户）很难在收听音频时跳过广告，所以到达率和收听率会比较高。

声音流广告凭借其作为音频本身具有的强伴随性和独占性两大核心优势，能够让用户对广告内容有更高的关注度，且对品牌的认知度、好感度、购买意向以及推荐意向，都有非常明显的提升作用。^①不过，也有一部分移动音频的用户表示，喜马拉雅过多的声音流广告已经对他们的收听体验造成了干扰。尽管一项对美国 Pandora 音乐电台的研究显示，广告负载会导致付费无广告订阅数量显著增加^②，但为了保持良好口碑，移动音频电台应当考虑选择对用户更友好的方式植入广告。

四、移动音频营销价值分析

随着越来越多优质内容的涌现以及对移动音频互动模式的多元探索，用户付费意愿大幅提升，移动音频平台的收入模式也日益多元化。全场景生态的深化发展更是为整个移动音频行业带来更多想象空间，移动音频广告流量的蓝海已经到来。

1. 完成场景与行为的伴随

广播是伴随性的媒体，是可以解放人的双手和视觉注意力的媒体，这种只用"听声音"，无须更多感官参与的媒介特点，成就了它移动性和伴随性的先天优势。如今，越来越多的音频节目可以通过移动终端收听，使其全方位地渗透到用户的生活和工作场景中，不管是通勤、打扫、健身还是休息，用户都能打开应用收听节目。这种多场景、多时段的收听习惯，为移动音频营销创造了更多的机会。最重要的是，由于其他事物占据了用户的双手和行动能力，在出现移动音频广告时，用户一般不会打断、切换节目，这使得移动音频广告的触达率和完播率都很高，从而达到更好的品牌营销效果。

2. 实现情感的代入与共鸣

音频作为一种声音媒体，比文字媒体更能唤起人们强烈的情感代入，这种代入感能提升用户的收听意愿和使用黏性。情感电台中主播深情、真挚的故事分享，有声书电台中主播具有感染力声调的抒情叙事，音乐类电台中乐曲和主播高度配合的演绎表达，都能引起用户的共情与认同。品牌通过与移

---

① 深入剖析喜马拉雅声音流广告，入耳才能更入心．（2019－12－13）. https://www. digita-ling. com/articles/241121. html.

② Jason Huang，David H. Reiley，Nickolai M. Riabov. Measuring consumer sensitivity to audio advertising：a field experiment on Pandora internet radio. Social Science Electronic Publishing，2018（2）：1－19.

动音频平台合作打造用户信任的优质节目，实现用户情感从节目到品牌的迁移，从而提升用户对品牌形象的认知度与认同度。

3. 培养习惯的形成与延续

与传统广播不同，移动音频节目的内容不是转瞬即逝的，流媒体技术使音频节目内容可以保存在服务器上，通过让用户随时随地方便地收听心仪的节目，培养用户长时间、经常性收听音频的习惯。这种习惯包括两个方面，一是收听场景的延续性，二是收听内容的延续性。收听场景的延续性是指，用户收听同一个音频节目时，场景不是单一不变的，而是各种各样的。收听内容的延续性是指，用户通过保持对订阅的固定更新的音频节目的规律收听，建立对节目内容的信赖。如果这一节目由品牌电台生产，那么用户对内容的认同与信任，就会转移至该品牌，并在长期的收听习惯中，建立对品牌更立体、更全面的认识。

五、移动音频应用策略分析

1. 产品策略：内容生产专业化与品牌信息内容化

优质内容是平台持续发展的根本引擎，越来越多的移动音频平台采取PGC、PUGC 等较为专业的内容生产模式，致力于打造头部优质内容，培育明星主播，以提升自身影响力，形成市场竞争优势。喜马拉雅是实行 PUGC内容生产策略的典型代表。喜马拉雅的内容生产者不仅包括有电台工作背景、播音专业背景的电视台、电台工作者，还包括其他领域优秀的内容生产者，如已经在微信公众号、B 站等互联网平台积累了大量人气的各界大咖。这些专业用户不仅为平台注入了大量的优质内容，还帮助平台吸引了用户、扩大了影响力。

在拥有强大的内容资源和内容生产团队的基础上，移动音频平台可以通过品牌电台、定制节目、软性植入、网红主播推广等方式，进行将品牌信息内容化的营销活动。比如，由蜻蜓 FM 制作、舍得酒业冠名的《舍得智慧讲堂》就是通过为品牌定制符合品牌调性的优质音频内容，向听众传递品牌信息。

2. 渠道策略：全场景营销与场景化智能投放

音频内容是一种沉浸式传播产品，其伴随性决定了场景营销的高效性和适用性。随着手机上网方式全面渗透人们的日常生活，物联网的快速发展，以及语音交互技术的进一步成熟，全场景营销和场景化智能投放将成为移动音频营销新的发展契机。

5G 作为高速率、低延时、广连接的底层通信技术，为移动音频行业的物联网应用设备提供了决定性的支持。移动音频平台纷纷开始利用音频物联网设备打造全场景使用生态。艾瑞 mUserTracker 数据显示，截至 2024 年第一季度末，中国移动互联网月独立设备数突破 14 亿。[①] 未来，各平台可以在大型商场、家居、咖啡厅、出行工具等场景布局智能音箱、车载硬件等设备，通过全面渗透大众生活场景，实现精准营销投放。例如，小度智能音箱的天气语音询问是最常被用到的功能，由此，小度开发了基于天气询问场景的互动广告。具体来说，当小度完成天气播报后，会以广告主的身份为用户提供额外的温馨提示，并在不经意间提及品牌信息。这样的营销方法相较于硬广告更能被用户接受，也能加深用户对品牌和产品的记忆。

大数据和人工智能技术在各行业加速应用，在移动音频行业表现为语音识别能力和智能投放能力的进一步提高。依托数字技术打造的移动音频内容生态将使平台在内容生产、分发和呈现等方面更加高效，并进一步提升营销的精准度。例如，2024 年，喜马拉雅专门成立"珠峰实验室"，研发"珠峰音频 AI 模型"，促使内容生产模式从 PGC、UGC 向 AIGC 延伸，通过生成式人工智能技术，实现了内容产品的提质增量、精准分发、定向营销，提高了消费者的付费意愿和黏性。

3. 用户策略：细分粉丝经济与社群功能拓展

如今，各移动音频平台的内容越来越丰富，平台在进一步巩固个性化优质内容优势、持续培养头部主播的同时，也在发力挖掘垂直领域、长尾领域的特色内容和培育腰部主播、初级主播，以满足各式各样的收听需求。无论是作为第一梯队的喜马拉雅、蜻蜓 FM，还是正处于发展期的番茄畅听、云听，其内容分类不仅覆盖音乐、科技、新闻、财经、商业、小说等常规类型，还包括二次元、星座等小众类型。加强平台内容的精细化运营，根据不同生态特性匹配相应垂直内容，是平台提高内容触达率，拓展更多优质用户的重

---

① 艾瑞咨询.2024 年 Q1 中国移动互联网流量季度报告．(2024－05－28)．艾瑞网．

要方向。

此外，移动音频平台还需要运用互联网思维，重视传播的互动性和用户的参与性。利用头部主播和王牌节目的影响力打造相应社群，强化用户对主播和节目内容的认同度，促使用户主动转发分享内容至外部社交网站，进一步扩大社群规模，以激活社群的盈利能力。

案例 3-6

元气森林×喜马拉雅："元气满满 N 次元派对"开学季合作

喜马拉雅是中国领先的音频分享平台，拥有超过 1 000 万主播和超过 6 亿用户。元气森林是一个中国饮料品牌，创立于 2016 年，以健康、无糖为产品特色。旗下拥有元气森林气泡水、外星人电解质水、宝石碗系列风味发酵乳、燃茶、纤茶、冰茶等系列产品。

2021 年 9 月，元气森林与喜马拉雅深度联动，合作推出"元气满满 N 次元派对"活动，以"新学期，交个新朋友"为主题，为大学生群体的学习与生活提供一站式解决方案，帮助年轻人找到同频的伙伴，从而实现品牌深度触达。

活动走进全国 60 所高校，用一场大型声音嘉年华和 59 场中小型音频快闪，面对面与大学生群体沟通。首场"元气满满 N 次元派对"在中南大学校园内打造了近 300 多平方米的音频快闪空间，以"同频"为主旨，以"频率"为主线串联起六大趣味互动区域，将喜马拉雅优质播客内容和元气森林进行深度场景融合，以沉浸式体验吸引大学生自发打卡。

"元气满满 N 次元派对"以频率命名六大线下空间，设计内容互动机制——∞Hz 同频率码采集区、100Hz 元气扭蛋机、74Hz 涨姿势照相馆、233Hz 下盘大棋牌室、52Hz 社恐回血区、2021HzX 档案留声机，让每个人都能找到自己的主场，交到同频的朋友。

● ∞Hz 同频率码采集区：这个区域以"同频"为主题，通过"率"码谐音梗，引入"同频"的概念，为整个活动奠定了基调。参与者可以通过扫描二维码，获取与自己兴趣相匹配的音频内容，从而找到与自己同频的朋友。

● 100Hz 元气扭蛋机：在这个区域，参与者可以通过扭蛋机获取元气森林的产品样品或优惠券，同时也有机会听到喜马拉雅的精选音频片段。这种互动体验不仅增加了活动的趣味性，也让品牌与消费者之间的互动更加直接和有趣。

- 74Hz 涨姿势照相馆：这个区域通过模拟四大常见的收听场景，即睡前、通勤、浴室和摸鱼时刻，展示了喜马拉雅的多样化内容。参与者可以在这些场景中拍照留念，同时通过扫描二维码收听相应的音频内容，增加了互动性和趣味性。

- 233Hz 下盘大棋牌室：这个区域设计了巨型的飞行棋游戏，棋盘上结合了元气森林不同口味的产品和大学生关注的四大内容类型，如职场、心理、科幻和恋爱。参与者在游戏的同时，可以通过感应播放音频精彩片段，体验喜马拉雅的丰富内容。

- 52Hz 社恐回血区：针对大学生的社交焦虑，这个区域提供了喜马拉雅的白噪音作为治愈方案。视觉设计上，将元气森林汽水瓶作为回血区的输液瓶，连接耳机播放不同的白噪音。外墙还有巨型社恐自测表，以幽默自黑的方式，让参与者在轻松的氛围中了解自己的社交焦虑等级。

- 2021HzX 档案留声机：这个区域模拟了复古图书馆的借阅模式，学生需要盖章借阅才能收听。每个 X 档案上都有《天才捕手》与《不加班办公室》中千奇百怪的真实职业故事——厕纸设计师、犯罪现场痕迹检验师，或是热门职业如大厂产品经理、程序员等。此外，还有"现场打码变声真·敢·说采访"，让参与者能够听到大学生的真实心声，了解他们的兴趣爱好和职业向往。

同时，在线上喜马拉雅为元气森林独家定制有趣有料的 H5 派对地图，为线下派对引流的同时，持续吸引更多目标用户进行云互动，寻找同频知己。借势喜马拉雅站内高流量，搭建开学季专题页，通过核心优势资源和内容运营位，全面覆盖喜马拉雅站内用户，实现品牌大曝光。

最终，活动实现了 7 亿＋的活动总曝光以及 1 亿的广告资源总曝光，精准触达大学生 35 万余人，线下派对参与人数 5 万＋，线上 H5 总曝光 5 007 万余次，总点击量超 26 万。此次活动不仅为大学生提供了一个全新的社交和学习平台，同时也让元气森林和喜马拉雅展示了年轻、活力和创新的品牌形象，增强了品牌与年轻消费者之间的联系。通过这次合作，两个品牌成功地将音频内容与品牌营销相结合，打造了一次成功的营销活动。

资料来源：元气森林×喜马拉雅："元气满满 N 次元派对"开学季合作 . https://winner. roifestival. com/cn/winners/detail/6f09akjo?year=2022.

讨论题

1. 元气森林与喜马拉雅合作推出的"元气满满 N 次元派对"活动成功的因素有哪些？

2. 你认为喜马拉雅还可以采用哪些策略帮助元气森林进行营销？

案例分析 3-1

奶茶品牌蜜雪冰城：魔性主题曲走红出圈

"你爱我，我爱你，蜜雪冰城甜蜜蜜。你爱我，我爱你，蜜雪冰城甜蜜蜜。"2021 年 6 月 3 日，蜜雪冰城品牌官方号在 B 站上传了仅有以上一句歌词的品牌主题曲 MV《你爱我，我爱你，蜜雪冰城甜蜜蜜》，这首短短的连续多次重复都不超过 30 秒的主题曲，收获了超过 1.6 亿的曝光量，2 400 多万的播放量，100 多万的点赞量。本次出圈并非偶然，与蜜雪冰城选择亲民风格主题曲、下场在社交媒体全平台互动、引发线下联动狂欢的营销策略有很大关系。

1. 亲民品牌与接地气广告曲完美贴合

不同于"喜茶""奈雪的茶"等品牌所走的中高端新式茶饮路线，蜜雪冰城凭借低廉的价格，用 3 元的冰淇淋、4 元的柠檬水成功打入了三四线城市下沉市场，成为奶茶界的"拼多多"。多年来，蜜雪冰城并不回避自己的低端形象，反而将此作为优势和噱头进一步开拓市场。

本次蜜雪冰城广告曲出圈大火，离不开与品牌调性高度一致的魔性旋律与简单歌词。蜜雪冰城市场营销负责人说："我们和外部咨询公司一道分析了《小苹果》等所有火爆的歌曲，它的逻辑实际上是小单元重复。在不断重复的情况下，它会带动消费者在脑子里循环，传唱率就高了。"蜜雪冰城推出的简单到极致的动画 MV 和主题曲，凭借 13 个字的歌词和早已为大众所熟悉的美国乡村民谣作品 *Oh! Susanna* 的乐曲旋律，无须消费者耗费精力记忆，在高度重复播放的情况下，就轻松带来了"洗脑"的效果。

通俗易懂又魔性的广告曲，并没有给蜜雪冰城品牌形象带来损伤，相反，接地气的"神曲"加深了消费者对这个亲民奶茶品牌的亲切情感，简单、易分解、易创作的特征也为歌曲在各个移动社交媒体平台被二次创作及病毒式传播奠定了基础。

2. 社交平台与 KOL 策略联合应用

音娱行业知名研究机构小鹿角智库发布的《2021 中国音乐营销发展研究报告》显示，二创翻唱、歌曲挑战、各种原创视频类型的 BGM[①] 等成为音乐推红歌曲的有力助推器。[②] 除了在 B 站上传原视频刺激 Up 主二次创作，蜜雪冰城也在不同社交平台布局，且选取音乐推广效果最好的抖音为主要平台，在 KOL、KOC 的扶植支持等层面制定了具体策略，以保持话题的持续热度。

主题曲在 B 站上传后不久，一批热衷于"玩梗"的 Up 主纷纷开始对原视频进行二次创作，使蜜雪冰城广告曲进一步传播。短时间内，B 站出现了俄语版、日语版、泰语版等不同语言版本，以及粤语、四川话、长沙话、东北话等地方方言版本，这些内容又进一步被同步到了微博、知乎等平台，形成了小规模的传播矩阵。

但真正让这首广告曲翻红出圈的，是拥有大量音乐用户和下沉市场用户的抖音平台。通过邀请抖音 KOL 二次创作，吸引音乐类、颜值类、剧情类等类别头部 KOL 参与，有组织地安排内部员工、加盟商和门店店员参与抖音创作，撬动话题进入更大的公域流量池。在 KOL 的推动下，大量优质趣味内容出现，吸引了众多用户使用这首歌作为视频 BGM，在不断的创作和趣玩中，蜜雪冰城主题曲的热度持续攀升，收获了"难怪蜜雪冰城""蜜雪冰城主题曲"等多个热搜。截至 2021 年 12 月，抖音话题"蜜雪冰城"获得了 111.6 亿次播放，话题"蜜雪冰城主题曲"获得了 26.4 亿次播放，相关话题累计播放超 140 亿次。

3. 线上出圈与线下门店联动营销

蜜雪冰城主题曲在线上火爆出圈后，传出在蜜雪冰城线下门店唱主题曲就可以免单的消息，这吸引了大量网友纷纷去蜜雪冰城门店"打卡唱歌"。但不少网友发现，在蜜雪冰城门店又唱又跳后，并没有得到相应的免单福利。一些门店工作人员则表示，门店并没有接到相关活动通知。

运营团队发现网友反映的这一现象后，立即反馈给公司，公司立马向门

[①]　BGM 即背景音乐，通常是指在电视剧、电影、动画、电子游戏、网站中用于调节气氛的一种音乐，插入对话之中，能够增强情感的表达。

[②]　《2021 中国音乐营销发展研究报告》：可视化宣发加速音乐营销创新．（2022 - 07 - 08）．https://xw.qq.com/cmsid/20210603A06YEW00.

店发出内部通知，要求门店支持这个活动。"大家毕竟唱了一首歌，你就送一支冰淇淋或者一张代金券，这样不至于让顾客空手而归。"最终，在近万家门店中，有1/4被安排参与这项活动，网友将自己在线下的蜜雪冰城主题曲唱歌挑战分享发布至社交网络，再一次引发了话题讨论和传播。

讨论题

1. 你认为此次蜜雪冰城营销活动成功的因素有哪些？

2. 在这个案例中，出现了哪些移动营销形式？各种营销形式的作用是什么？

案例分析 3-2

天猫与二更联手打造《天猫广告礼》

"618"是每年电商营销大战的重头戏之一，除了打响价格战外，各家平台也是铆足了劲儿，通过各种方式吸引更多网友的目光。在2018年的这场营销战中，天猫发起了"理想生活狂欢季"的大促活动，其中有4个品牌希望能够借助天猫与二更联手打造的内容IP《天猫广告礼》实现差异化传播，和泰国知名导演Rong联手，用4个泰式短视频广告成功实现突围。这4个广告便是天猫"618"的"趁热"系列短视频：《趁热懒》《趁热美》《趁热瘦》《趁热嗨》。

这4个短视频以幽默为核心，风格独特，在消费者明知是广告的情况下，实现了极大的播放与转发，使得品牌在同质化的传播中真正实现差异化，引发消费者的关注。此次天猫的"趁热"系列，一方面，基于消费者洞察，将夏季的"热"和"618"的"狂欢"氛围融合在一起，牢牢抓住了年轻人的需求；另一方面，运用不同于常规的反转、逆向思维，将与消费者联结甚密的内容放在品牌展露信息之上，以幽默成功吸引年轻人的眼球，同时巧妙地强化了天猫的品牌形象，为天猫"618"实现了强有力的间接引流。

本次《天猫广告礼》采用了"微信二更头条＋全网平台传播＋微博传播"的立体传播矩阵，留言评论区粉丝互动踊跃，传播效果良好。全网传播量超1.5亿，短视频全网总播放量超过4 260万，覆盖全网20多个主流视频平台；4条官方微博总计阅读量达2 760万，转评量超8 000，点赞量突破1.5万；4条官方微信总计阅读量近88万，主动转发量近10万。

讨论题

1. 这个案例中品牌采用的主要移动营销方式是什么？为什么要采用这一类型的移动营销方式？

2. 此次天猫与二更的合作获得成功的主要原因有哪些？

3. 上网搜索本案例中提到的短视频广告，分析它是如何实现品牌植入与故事之间的平衡的。从这个案例中你得到了什么启发？

第 4 章

微电影营销

学习目标

读完本章后，你应该理解：

1. 什么是微电影，什么是微电影营销。

2. 微电影营销的背景和现状。

3. 微电影营销的特点和优势。

4. 微电影营销的方式和策略。

引　例

双汇新春系列微电影营销：《汇聚幸福，为爱做道菜》

双汇在新春期间推出的系列微电影《汇聚幸福，为爱做道菜》通过三个温馨的故事，围绕着"为爱做道菜"这一核心主题展开，《小小的大厨》《主播的年夜饭》《借锅的父亲》通过不同的家庭和人物关系，展现了爱与关怀的温馨，成功地传递了品牌的情感价值和温暖形象。

三个故事围绕"为爱做道菜"核心主题，借助不同的家庭和人物关系，通过真实化、反转性的叙事手法，采用素人演员来感召社会正能量，电影聚焦于家庭成员之间的情感纽带，无论是孩子对母亲的爱、父子之间的传承，还是父亲对儿子的默默付出，这些情感都是普遍存在的，直接触达观众的内心，产生情感上的共鸣。每个故事都不仅仅是情感的表达，还通过实际的行动——做菜来体现爱。这种情感与行动的结合，使得故事更加真实和感人，也使得双汇品牌与消费者的情感联系更加紧密。通过这些内在的联系，双汇的新春系列微电影不仅讲述了三个独立的故事，还构建了一个关于爱、家庭和传统文化的统一叙事，有效地提升了品牌形象，并在消费者心中留下了深刻的印象。

此次系列微电影营销取得了显著的成功，不仅信息流总曝光量超过 5 000 万，3 条 TVC 总曝光量达 1.65 亿，抖音话题视频播放量更是达到了 8 亿，远远超出了预定目标。这些故事不仅广受大众好评，也提升了消费者的好感度，达到了双汇品牌的期望效果。通过这些微电影，双汇成功地在消费者心中留下了深刻的印象，提升了品牌的"软实力"和情感价值。

资料来源：双汇新春系列微电影营销《汇聚幸福，为爱做道菜》. https://winner. roi-festival. com/cn/winners/detail/66d90kno?year=2022.

第 1 节　微电影营销概述

数字媒体技术不断进步带来的数字革命浪潮，促使新的媒介形态不断发展，新的媒介形式不断涌现。微博、微信等新的媒介形式就是在这样的时代背景下产生并逐渐发展起来的。作为微时代重要的媒介形态，微电影以其独特的渠道平台引发了社会各界的广泛关注。如何有效地将微电影与资本完美融合，创造新的价值，获取更大的社会效益和经济效益，已经成为电影界、营销界共同关注的话题。

在介绍微电影营销之前，我们有必要先了解一下微电影这一微时代新生事物的基本概况，以便更好地理解微电影营销。

一、微电影概述

当你打开各大视频网站时可能会发现，在"电影"这一栏的分类目录里多了一类"微电影"。一般情况下，它比传统电影时长短，有爱情、喜剧、文艺、惊悚等种类，能够满足碎片化的观影需求。微电影应用广泛，比如企业宣传会拍摄广告微电影，政治人物竞选会拍摄政治微电影，夫妻结婚会拍摄爱情微电影……对于无处不在的微电影，你到底了解多少？

1. 微电影的起源

关于微电影的起源众说纷纭。有人说微电影起源于视频广告短片，以凯迪拉克 2010 年底拍摄的《一触即发》为代表；也有人说微电影起源于网络草根短剧，其中以胡戈恶搞的《一个馒头引发的血案》为盛；还有人说微电影起源于电影短片，例如 2001 年伍仕贤导演的片长 11 分钟的电影《车四十四》。我们与其探究微电影的起源，倒不如认为微电影是在各种类型视频的基础上不断借鉴、交叉和融合发展起来的集大成者。

2. 微电影的定义

2011 年 1 月，导演杨志平率先提出了"微电影"这个概念。微电影（short film/micro film）即微型电影，但在国外并没有这样的名称，国外把微电影统称为短片，比如，夏纳国际电影节只有最佳短片奖而没有最佳微电影奖。就此来看，微电影是中国化的词语，是后技术时代传统电影和网络视频短片相结合的产物。由于微电影兴起时间较短，国内对微电影并没有一个公认的定义。

一些业界人士认为，通常而言，"微电影指作品时长在一分钟以上，有完整故事情节，适合在新媒体上观看的视频内容"。著名导演陆川认为，"微电影就是由以前的短片演变而来的，只不过微博诞生后，短片也赶时髦换了个

'微电影'的新名称"。①

学术界更倾向于结合电影的本质特性来分析。例如，中国艺术研究院丁亚平认为："微电影是除影院电影、电影短片之外的'第三电影'，微电影可被视为一种文化文本，它兼具以微时代为背景创生的电影运动，以市场为核心反映互联网新形态和当代媒体新格局及其优势的商业运动，以及知识分子社会批判的萌发和基础性的风向标。"浙江师范大学黄钟军将微电影定义为："在网络和新媒体平台播放的视频短片，具有完整的策划和故事情节，片长在30秒至50分钟之间。"② 中国传媒大学潘桦则如此界定微电影："所谓微电影，是产生于新媒体时代，主要依托于网络、手机、平板电脑等新媒体平台，具有微时长、微周期、微投资等特点，区别于传统大电影制作模式的一种电影新形态。"③

3. 微电影的特征

从各界对微电影的定义不难看出，大家公认的微电影具有以下几个特征。

（1）微时长。与传统电影通常要一两个小时不同，微电影短则几分钟，长则二三十分钟。即使是分集播出的系列微电影，总时长也大多控制在一小时以内。

（2）微制作。微电影的时长决定了它不必像传统电影那样耗时耗力，即使是高成本投入的高品质微电影，花费也远远低于传统电影。较低的准入门槛催生出众多的草根微电影。

（3）以新媒体为传播平台。微电影诞生的时代背景决定了它不需要再走传统的院线投放路径，微电影往往选择手机、平板电脑、电脑等更符合大众接收习惯的新兴媒介作为播放平台，到达率和普及率相对较高。

（4）受众参与性强。网络媒体时代信息互动性更强，受众参与广告主微电影制作的机会也越来越多，如前期的剧本创作、中期的宣传预热和后期的话题讨论等，这使广告主在进行病毒式营销时游刃有余。

（5）故事性强。一部好的微电影就是一个好的故事，它包括好创意、好

---

① 祁婧．"微"风正盛，微电影当道：浅析微电影现状及发展．电影评介，2013（2）：35-36.

② 高一然．"新潮影像：微电影命名与形态"学术研讨会综述．电影艺术，2012（4）：158-159.

③ 潘桦．电影新形态：从微电影到网络大电影．北京：中国广播影视出版社，2018.

情节、好制作等多个方面。怎样在短时间内讲好一个故事，是微电影制作时必须深入思考的问题。

二、微电影营销概述

2011 年 11 月 25 日，国家广播电影电视总局下发了《〈广播电视广告播出管理办法〉的补充规定》，将《广播电视广告播出管理办法》第十七条修改为："播出电视剧时，不得在每集（以四十五分钟计）中间以任何形式插播广告。播出电影时，插播广告参照前款规定执行。"同时明确该规定自 2012 年 1 月 1 日起施行。这促使广告主寻找新的营销传播渠道，于是，微电影适时而生。

1. 微电影营销诞生的背景

微电影是微时代的产物，微电影营销也是适应微营销的发展而出现的。在数字营销盛行的今天，微电影作为广告主营销传播环节的重要组成部分，已经开始大范围地活跃在网络社交环境。

（1）新兴媒介不断出现，营销方式不断创新。互联网的普及彻底改变了人们的生活方式，正如微博和微信等社交平台改变人们获取信息的方式一样，借助微博成长起来的微电影，也在潜移默化地改变着人们表达信息的方式。许多广告主不断更新变换营销方式，在微电影营销诞生之初就对其高度重视。营销环境的变化从未停止，给行业发展带来了无限的可能。近年来短视频、直播等方式受到年轻人青睐，微电影营销逐渐趋于成熟。微电影营销以一种更软性的营销方式将产品功能和品牌理念传达给消费者，是一种消费者喜闻乐见的营销方式。需要注意的是，微电影营销并不是孤立存在的，它必须与数字时代的各种营销方式相结合才能发挥最大的效用。

（2）快餐文化流行，受众需求转变。随着人们生活节奏的加快，社会上出现了"快餐文化"，即人们没有充裕的时间或者说人们不愿意花费更多的时间去仔细了解和观察某事物、某人或某种社会现象，这导致快餐消费行为的出现。微电影凭借篇幅短小、内容集中的特征，在当下快节奏的生活中脱颖而出，适应受众求新、求快的心理，从而达到良好的营销效果。在"眼球经济"时代，营销的关键就在于适应新环境，伺机而动。因此，企业要搭上微电影这班车，充分了解消费者的心理变化，搞好与消费者之间的关系。

（3）碎片化的时空，碎片化的注意力。人们已经进入信息大爆炸的时代，越来越多的媒介开始争夺受众有限的注意力，这与互联网环境带来的受众时间和空间的碎片化形成了深刻的矛盾。微电影的出现恰好在一定程度上解决了媒介和受众的这一矛盾。微电影形式简单，短小精悍，能够满足人们在移动状态或短时休闲状态下的观看需求，很好地适应了受众注意力碎片化的特征。

（4）微电影天然的商业属性。微电影从诞生之日起就与广告结下了不解之缘。广告作为微电影市场成长壮大的主力军，本身就充斥着商业气息。在广告大战的硝烟中，微电影可以有意无意地淡化产品的广告色彩，通过情感诉求的方式引起观众的心理共鸣，博得广告主的青睐。微电影这个大平台为广告主产品的推广、品牌形象的宣传和品牌理念的传达提供了一个新的传播载体。微电影广告传播成本低、性价比高，可以根据观众的喜好有针对性地投放，使广告主的营销活动更加精准，而且好的微电影营销可以促使观众主动去搜索和推荐微电影，形成病毒式的口碑传播。

2. 微电影营销的定义

2010 年由《一触即发》引发的微电影狂潮标志着中国微电影元年的到来。2011 年微电影继续蓬勃生长，开始被很多广告主用来开展营销活动，"微电影营销"的概念由此而生。也就是说，微电影营销是商业和微电影联姻的必然结果。

有学者把微电影营销定义为"广告主利用短小的电影制作模式，将品牌文化、精神、产品等代表广告主形象的符号，融入具有完整故事情节的剧本，于无形中推广广告主品牌、渲染品牌文化，使消费者在观看视频的过程中既享有娱乐的快感，又达到推广目的的一种介于传统广告与商业电影之间的营销模式"[1]。

简单地说，微电影营销就是微电影广告营销，其本质是微电影的广告植入。值得注意的是，微电影式广告和广告式微电影还是有细微差别的。微电影式广告的侧重点是电影，即以电影的故事情节为主，植入的广告为辅。比如《女人公敌》就是在讲述故事的同时巧妙融入聚美优品的广告。广告式微

---

[1]　于泷，耿改智. 浅析微电影营销. 企业导报，2013（2）：103-104.

电影则不同，它以广告内容为主，把一系列广告情节拼凑起来形成故事完整的电影。比如益达《酸甜苦辣》系列，以益达口香糖为主要传播内容，只是因为制作者试图将情节串联起来，才形成了一个完整的故事，使一则广告具有了电影的特性。实际上，过多强调区分微电影式广告和广告式微电影，正如过多地纠结微电影营销本身的定义一样，对于市场营销并没有太大的意义。通常情况下，我们可将微电影式广告和广告式微电影统一划入微电影营销的范畴。

3. 微电影营销的类型

利用微电影做营销已经被很多广告主选用，到底拍摄哪一种类型的微电影较为合适，不同的广告主会在不同的时期根据市场大环境作出判断。一般来说，从拍摄的角度看，微电影可分为两种类型。

（1）草根微电影，即广告主与草根原创者一道拍摄的微电影。微电影拍摄对设备的要求并不高，只需要一部手机、DV 或者单反即可完成。从微电影兴起至今，有很多网友拍摄的原创微电影作品走红网络，这类作品的创作者以草根为主，他们的微电影一般统称为草根微电影。广告主借助草根创作者拍摄的微电影进行营销，不仅能够节约成本，而且比较容易产出与产品的品牌调性相符的作品，起到宣传自身产品和提升品牌形象的双重作用。

草根微电影一般可以分为两种。

一种是网络草根微电影，这类作品以胡戈为七喜拍摄的系列广告微电影为代表，如《七喜广告之"史上最温馨的情侣"》《七喜广告之"圣诞节许愿"》《七喜广告之"最绝的蝴蝶效应"》。七喜充分借助胡戈凭借搞笑短片《一个馒头引发的血案》积累下的人气和胡戈自身幽默搞笑的风格做了一次非常划算的营销。

另一种是校园草根微电影，主要是指广告主与高等院校合作拍摄的以大学生活为主题的微电影，这类作品旨在以隐性表达的方式宣传广告主的产品、服务或形象。2020 年，苹果公司以"好想回学校"为主题邀请 9 位大学生导演利用苹果设备记录疫情大背景下学生对于返校的期待，从爱情到亲情再到家国情怀，学生用稚嫩的技术和真切的情感表达着疫情当下的所思所想，作品在线上线下多个平台展播，引起广泛的关注和共鸣。

（2）专业微电影，即广告主与视频网站合作拍摄的微电影。2013 年是微电影走向成熟的一年，微电影的情节设计越来越细化，整合营销也不断深入。2013 年也是视频网站竞争最为残酷的一年，视频网站间的竞购与合并、新媒体带来的移动视频终端的崛起等无不提醒着各大视频网站必须以内容为王。面对激烈的市场竞争，广告主和视频网站要想创造出双赢局面，就必须在拍摄微电影时进行合作。

专业微电影一般可以分为两种。

一种是企业自组团队独立拍摄出品的微电影，常常冠有"××公司出品"的字样。这类企业往往资金雄厚，一般都会请专业的影视公司或创作团队拍摄制作，以产出高品质的微电影，甚至会请一些当红的名人明星参与到微电影的拍摄当中。比如伊利旗下金典与安慕希联合推出"金安影业"，打造《万福金安》系列贺岁微电影。其中，《万福金安 2022 之有虎气》由金安影业荣誉出品，YTN Studio 联合制作，邀请了两位喜剧大咖联袂出演——两位表面光鲜的职场高层，却在辞旧迎新之际遭遇本命年职场危机，二人逗趣巧思化解难题，终迎来虎年好"虎"气。伊利还为此打造了"万福金安"微博话题，聚拢伊利旗下子品牌各自的影响力和传播力，将话题引爆，短时间就收获了高达 13.7 亿的阅读量、29.3 万的讨论量。[1]

另一种是由视频网站出品，广告主植入广告的微电影，常常冠有"××视频网站出品"的字样。视频网站为了获取更多的独立播出资源，往往会自制微电影，以降低版权购买成本，增强自身竞争力。比如由科鲁兹投资拍摄、优酷和筷子兄弟电影工作室联合出品的《父亲》之《父子篇》与《父亲》之《父女篇》，均以亲情为出发点，幽默中不失感动，向受众讲述了父爱的伟大，这也是筷子兄弟继微电影《老男孩》后的又一部佳作，进一步提升了科鲁兹品牌在受众心中良好的公众形象。

由此不难看出，微电影作为广告主投放广告、开展营销活动的一块阵地，凭借强大的互联网传播平台，已经成为广告主的宠儿。广告主若想在网络海量的信息中脱颖而出，就必须充分利用受众碎片化的时间和空间，尽可能多地向受众展现广告主自身的价值，找到广告主品牌娱乐营销的创新切入点。

---

[1]　开年第一红！金典×安慕贺岁广告《有虎气》来了！．（2022－01－04）．http://view. inews. qq. com/k/20220104A0582U00?web_channel=wap&openApp=false.

4. 微电影营销模式

营销模式的核心在于如何执行。把一个好的营销策划方案执行到位，取得最大的营销效果，就是最好的营销模式。通常微电影的营销模式有基于口碑传播的自愿分享式、院线联动式和线上线下互动整合式三种。

（1）自愿分享式：自发传播，多次传播。如果微电影总是需要前期的宣传才能达到高点击率，就没有实现真正的微成本投入。一部好的微电影必定能做到与受众内心契合，引发受众的共鸣，进而开启受众的自动传播模式。不管是虚拟世界里的"草根大号"还是现实世界里的明星名人，广告主的微电影要能调动他们自愿分享的积极性，实现信息的多次传播，这样才能真正地降低微电影的营销成本，达到良好的营销效果。

（2）院线联动式：网院联动，新旧媒介联合。微电影再"微"也是电影的一种，因此，一些有心的商家想到了借助两者的共性实现互联网和电影院的联动宣传，将新旧媒介巧妙地联合起来，吹响品牌营销的号角。例如2019年引爆各大新媒体平台的微电影广告《啥是佩奇》，是春节贺岁动画电影《小猪佩奇过大年》联合中国移动、丁香园、阿里影业推出的先导宣传片，影片刻画了一个笨拙又可爱的农村老人，因孙子点名要佩奇，自此踏上了一条荒诞又温情的寻找佩奇之路的故事。片中虽然没有把电影名称、上映时间等电影宣传的核心要素放在首位，但是实现了对佩奇这一品牌形象的本土化普及，以高效的情感传递直击人心，实现动画片的现象级破圈。[①] 这种网院联动的新模式将独立成篇的微电影当成大银幕电影的超长预告片，实现了微电影互联网点击量狂飙和院线电影票房井喷的双赢。

（3）线上线下互动整合式：线上线下多渠道整合，共同发力。广告主在开展营销活动时需要充分利用社会化媒体互动的优势，实现线上线下内容的多渠道整合，使营销效果最大化。例如，伊利旗下品牌金典和安慕希联合推出的春节贺岁微电影《万福金安2022之有虎气》，通过线上社交平台和线下分众屏幕多维度突破，把红红火火的年味带给大众。线上打造了"万福金安"微博话题，聚拢旗下子品牌的影响力和传播力，收获高达13.7亿阅读量、29.3万讨论量。线下则通过分众屏幕的《有虎气》预告短片，以多地域方言

---

① 刘珍，谢海军．微电影广告现象级传播的生成逻辑与意义探讨：以《啥是佩奇》为例．出版广角，2019（18）：74-75．

形式呈现，增强了目标人群的归属感和信任感。不仅如此，伊利还携手喜剧黄金搭档黄渤＋徐峥，打造"合家欢"贺岁喜剧，首创"万福金安"品牌 IP 化传播，打造"万福金安"拜年热潮，最终"万福金安"IP 全面落地，最大力度助推线下销售。通过线上线下的互动整合营销，《万福金安 2022 之有虎气》成功地将品牌信息与消费者情感相结合，实现了品牌价值的深度传播和影响力的扩大。

第 2 节　微电影营销的价值

一、微电影营销的特点

微电影营销从植入式广告蜕变而来，借助互联网平台大放异彩，在社交媒体的影响下深入人心。了解 Web 3.0 时代微电影营销的特点，有助于我们更有效地利用微电影开展营销活动。

1. 微电影营销具有明显的"三微"特征

微电影微时长、微周期、微投资的"三微"特征，使广告主拍摄微电影更加容易，成本更加低廉，营销活动的开展也更加方便。微电影虽然比传统电影时长更短，但依然具备完整的叙事能力，相较于传统电影内容提炼度更高，有助于受众在碎片化时间和移动化的情况下观看，传播速度更快。同时，拍摄周期短、投资成本不高等特征也使得微电影广告与传统广告相比具有更高的成本效益，是广告主决策考量的重要因素之一。

2. 微电影营销具有双向互动的特点

传统的广告是单向线性的，受众只能被动地接受，广告主与受众间的沟通渠道窄，互动体验感弱，广告主无法准确把握受众的心理特征和行为方式。在网络背景下成长起来的微电影营销则不同，它是双向的，受众不再是被动的旁观者，他们以参与者的姿态走进了广告营销活动，可以随意观看、自由点评喜欢的电影，甚至可以利用软件进行改编。广告主与受众间的沟通渠道宽，互动体验感强，广告主可以准确把握受众的心理特征和行为方式，扩大广告的有效覆盖面。

3. 微电影营销摆脱了传统广告的投放压力

不同于传统电影，微电影没有商业票房的压力，可以摆脱院线上映的局限，同时微电影也可以克服电视广告时段的局限，因此微电影营销被各方看好，利用微电影进行营销活动已逐渐成为广告主品牌传播的标配。

4. 微电影营销是广告主的一种软营销方式

投放在报纸、杂志、广播、电视等传统媒体上的广告生硬直白，容易使受众产生逆反心理，引发抵触情绪。微电影营销作为数字化浪潮下的一种新型营销传播模式，为广告主开辟了一条新的路径，巧妙地将广告主的品牌文化、品牌故事与微电影故事情节结合起来，在不知不觉中影响消费者的购买决策，实为一种高明的软营销方式。

二、微电影营销价值分析

1. 营销成本较低廉

数据显示，2024 年 CCTV－1（综合频道）午间新闻贴片广告价格为每30 秒 364 000 元。广告主利用这 30 多万元完全可以拍摄一部长达 10 分钟的微电影。据微电影制作人介绍，一部微电影的拍摄周期在一周以内，从前期策划到后期制作的整个周期仅需一个月左右，用 30 万～50 万元的成本足以完成制作。微电影的网络发行平台费用较低，甚至是免费的。视频网站购买版权的费用也相对较低。微电影的宣传大都以新媒体转发、社群自主传播为主，相较于传统的广告营销方式，广告主开展微电影营销的成本优势相当明显。

2. 目标受众更精准

互联网已经彻底改变了人们的生活方式，并猛烈冲击着传统的大众传播市场，这为广告主的营销活动提供了机遇。广告主可以充分利用互联网大数据带来的便利，实现广告的精准投放，针对不同受众群体的喜好定制微电影，将品牌自身核心价值与微电影故事有效结合，更高效地完成营销任务。同时，通过互联网大数据对微电影内容进行分析，广告主能更好地了解受众兴趣，使营销活动更人性化。

3. 传播形式体验好

传统广告越来越同质化，造成受众审美疲劳，微电影则以丰富的故事内容和超大的艺术创作空间，开辟了新的广告路径，取得了传统广告无法比拟的传播效果。微电影赋予产品新的内涵，为产品附加上情感的标签，通过艺术的手法来表现产品特性，使受众对产品产生全新的认识。这既满足了广告主营销传播的需要，又为消费者提供了可观可感的全方位体验，实现了双赢。可以说，一部好的微电影，对受众和广告主来说都是喜闻乐见的。因此，广告主利用微电影开展营销活动，其价值自然不可估量。

第 3 节 微电影营销的方式与策略

一、微电影营销的诉求方式

微电影营销一般通过在微电影的故事情节中植入广告来表现某一产品或品牌。因此，在介绍微电影营销策略之前，我们有必要先对微电影营销的诉求方式做一些了解。

1. 产品特性诉求法

产品特性诉求法是指通过微电影来表现某产品的性能和特点。要想在微电影中表现某产品的特性并非易事，通常需要借助微电影的情节进行含蓄的表达。例如在 RIO 微醺鸡尾酒的微电影《微醺恋爱物语》中，通过故事细致刻画女主人公在暗恋不同阶段时朦胧、忐忑、酸涩、微苦、甜蜜的情感状态，生动形象地将全新 RIO 微醺系列的乳酸菌、柠檬、葡萄、西柚、白桃五个口味串联起来，营造了年轻消费者独自饮酒时的多样氛围。该微电影上线后，迅速在社交媒体、电商平台、线下渠道获得极高的人气，两天播放量突破 2 000 万，为品牌带来了极高的曝光度和销售转化率，使微醺系列成为 RIO 主打明星产品之一。

2. 产品理念诉求法

产品理念诉求法是指通过把产品理念融入故事情节委婉地表达出来。这也是目前运用较多的一种诉求方式。例如，与佳能合作由姜文执导的微电影《看球记》就用诙谐幽默的语言，通过 5 分钟的故事情节，表达出满满的父爱。这也正契合佳能的产品理念：用相机记录每一份感动，"佳能，感动常在"。片头佳能的广告植入"此片由佳能影像器材拍摄"，不仅没有引起受众的反感，反而让受众感受到了佳能带来的温情。

3. 品牌理念诉求法

另一种被广泛运用的诉求方式是品牌理念诉求法。这类微电影一般不推销任何产品，只是纯粹地进行品牌形象宣传，试图与受众达成认知的一致和情感的共鸣，人性化十足。例如我国台湾大众银行推出的微电影——《梦骑士》，讲述了 5 位平均年龄 81 岁的老人在昔日好友的追悼会上相聚，决定完成年轻时共同的梦想——骑摩托车环岛旅行。在长达 6 个月的准备后，他们带上两位已故老友的照片，踏上了环岛的旅程。他们用 13 天的时间，骑行了 1 139 公里。在旅程的终点，他们来到年轻时合影的海边，举着故去朋友的遗像，面朝大海。这一幕展现了梦想实现后的豪情万丈，传递出深刻的情感和生命的力量。整个微电影围绕着"人为什么活着？"展开，最终以一个"梦"字作为回答，强调了梦想对于人生的重要性。《梦骑士》以真实感人的故事和深刻的主题，成功地打动了观众的心，并且将大众银行"助推梦想"的品牌理念表现得淋漓尽致。

广告发展存在"三化"趋势，即广告的社会化、移动化和内容化。微电影正是在社会化的媒体形式、移动化的终端渠道和内容为王的时代大背景下产生的，它完全符合商业广告的发展趋势，理所当然成为商业市场的宠儿。

二、微电影营销的方式

CNNIC 发布的第 55 次《中国互联网络发展状况统计报告》显示，截至 2024 年 12 月，我国网民规模近 11.08 亿人，其中 10～19 岁、20～29 岁、30～39 岁和 40～49 岁网民占比分别为 13.0%、13.1%、19.0% 和 17.1%；50 岁及以上网民群体占比由 2023 年 12 月的 32.5% 提升至 34.1%。不难看出，我国网民以中青年群体为主，并持续向中高龄人群渗透。广告主在利用微电影进行营销时，一定要结合我国网民的实际情况，找准目标受众，选择符合受众口味的微电影营销方式。

1. 娱乐营销

所谓娱乐营销，就是"借助各种娱乐活动与消费者实现互动，将娱乐元素融入产品或服务，通过娱乐元素将品牌与顾客建立起情感联系，从而实现推广品牌内涵，培养顾客黏性，促进产品销售等营销目的的营销方式"[1]。在运用微电影进行娱乐营销时要注意适度，"娱乐至死"迟早会把微电影逼上绝

---

[1]　张卫东．网络营销理论与实践．北京：电子工业出版社，2013.

路。前些年流行的很多微电影中，就有不少以娱乐为噱头、过度使用低俗情节以博取受众眼球的镜头。虽然现在很多视频网站都已经对类似的微电影进行了清除，但还是得提醒广告主，凡事适可而止，过犹不及。

恰到好处地运用娱乐营销的优秀微电影有不少。例如，在 2022 年春节之际，万科西北区推出主打"无限循环"概念的微电影《好好吃饭》，讲述女主在一次次循环中因着急工作而错过姥姥为她煮的面，成功借势开年热播的都市科幻剧《开端》中无限循环的设定，利用新奇的概念和电视剧的娱乐热度，传达"好好吃饭"四字中蕴含的家的无尽温暖与爱。

2. 情感营销

情感营销是指以消费者自身的情感差异和需求作为营销战略的核心，借助情感广告、情感促销等策略来实现企业经营目标的营销方式。[①] 如今很多营销活动都喜欢打感情牌，试图通过感人的情感故事触动受众的内心，微电影也不例外。不过能真正做到情感沟通的微电影并不多，但令人欣慰的是，几乎每年都会有佳作诞生。

小熊电器系列微电影自 2012 年推出第一部起就走红网络。以父爱为主线的《爱不停炖 1》讲述了年迈的老人千辛万苦地为因节日期间加班而无法回家的女儿送去止咳雪梨汤的故事，牢牢抓住了背井离乡、难与家人团圆的奋斗人群的心。随后，小熊电器推出的第二部和第三部微电影均讲述了青年情侣之间的爱情故事，不同程度地抓住了年轻人的心。同样以爱情为主线的《爱不停炖 4：饭与爱情》围绕夫妻之间的爱如何保鲜，讲述了一对平凡夫妻不平凡的爱情，感动了无数观众。小熊电器在创立 9 周年之际采用全新的跨屏观影模式推出《爱不停炖 5：爱 9 在一起》，再次聚焦年轻情侣的故事，这部作品获得金瞳奖 2016 最佳互动微电影金奖。小熊电器从受众的情感需求出发，激发受众在亲情和爱情方面的情感共鸣，用有情的故事赢得无情的竞争。

2020 年宝马微电影《巴依尔[②]的春节》从山西胡同里的一群小男孩玩闹的场景自然地引出了改名前的宝马品牌。男孩李辉的父母离异，在看到其他小伙伴和爸爸妈妈开心地在一起时，孤单又失落地走到车前，为车换了新名

---

① 张剑，韦雅楠．互联网传播中品牌情感营销策略探析．青年记者，2021（22）：113-114.
② "巴依尔"是宝马汽车（BMW）在中国的早期音译名称（1992 年前使用），后来改为更符合中文语感的"宝马"。

字。爸爸下楼时，看到儿子在车上涂画，情急之下打了儿子，但在看到儿子画的是"爸妈我"之后，眼角红了，心怀歉意。温馨的画面、感人的故事，为宝马品牌"BMW"赋予了深层寓意，更加贴合中国人对阖家团圆的情感寄托。①

3. 网络口碑营销

网络口碑营销（internet word of mouth marketing，IWOM）是指"利用互联网上的口碑传播机制，通过消费者以文字等表达方式为载体的口碑信息传播，实现塑造广告主形象、推广广告主品牌、促进产品销售等营销目的的网络营销活动"②。口碑即利用人际传播的优势，达到一传十、十传百效果的营销方式。一部好的微电影往往能够引起受众的兴趣，打动受众，促使其自发评论、分享、转发，利用人际传播机制达到广告主的营销目的。网络口碑营销成本低，收效高，已经成为广告主喜闻乐见的营销方式。但是，产出优秀的微电影并非易事，在竞争激烈的微电影市场更是难上加难。

最经典的案例莫过于《11 度青春系列电影》之一的《老男孩》。该片讲述的是两个痴迷迈克尔·杰克逊十几年的平凡"老男孩"经过岁月的洗礼后，鼓足勇气重新登台找回梦想的故事，以缅怀青春、祭奠梦想为名，激起了很大一部分受众关于自己青春和梦想的回忆。短片播出后一炮而红，赚足了口碑。该微电影不仅使科鲁兹汽车品牌形象深深地印在了受众的脑海里，就连同名主题曲《老男孩》也风靡全国，让受众念念不忘。

4. 明星营销

明星营销是指具有一定名气和影响力的明星通过网络手段间接代言某种商品的营销事件。大牌明星齐聚虽然会增加微电影的制作成本，但名人效应带来的营销效果也是不同凡响的。很多资金实力雄厚的公司通常都会选择微电影的明星营销方式。例如，百事集团从 2012 年开始每年都会在新春之际推出《把乐带回家》微电影广告，围绕"乐"的主题，描述不同角度的亲情、友情和爱情。百事 2012 年邀请了 12 位明星，随后几年更是在此基础上扩大明星阵容，邀请多达 20 位明星参与品牌贺岁微电影的拍摄。除了利用明星效

---

① 邹紫娴，张佳旗. 情感与营销：基于新媒体时代的微电影品牌分析：以微电影广告《巴依尔的春节》为例. 新闻前哨，2022（15）：79 - 80.

② 张卫东. 网络营销理论与实践. 北京：电子工业出版社，2013：43 - 44.

应外，百事在微电影的叙事上也下足了功夫。例如在 2016 年猴年之际，百事邀请《西游记》中孙悟空的扮演者和其他明星诠释猴王世家的故事，启发和鼓励年轻人把传统新年玩出属于自己的七十二变，真正地把快乐带到家人身边。2017 年百事则是聚集勾起万千消费者童年回忆的《家有儿女》主创人员，通过 12 年后"国民家庭"的重聚，继续讲述家的温情并引发共鸣。2021 年百事推出了"把乐带回家"十周年新春微电影《我爸的快乐》，该片由潘粤明等实力派演员主演，故事围绕儿子的作文，展示了两个不同父亲形象的对比。儿子幻想中的父亲是一位样样精通的大厨，而在现实中，父亲则是一位忙碌的外卖小哥。在年夜饭时，父亲因忙碌无法陪伴家人，引起家庭小矛盾。然而，儿子在父亲工作间隙，为他点了一罐带有"你的快乐"字样的百事可乐和一碗热粥。结尾，儿子在台上讲述作文时，毅然放弃了作文中虚构的父亲形象，选择了真实的父亲，向大家分享。此反转情节深深触动人心，百事可乐借此表达，每个人不论身份，都有共同的愿望——"把乐带回家"。百事集团在进行微电影创作时，考虑春节的特殊时点，多角度洞察了消费者的内心情感，利用明星所附加的情感特性，让消费者在回忆时光中体会到百事可乐的品牌形象。[①]

5. 公益营销

公益营销是品牌从社会公众利益的角度出发以非营利的目的开展的营销活动。公益微电影是微电影中重要的类型之一，能够在短时间内呈现完整的故事情节，与观众产生情感共鸣，同时反映深刻的社会现象，输出品牌价值观。越来越多的品牌通过公益微电影，关注残障人士、留守儿童、孤寡老人等弱势群体，为其发声，公益微电影也成为企业构建品牌形象、树立良好的企业公益形象、展现企业社会责任担当的营销途径。[②]

腾讯数字公益平台"为村"2019 年 10 月发布微电影《盼归》，将镜头聚焦留守儿童，讲述留守儿童赵刚强为了让打工在外的父亲回家，编造各种谎言闹出种种误会的故事，影片一改煽情的故事走向和留守儿童可怜无助的刻板印象，而是以轻松诙谐的叙事风格，通过生活化的剧情设置展现一对农村父子的故事。观众在笑过后，亦会产生对留守儿童现象更深层次的思考，腾

---

① 彭辉. 表征与镜像：微电影广告互动传播策略解读. 出版广角，2019（22）：80 - 82.

② 赵曙光. 社会化媒体的公益营销渠道和参与创新. 传媒，2016（2）：87 - 89.

讯则通过短片展现了乡村通网的重要意义，有效传递了品牌的社会责任感和人文关怀。

三、微电影营销的策略

"微电影营销完全可以让广告主花几万元达到几十万元、几百万元甚至几千万元的广告效果。"微电影创作人梁三百的这句话说明，制定良好的微电影营销策略可以让广告主以低成本的投入获得良好的营销效果。微电影营销主要有以下几个策略。

1. 注重艺术性与品牌调性的完美结合

微电影既不是广告的加长版也不是电影的浓缩版，它颠覆了"在电影里插广告"的传统思维模式，掀起了一场"在广告里插电影"的营销革命。优秀的微电影往往是在巧妙融合自身商业性与电影艺术性的基础上诞生的。广告主必须明白，在利用微电影进行广告营销时不能太过功利。太过商业化的内容往往会引起受众的反感，造成广告主资金投入的浪费。作为商业和文化联姻产物的微电影，只有坚持以人为本的理念，才能在内容和创意上契合受众的心理，以艺术形态感染受众、软化受众，促使受众主动关注、主动转发、主动分享。因此，广告主在拍摄微电影之前一定要找到一个与品牌自身调性吻合的立足点，这样才能在微电影中展现良好的品牌形象。

以微电影《花露水的前世今生》为例，虽然一看便知这是一则广告，但其优美幽默的语言，富有新意的创意内容，浓厚的文艺气息，勾起了受众无限的遐想，征服了许多受众的心。该微电影上线 3 周就获得了 1 600 万的浏览量，30 多万的评论量，给受众留下了深刻的印象，为这个已经具有 114 年历史的品牌注入了年轻因子，使其焕发了生机。

2. 进行大数据营销，实现微电影的精准投放

新媒体的发展带来了大数据的广泛运用，实现了广告主大规模的个性化定制。如今的广告主不再是无头苍蝇，他们懂得利用大数据寻找目标受众，制作符合受众口味的微电影，实现广告的精准投放。大数据不仅为广告主提供不同地域、不同族群、不同文化背景的受众群体的特征数据，还提供受众群体的网络活跃度和活跃范围，使广告主能够在微电影的故事编排、情感诉求以及宣传包装等方面紧紧跟随目标受众群体的需求点，实现资源的优化配

置，提高广告收益。

比如 TBWA 为米其林浩悦轮胎推出的系列主题微电影《静下来，世界会不同》，从三个不同家庭发生的情感故事切入主题，讲述父子、母子及恋人之间的故事，传达"给彼此更多安静的空间，心境也会发生积极的改变"的理念。正是在充分运用大数据的基础上，该微电影准确把握住了受众的心理特征，突出米其林轮胎噪声小的特点，实现了其市场份额突飞猛进的增长。

3. 充分利用整合营销传播优势，打造立体传播网络

前面提到，微电影营销可以整合新媒体时代下的各种工具和多种渠道，实现全方位立体的营销传播。广告主可以将综合型的广告网络从 PC 平台向其他数字终端平台扩展，从而全面覆盖各个接触点，打造立体的微电影传播网络。

小度是百度"AI 生活"的重要业务布局。小度品牌通过微电影《老杜》的整合营销传播活动，成功地打造了立体传播网络。2020 年品牌升级以来，小度坚持用内容诠释着"陪伴者"的形象，通过推出以"从天堂请假，再陪你一天"为主题的微电影《老杜》，利用 B 站作为首发传播阵地，打造"沉浸观影"体验。同时，在微信视频号、抖音等短视频平台、内容社区进行分发，并在网易云音乐、QQ 音乐上传主题曲《伴我一生》；此外，在微信公众号、小红书、知乎等内容平台，合作垂类 KOL 发布观后感受、内容点评、细节挖掘等深度内容，引发进一步破圈扩散，《老杜》全网播放量超 1.5 亿，掀起多平台刷屏效应。

第 4 节　微电影营销的发展趋势和展望

我们在看待微电影营销的发展时，应该从正反两个方面来考虑问题。一方面，随着媒介技术的快速发展，微电影可以在网络平台上很好地满足受众的需求，视频网站也可以利用微电影为自身创造新的盈利增长点，进而达到双赢，甚至广告主、受众和视频网站三赢的局面。另一方面，微时代受众碎片化的信息处理模式容易使广告主进入快速接收—快速记忆—快速遗忘的循环，受众对广告主的品牌印象到底能够保持多久，会维持在什么水平上，是广告主需要解决的问题。

一、以受众需求为导向，走向三方共赢

互联网的媒介生态环境不断经历重大改变，既有第三方平台提供商和视频网站间的合并，又有网络视频行业关于版权问题的纠纷，还有芒果 TV 推行的独播战略等，使网络视频行业面临新一轮的洗牌，倡导视频网站影视剧节目原创性的呼声日益高涨。各大视频网站要想在激烈的市场竞争中屹立不倒，必须以受众需求为导向，产出受众喜闻乐见的原创作品。

同时，随着对自媒体时代受众的不断解构，个性化、精品化等标签开始大量出现在广告主采用的微电影营销中。广告主越来越重视目标受众在整个市场营销链条中的中心作用，并不断尝试创造优势条件，为受众提供更好的服务。各视频网站和广告主也都倾向于以受众需求为中心，致力于开创三方共赢的局面。

二、品牌化是微电影营销的发展方向

微电影营销必须摒弃以往零散的营销传播形式，打造立体的品牌传播网络，在受众心中实现差异化定位，以与其他品牌营销模式相区分。只有塑造良好的品牌形象，才有可能实现微电影营销的长期发展并提高受众的品牌忠诚度。从发展的角度来看微电影的制作，一靠市场需求，二靠人才导向。微电影的创作团队一定要以品牌为基点，培养更多具有专业影视创作素养的人才，努力朝运营专业化、管理规范化的方向发展。从前期来看，品牌化发展制作成本相对较高，但是从整个品牌发展的大局来看，有利于品牌形象的塑造，其后续产品在市场上也会有很大优势。[①] 例如，宝马推出的 The Hire 系列微电影广告，一共 8 部，邀请了包括李安、Guy Ritche 在内的来自全球不同国家和地区的八位著名导演执导，题材丰富，有着动人的故事情节和很强的视觉冲击力，其中电影特技和镜头的配合给观众带来好莱坞大片般的视觉体验，令人百看不厌。系列微电影广告将微电影的故事情节和宝马汽车完美结合，凸显宝马良好的驾驶性能和品牌的核心价值，唤起了汽车迷的共鸣。

[①]　蔡晓东 . 微电影的营销策略探究 . 曲阜：曲阜师范大学，2017.

三、探索竖屏微电影的全新观看体验

一直以来，我们都习惯于横屏的观影模式。然而随着短视频的兴起，竖屏观看模式越来越为大众所接受。对于微电影营销来说，竖屏的价值正在被挖掘。相较于传统的横屏模式，竖屏省去了移动端用户切换屏幕的环节，简化了用户的观看路径，保证了用户接收信息的连续性和流畅性，进而维系用户持续观看的兴趣，这有利于品牌或产品信息更高效地被用户接收。此外，竖屏独特的美学空间能够为微电影营销提供新的叙事视角，为用户呈现不一样的视觉体验。重视竖屏的营销价值，将广告思想、品牌理念高度凝练于独特的竖向空间，有利于品牌在碎片化信息环境中迅速攫取用户注意力，促进品牌或产品信息的渗透，从而提升营销效果。比如 2020 年春节期间上线的由别克推出的竖屏美学系列微电影《陪伴你》《温暖你》《谢谢你》《遇见你》就巧妙地运用了增加垂直空间层次的方法，减少人物水平移动，增加垂直方向的移动，给人以眼前一亮的观看体验。

四、逆常规思维寻求创意突破

优质的内容创意是保证微电影营销获得理想效果的关键因素。随着微电影营销手段愈发成熟，内容同质化、故事叙述缺乏共鸣力、品牌记忆点模糊等问题也逐渐显现，促使广告主不断寻求更具深度的创意革新。在微电影营销过程中，我们不仅要精准洞察用户的真实需求，更要在此基础上破除常规的创意思维，深挖与众不同的故事内容。只有在营销思路上另辟蹊径，才有可能在微电影营销中收获出人意料的传播效果。2022 年欧拉汽车在情人节推出的系列微电影《为你而来》有别于传统的情人节广告，不谈"情人"，而是更关注独立女性的心理需求，关注生活的温暖与美好，用"美好的故事"取代"爱情的故事"。这一波反向的情人节营销让女性用户感受到了品牌的重视和关心，也让欧拉汽车收获了更多女性消费者的认可与喜爱。[①]

---

① 情人节反向营销，被欧拉的微电影戳中了．（2022 - 02 - 18）．https://mp. weixin. qq. com/s/ r3YUBE0ro-fhm9Noa9x-gg.

案例分析 4-1

益达《酸甜苦辣》三部曲的微电影营销

益达是 1984 年箭牌公司在美国推出的第一款无糖口香糖，在短短 5 年内成为全球无糖口香糖的第一品牌。在中国，箭牌公司从 1996 年开始在广东试销益达无糖口香糖，翌年推向上海和浙江。如今，益达无糖口香糖的销售网络已经覆盖国内 300 多座城市，深受中国消费者的喜爱。作为家喻户晓的口香糖品牌，益达将产品定位为"口味卓越的无糖口香糖"，瞄准 15～34 岁、拥有较高教育水平和收入、重视牙齿和身体健康的消费人群。箭牌将益达冠以"时尚、健康"的品牌形象，树立高端口香糖品牌，领导高端口香糖市场。

在大多数年轻人眼里，益达不仅仅是一个品牌，更是甜蜜爱情的代名词。令人回味的淡淡甜味，像极了恋爱时的甜蜜，既浪漫又有深意。

2010 年，益达推出了《酸甜苦辣》系列微电影"加油站篇"，市场反响强烈。影片中男女主人公在沙漠邂逅，一句"你的益达也满了"在勾起男女主人公对爱情憧憬的同时，也开启了受众对益达品牌的持续关注。故事讲述了两个人一见钟情后浪迹天涯，感受爱情带来的酸甜苦辣……但故事的结局似乎不尽如人意，女主角在对男主角的回答失望后，留下一张便条和一罐满满的益达后悄然离开，结束了这段两个人的旅程。一句"谢谢一路过来的酸甜苦辣，兄弟，保重"为该片画上了一个不圆满的句号，吊足了受众的胃口。调查显示，在《酸甜苦辣》系列微电影推出后的 8 个月内，消费者对产品的诉求认知增长了 40%～50%。

果然没有让受众失望，《酸甜苦辣 II》很快就来了，开篇回忆的配字与《酸甜苦辣》紧紧相连。接着，《酸甜苦辣 II》男主角客栈老板的出场使剧情走向更具悬念。在被女主角（同第一部）吸引的同时，他也看出她的心里始终为别人保留着位置。终于，第一部的男女主角重逢，扣动受众心弦。在经历了酸甜苦辣的坚守后他们幸福地一起走向未来。而客栈老板的发展又留下了新的悬念。同第一部一样，该片受到了社会各界的广泛好评。

《酸甜苦辣 III》重磅回归！该片的女主角"丫头"登场，上一部中的客栈老板也摇身变成了鼎鼎大名的"厨神"，与她一起踏上了"酸甜苦辣"之旅……"大叔拿小包装，可爱哦""小丫头背大包，何必呢，放下吧"，这组对话不仅把益达的便携包装巧妙地引了出来，也暗含了深刻的人生哲理。学习修炼的过程是痛苦的，当丫头想要放弃的时候，是父亲的及时出现鼓励了她，要她坚持自己的梦想……第三部如前两部一样，给受众埋下了未知的结局。益达把人情冷暖和世事艰辛挖掘得淋漓尽致，相信受众一定在想：接下来会怎么样呢？

可以说在由青元素微电影为益达量身定制的《酸甜苦辣》三部曲中，所有的故事都是和消费者息息相关的，是每天都会发生在身边不起眼的事情。该微电影将时尚、爱情与益达产品结合起来，使益达的品牌关注度直线上升，随着微电影的持续推进，强化了益达的品牌形象，"要两粒一起嚼才最好"和"关爱牙齿 更关心你"的广告语更是深入人心，借由吃口香糖的方式教了消费者对待生活和爱情的态度。

其实早些年益达的广告并不是这样充满浓浓的人情味儿的，而是像牙膏广告那样，走的是功能性诉求的路线，突出其调节口腔酸碱度的功效，无非是"如果吃完饭不吃益达牙齿就会怎样"这般生硬的内容。自从广告《便利店篇》尝到甜头之后，益达就开始借助电影的故事特性，尝试微电影营销。事实证明，益达借用微电影的形式，用故事、情感赢得了良好的市场反响，超越绿箭，登上了口香糖市场第一品牌的宝座。《酸甜苦辣》斩获了亚洲实效营销金奖、艾菲实效营销金奖，还拿下了微电影金瞳奖等多个奖项，无疑为商业微电影界树立了一个新的标杆。

讨论题

1. 《酸甜苦辣》三部曲的共性和特性是什么？它们为什么能够取得成功？
2. 《酸甜苦辣》三部曲的营销策略对你有什么启示？
3. 如果你是该片的主要创作人员之一，你准备怎么设计下一部的情节？

案例分析 4-2

苹果贺岁微电影，用情感关怀实现产品炫技

苹果公司是一家美国高科技公司，总部位于美国加州。2009 年 9 月，苹果 iPhone 手机正式进入中国市场。此后，其在中国市场的销量一直保持高速增长，目前仍是国内市场最热销的智能手机品牌之一，积累了大量的用户。苹果公司也逐步提高对中国市场的重视程度，从 2015 年便开始尝试拍摄针对中国消费者的贺岁短片，其推出的《老唱片》（2015）、《送你一首过年歌》（2016）、《新年制造》（2017）中均融入了大量中国特有元素，如二八自行车、

唱片机、贴窗花等，可以看出苹果公司对于春节营销的布局和发力。

2018 年 2 月，时至春运，苹果公司发布的由陈可辛导演用 iPhone X 手机拍摄的新年微电影广告《三分钟》，瞬间霸占各大媒体平台热榜，刷屏朋友圈，勾起万千在外拼搏异乡人年终归家的情思。本片根据真实故事改编，讲述了一位有着 5 岁孩子的普通列车长陈平，用列车仅能停靠在站台的三分钟时间和儿子团聚的故事。片中母亲负责的是从南宁到哈尔滨的路线，这是全国运行用时最长的一趟列车，一次就要开 6 天，因此她已经连续多年没有办法和儿子丁丁一起过年。在这一年，太过彼此想念的母子约定在站台利用仅有的三分钟见面，但火车进站后陈平在车头，丁丁却错站在车尾，母子二人在人群中焦急地找寻彼此的身影。最后在仅有一分多钟时，母子最终团圆，丁丁在妈妈面前抓紧时间将准备多时的乘法口诀表背诵完毕，字句随着时间流淌，紧张的节奏牵动着观众们的心，妈妈必须回到车上，这时列车缓缓启动驶离站台，这便是他们的"年"。对于外国品牌来说，能够本土化地讲好中国故事是抓住中国消费者的关键，苹果公司很好地洞察到中国人对春节团圆的传统感情以及春运这一社会现象所带来的浓浓乡愁，选取真实的故事和特殊职业人群，在剧情上不刻意煽情，却足以引人落泪和共情。本片除情感卖点外，还在"润物细无声"中实现了产品炫技。虽有知名导演加持和外接设备的帮助，但全程用 iPhone X 手机拍摄的营销亮点也充分向消费者展现出 iPhone X 在拍摄上具备的防抖、4k 录制、逆光拍摄、人像光影、慢动作、延时摄影等性能，片尾广告语"团圆的每一刻，你都可以留住"有效链接剧情与产品，在不影响观众沉浸式观影体验的同时，为品牌温情赋能。

随后 2019 年春节，苹果公司联合贾樟柯导演拍摄微电影《一个桶》，同样延续《三分钟》成功的宣传模式，使用 iPhone XS 手机拍摄，传达有中国味儿的春节故事。影片聚焦离乡故事，讲述了一个年轻人带着妈妈给他的一个装满东西的塑料白桶，踏上离开家乡的路。等到打开这个又大又重的桶时，他才发现里面装着用细沙包裹着的一个个鸡蛋，富有悬念的有趣剧情引人入胜。

2020 年的微电影《女儿》则使用 iPhone 11 Pro 手机进行拍摄，摄影指导是曾拍摄《小丑》的劳伦斯·谢尔，导演是曾执导拍摄《隐藏任务》的西多奥·梅尔菲。影片从女性视角出发，讲述了两个女儿、三代人在除夕夜重聚的故事。片中女主角是一个单亲妈妈，和母亲因为再婚的事情产生了激烈的争吵后，带着女儿离家出走，在他乡倔强地坚持着，但亲情仍然无法被割舍，想家的情绪仍难以剪断。故事最后，这位单亲妈妈在一个下着暴雨的除夕夜遇到一位正在打车的妇女，而这位妇女正是女主角多年不见的母亲，母女二人冰释前嫌，一起回家过年。这次的拍摄除了邀请来头不小的外国导演外，首次没有外部设备的加持，许多镜头都来自导演手持拍摄，这无声地"炫耀"了 iPhone 11 Pro 扩展的动态范围和影院级的防抖功能。

2021 年的春节贺岁短片《阿年》，由 2020 年金球奖提名最佳外语片导演王子逸以及团队使用 iPhone 12 Pro Max 手机拍摄完成，影片保持了苹果一贯的短片风格，但不同的是加入了奇幻拍摄风格，将中国古代"年兽"带入影片，讲述了小女孩阿婷和年兽一起成长的一段故事。在影片整个的拍摄过程中，iPhone 12 Pro Max 在镜头部分主要的升级，比如首款可以使用杜比视界拍摄的 iPhone、强大的低光拍摄、全面升级的超强三摄镜头等特点，都在电影中有所展现。

2022 年，苹果公司推出了由导演张猛执导的《卷土重来》。这部影片使用 iPhone 13 Pro 拍摄，讲述了一个充满幽默感和创意的故事：一个梦想成为电影人的儿子和充满奇思妙想的父亲，为了振兴自己的村庄，带领村民们拍摄一部模拟火星场景的电影。这个故事从小人物的视角出发，展现了对梦想的坚持和对家乡的热爱。影片中，村民们使用各种日常物品作为道具，在恶劣的环境中克服重重困难，最终在一瞬间仿佛真的登上了火星。这部 23 分钟的短片，展现了 iPhone 13 Pro 在色彩、动态范围、对焦、分辨率、升格和防抖等方面的卓越性能。

到了 2023 年，苹果公司推出了《过五关》，这部微电影由导演鹏飞执导，使用 iPhone 14 Pro 和 iPhone 14 Pro Max 拍摄。影片讲述了一个关于京剧传承的故事，鹏飞导演以其独特的情感叙事而闻名，他成长于京剧世家，从小与京剧结下渊源，使得整个故事更加真实和感人。《过五关》的拍摄使用了 iPhone 14 Pro 系列的多种功能，包括运动模式、电影效果模式、微距拍摄、低光拍摄、超广角镜头、长焦镜头和防抖功能等，充分展示了苹果最新 iPhone 在视频拍摄上的先进性能。这部影片不仅是对传统文化的致敬，也是对 iPhone 拍摄能力的又一次展示。

2024 年苹果贺岁微电影为《小蒜头》，由导演马克·韦布执导。影片讲述了一个名叫小薇的女孩的故事，她天生拥有"随时变身成为其他人"的超能力，在大城市中，她频繁使用这一能力以追求周围人的认同和归属感，但最终在爷爷的引导下，重新遇见了真实的自己。《小蒜头》聚焦于年轻一代的焦虑与认同感，鼓励观众学会认可自己，找到内心的和谐与自在，隐喻了当代年轻人在社交媒体上塑造"人设"的现象，引发观众的共鸣。影片通过物理特效将奇妙的变身效果呈现在观众眼前，展现出 iPhone 电影级拍摄的无限可能。

值得注意的是，苹果贺岁微电影在对产品及其描述上十分"隐蔽"和"吝啬"，仅在片头和片尾出现产品名。苹果选择舍弃对产品的直接宣传，以其产品功能最终呈现的效果代替宣传，着力于展现苹果手机强大的拍摄功能，这种反其道而行之的方法，反而使观众能够直接通过产品带来的效果刺激，产生购买的欲望和行为。广告在其营销功能与经济功能实现的过程中，不可避免会与社会文化发生种种关联，呈现出特定的文化属性与特征。可以说苹果贺岁微电影很好地用本土化的创作理念打造中国故事，同时实现了产品的炫技，将品牌产品、服务和价值主张深深地刻入人们心中，并传达出产品本身以外更深层的内涵。苹果贺岁微电影的成功无疑给国际品牌在中国的本土化发展及微电影营销作出了良好的示范。

讨论题

1. 苹果为什么持续推出贺岁微电影？与其他营销方式相比，微电影营销有哪些优势？

2. 苹果贺岁微电影成功的模式是什么？

3. 对于苹果贺岁微电影接下来的创作与拍摄，你有什么建议？

第 5 章

短视频营销

学习目标

读完本章后，你应该理解：

1. 什么是短视频，什么是短视频营销。

2. 短视频营销的发展现状。

3. 短视频营销的特点和价值。

4. 短视频营销的六大策略。

引 例

秀出你的袋鼠耳朵：美团外卖联手快手推出品牌挑战赛

　　当品牌进入成熟期时，企业不仅仅要讲求品牌传播的广度，更要用营销来传递温度，以个性化的方式、趣味性的演绎来打动用户。美团外卖作为外卖市场的领导品牌，为提升品牌在用户心中的好感度，联合快手磁力引擎，以自身的品牌形象——黄色袋鼠 IP① 作为创意点，在快手平台举办了一场"秀出你的袋鼠耳朵"品牌挑战赛。

　　活动期间，快手用户可以通过定制"袋鼠耳朵"魔法表情拍摄短视频，带上"秀出你的袋鼠耳朵"话题进行发布，参与活动。而这款魔法表情正是快手利用 AI 技术，以美团外卖经典 IP 袋鼠的耳朵元素为创意点，为其量身打造的萌感十足的魔法表情。快手用户通过拍摄短视频并发布即可参与活动，还有机会获得美团外卖准备的精彩好礼，使品牌信息传递场景更加自然，拉近了美团外卖与用户之间的距离。

　　除此之外，快手通过开屏、信息流等多个资源位对该品牌活动进行曝光，引导用户参与活动，也邀请多位快手达人发布"秀出你的袋鼠耳朵"挑战赛视频，引爆活动，制造声量。最终，美团外卖的挑战赛播放量高达 19 亿，挑战赛作品发布数量超过 23 万，魔法表情使用人数达 30 多万，创造了快手平台单周挑战赛的新纪录。

第 1 节　短视频营销概述

一、短视频概述

1. 短视频的定义

短视频是一种互联网内容传播方式，一般是在互联网上传播的时长在 1

---

　　① IP（intellectual property），起初译作知识产权，最早在 17 世纪中叶由法国学者卡普佐夫提出。在移动互联网时代，从商业和资本的角度来看，IP 更多被引申为"可供多维度开发的文化产业产品"，主要指在影视剧、动漫、游戏等娱乐文化领域中复用的故事、肖像、人物和元素等。

分钟以内的视频内容。随着移动终端的普及和网络的提速，"短平快"的大流
量视频内容逐渐获得各大平台、粉丝和资本的青睐。短视频制作不像微电影
一样具有特定的表达形式和团队配置要求，具有生产流程简单、制作门槛低、
参与性强等特点，同时又比直播更具有传播价值。短视频既可以为用户提供
一个自我展示的平台，又可以成为企业数字营销的新阵地。

2. 短视频的类型

随着短视频使用频率和时长的变化，短视频的内容生态也在不断延展，
视频内容已经不再局限在娱乐搞笑范畴，新闻、影视、生活、美食、在线教
育、旅游、科普等内容样态逐渐兴起。短视频以多元的角色深入用户生活，
嵌入社会已成为常态。[①] 本书将常见短视频类型以平台页面上的板块和内容被
认可的类型进行细分。[②]

（1）以平台页面上的板块细分。

①音乐类。在视频平台 YouTube 上，历史累计播放量排行榜的前 30 名
都是音乐 MV，许多从 YouTube 上走红的明星就是靠上传翻唱短视频而一夜
成名的。YouTube 历史累计播放量排行榜排名第一的是"神曲"《江南
Style》，以 52 亿次播放量火遍全球。

②搞笑类。原创短视频中有大量的搞笑内容。虽然很多搞笑短视频并不
高级，但无法否认这一类别的受众数量非常大，有平台将数据进行匹配后得
出，35 万个播放量超 10 万的短视频中搞笑类占三成。

③游戏类。游戏类短视频有着明确的商业化路径和精准直达的受众群体。
随着国内电竞市场逐渐进入成熟期，硬件设备与研发技术也逐渐升级，游戏
类短视频持续火热。

④生活服务类。生活服务类短视频涵盖的内容从健身旅游到美食品茶，
围绕着生活中的方方面面。随着消费的升级，生活服务类短视频创作成为短
视频内容领域的投资热门。

⑤时尚资讯类。在微博里发布的美妆短视频、大牌商品真伪鉴别短视频
的数量不少。例如时尚服装设计师博主"陈采尼呀"通过分享"明星造型点
评""审美穿搭科普"等主题的短视频，已在微博获得 400 多万粉丝，也成功

①　黄楚新. 我国移动短视频发展现状及趋势. 人民论坛・学术前沿，2022（5）：91 - 101.
②　司若，许婉钰，刘鸿彦. 短视频产业研究. 北京：中国传媒大学出版社，2018.

吸引了一些明星的合作。这个案例表明，在短视频的分类中，时尚资讯类是不可或缺的一类。

⑥萌宠类。宠物是 2023 年最热门的话题之一。随着近年来短视频的用户数量激增，一部分"铲屎官"开始转型为"专职宠物博主"，目前也在市场上占有一席之地。抖音平台中以"萌宠出道计划""铲屎官的乐趣""万物皆有灵性"等为代表的话题或挑战赛的相关视频数量高达数百万，更有品牌利用相关玩法强势破圈，增强品牌影响力。

⑦知识科普类。在抖音，有从天文地理到历史哲学等各学科领域的知识，有行业专家和优秀院士等明星学者讲授前沿知识，还有众多知识博主为我们如何学得更好出谋划策。据《2023 抖音年度观察报告》数据显示，94% 的用户对抖音知识内容深表满意。①

（2）以内容被认可的类型细分。

①温情纪录片类。2021 年春节期间，字节跳动旗下的巨量引擎与多家头部自媒体合作，推出系列温情人物纪录片《炬光》，通过短视频展现不同背景中"小人物"的经历，讲述他们不平凡的故事，温暖了许多网友。

②网红 IP 延伸类。许多为人熟知的网红形象在互联网上具有较高的知名度，庞大的粉丝基数和用户黏性背后潜藏着巨大的商业价值，除了短视频自身产生的价值之外，这些 IP 还会在表情包、直播等领域发力。

③草根趣味类。抖音、快手等平台汇集了大量搞笑段子类短视频。虽然这些短视频在内容制作上存在一定争议，但是在碎片化传播的时代也为大众提供了轻松的娱乐谈资。

④幽默短剧类。以陈翔六点半、报告老板、万万没想到为代表的团队制作的短视频大多偏向幽默类。这类短视频无固定演员，无固定角色，具有鲜明的网络特点，多以搞笑为主，在互联网上传播得十分广泛。

⑤影视快剪类。影视快剪类短视频将影视作品进行二次剪辑创作，以更简短的时长将影视作品的主要内容和精华情节讲解呈现，让受众几分钟便可追完一部剧、看完一部电影，受到广大短视频用户的喜爱。

⑥非遗文化类。继 2019 年 4 月抖音推出"非遗合伙人"计划之后，截至

---

① 2023 抖音年度观察报告 . （2024 - 06 - 21）. https：//mp. weixin. qq. com/s/n1BSLx0wlFh0bW KoejX6Qw.

2022 年，抖音短视频内容覆盖了高达 99.74% 的国家级非遗项目，相关内容获得了用户 3 726 亿次观看和近百亿次点赞。2023 年 10 月，抖音非遗相关视频的播放量和内容创作者数量同比 2022 年分别增长 118% 和 178%，越来越多人在抖音上关注非遗，传播非遗文化。[①] 2024 年 11 月 12 日，非遗文化博主李子柒正式回归，聚焦于中国非物质文化遗产的传承与创新，连续发布了两条视频，发布后三小时，多个平台点赞量均突破百万人次。截至 11 月 13 日 12 时，两条视频累计播放量破 5 亿。[②] 由此可见用户对于非遗文化类短视频的强烈关注。

3. 短视频的特征

（1）碎片化的影像文本。不同于微电影等长视频形式能讲述完整的故事，网络影像的碎片化传播已经成为互联网上不可忽视的主流传播手段[③]，短视频的影像文本就具有碎片化的特点。一方面，受时长的限制，短视频无法叙述完整的影像故事；另一方面，以娱乐功能为主的短视频为了迎合当下用户碎片化娱乐的需要，不断强化其碎片化的叙事特点。短视频发展初期就提倡让人们随时随地记录碎片生活，抖音"记录美好生活"的广告语就是其重要体现。而在当下快节奏的社会中，人们已经很难抽出大段时间观看长视频来进行娱乐消遣。近年来，抖音、快手等短视频平台纷纷推出微剧、微综艺，剧情更为简单明快，受众反响强烈。

（2）适应终端的竖屏形式。以智能手机为代表的移动终端的兴起与发展造就了与电影、电视等宽屏媒介截然不同的竖屏媒介形式，而基于这些终端发展衍生出来的短视频也自然而然地具有竖屏特征。相对于传统"宽屏"媒介的叙事体系，"竖屏"媒介在界面形态、界面内容、界面接触上均呈现出明显的差异，相应地也就形成了较为独特的竖屏叙事体系。[④] 竖屏特征既造就了短视频的信息生产与呈现形式，也演化出独特的人机交互方式。在信息生产与呈现方面，竖屏形式对短视频的拍摄、剪辑等生产过程提出了全新的要求；

① 心向远方·步履不停：2023 抖音年度观察报告 . （2023 - 12 - 20）. https://trendinsight. oceanengine. com/arithmetic-report/detail/1035.

② 李子柒三连更，全平台播放量破 5 亿人次，海外平台粉丝订阅量破 2 000 万人次 . （2024 - 11 - 13）. https://news. qq. com/rain/a/20241113A05R0600?utm_source=chatgpt. com.

③ 沈晶 . 网络影像"碎片化"叙事表达维度研究 . 社会科学研究，2019（3）：183 - 191.

④ 刘涛 . 新媒体竖屏叙事的"版面"语言及其语图关系 . 现代出版，2021（5）：25 - 35.

短视频的竖屏呈现也符合智能手机终端垂直空间的显示特点，不会造成屏幕面积的浪费。而在人机交互方面，短视频适应终端的竖屏形式造就了上下滑动切换、双击点赞等人机交互新方式，演化出垂直空间独特的滚动叙事形式。

（3）多主体形式的内容构建。移动互联网时代，信息技术与设备的普及让普通人具备了平等的媒体参与能力，这也在相当程度上造就了短视频参与主体的多元化。以抖音短视频平台为例，在社会身份方面既有"央视新闻"等官媒大号，也有知名网红，更多的则是大量"素人"用户；在职业方面，来自不同行业领域、不同职业的用户比比皆是；而在年龄分布方面更是达到了几乎覆盖所有年龄层。"全民短视频"造就了短视频多主体形式的内容构建，短视频内容生产涵盖了 OGC①、PGC、UGC 等多种模式，达到了真正的"人人都有麦克风，人人都是传播者"，极大丰富了短视频的内容特征。

（4）引发共鸣的草根文化。多元主体的参与必然带来短视频内容的多元化，新媒体时代草根作为社会中一个庞大群体，可以借由短视频平台源源不断地输出和构建新媒体文化。草根文化是普通平民的、非官方的、民间的文化②，吸收了草根文化的短视频更加"接地气"。例如抖音"蜀中桃子姐"的账号，自 2018 年开始拍摄农村生活短视频至今，收获了超 1 700 万粉丝。她的视频内容简洁，从记录她给家人做饭到一家人吃饭时的谈话，向网友呈现了最真实的农村生活，获得了广大网友的喜爱。草根文化不再拘泥于严肃的叙事，而是注重趣味性，传播主体与传播内容是每个人都可能遇到的人与事，具有地理和心理上的接近性，容易引发受众的共鸣。

4. 短视频的发展历程

广义来说，若单纯从短视频"时长在 1 分钟以内"的定义出发，卢米埃尔兄弟于 19 世纪末拍摄的时长分别为 50 秒和 1 分钟的短片《火车进站》和《水浇园丁》，可以算是早期的短视频作品。而作为短视频定义中的另一个关键词"互联网传播"，则是短视频真正诞生和发展的关键一环。在漫长的前互

---

① OGC（Occupationally-generated Content，职业生产内容）即具有一定知识和专业背景的行业人士生产内容，并领取相应报酬。

② 伍思斯，岳璐．网络段子剧中的草根文化内涵及反思：以《陈翔六点半》为例．青年记者，2017（15）：46－47.

联网时代，电影、新闻、广告等内容形态的发展都在催化着短视频的基本形态成型。而随着互联网信息技术的发展，移动短视频的热潮逐步涌现，2005年记录动物园里人和大象互动场景、时长为 18 秒的 "Me at the zoo"，成为在 YouTube 上发布的第一个短视频。2012 年，美国社交媒体巨头 Twitter 推出一款专业化的移动短视频应用 Vine，允许用户发送时长为 6 秒的短视频，与朋友分享生活中的点滴，并可以同步分享至社交平台。Vine 在欧美地区立即掀起了一波移动短视频的风潮。2013 年，俄罗斯大型社交网络 VK.com 的创始人创立了 Telegram。作为一款广受欢迎的社交软件，Telegram 很快就为用户提供便捷的视频传送等功能，同时支持用户在手机端、电脑端和网页端登录。在当下的国外短视频应用格局中，Facebook、Twitter 两大社交媒体已在短视频领域深耕，专业视频网站如 YouTube、Netflix 等也进行了短视频内容的拓展。[①] 作为短视频平台的 TikTok 一经推出就受到了广大用户的喜爱，TechTipsWithTea 的报告显示，截至 2024 年 8 月，TikTok 全球月活跃用户数达 15.8 亿。短视频迅速发展，已成为风行全球的流行文化。

国内方面，根据前瞻研究院发布的《2024—2029 年中国短视频行业市场前景预测与投资战略规划分析报告》，我国短视频行业从 2011 年快手诞生以来一共经历了萌芽期、转型爆发期和稳定发展期三个发展阶段。

2011—2015 年是短视频"从无到有"的萌芽期。在这一时期，随着智能手机、3G 网络、Wi-Fi 逐渐普及，移动短视频的使用率逐步提高，促成了包括小咖秀、秒拍、美拍在内的短视频平台雏形初现，短视频平台逐渐进入公众视野，这一传播形态开始被用户接受。另外，短视频赖以发展的 UGC 生产模式在当时包括优酷、土豆在内的主流长视频平台已经初具规模，越来越多的拍客在这些视频平台上传分享视频，这为短视频创造了良好的发展环境。

2016—2019 年是短视频"从有到多"的转型爆发期。这一时期，4G 网络逐渐普及，为短视频的发展提供了更强有力的硬件通信条件。此外，抖音、火山小视频等短视频平台纷纷上线，极大丰富了短视频的分发渠道；与此同时，随着土豆转型短视频、头条发布西瓜视频、腾讯重启微视，短视频平台类型逐步呈现多元化特征。此后，以快手为代表的短视频平台开始获得资本

---

① 刘永昶，王雪行．国外移动短视频生产的场景、类型及趋势．新闻战线，2020（20）：88 - 91.

的青睐，各大互联网巨头围绕短视频领域展开争夺，电视、报纸等传统媒体也纷纷加入短视频转型浪潮。一方面，越来越多的资本涌入短视频市场，抖音、快手、西瓜视频、梨视频等各类短视频平台发展迅猛；另一方面，政府对短视频行业政策监管力度加大趋严，短视频的发展也日益规范。

2020年以来，随着短视频行业日趋成熟稳定，短视频的发展也进入稳定期。目前参与我国短视频行业竞争的平台主要有"字节系"的抖音、西瓜视频，"快手系"的快手，"腾讯系"的微视，"百度系"的好看视频等。除了专门的短视频平台，其他属性的平台也纷纷融入短视频业务，如2020年微信推出视频号并获得了巨大成功。当前，中国短视频市场呈现"抖音、快手、微信视频号"三强主导的竞争格局。抖音凭借算法推荐和全域内容生态稳居第一；快手依托社区文化和下沉市场优势，巩固第二位置；微信视频号依托社交裂变快速崛起。三者合计占据市场近80%的份额，头部效应显著。①

二、短视频营销概述

1. 短视频营销的定义与特征

短视频营销指的是使用短视频来推广产品和服务的营销传播活动。借助短视频这个碎片化、多主体参与的媒介载体，短视频营销具有以下特征：

一是病毒式传播。短视频以其鲜明的视听特征以及短时间内信息的高效传达，成为培育病毒式营销传播的"温床"。例如抖音平台洗脑的"抖音神曲"以及快手平台通俗的"土味"叙事，往往能很快在用户的脑海里留下深刻印象，这是短视频病毒式传播的前提；而短视频天然"短小精悍"的特性使用户不易受到外界因素的干扰，能够高效地触达用户并引发共鸣和分享，为其病毒式传播提供可能。

二是低成本营销。相较于其他的营销方式，短视频营销的成本优势十分明显。一方面，短视频比微电影等长视频的时长更短、内容更简单，策划与拍摄的周期很短，内容制作的成本也就大大降低了；另一方面，短视频制作完成后可以进行多平台推送，也能借助微信等社群进行分发，充分利用各个平台的流量优势来引流获客，内容分发传播的成本也大大降低。

---

① 2025中国短视频行业市场竞争分析与发展前景预测．（2025－02－28）．https://www.chinairn. com/scfx/20250228/110155855. shtml.

三是用户推送精准。随着大数据与人工智能技术的日益成熟，各大短视频平台纷纷借助这些技术来实现用户的精准画像与推送。在算法的助力下，短视频平台能够根据用户的内容喜好与行为方式等特征向其精准推送内容。而作为营销工具，企业也能借助短视频平台的用户数据向其推送特定的产品与服务等信息，达到高效精准的营销效果。

四是内容实时互动。短视频平台的互动形式简单且富有特色。以抖音平台为例，用户通过上滑、下滑即可切换视频内容，双击即可对内容点赞，点击头像下方的小加号就能关注短视频发布者。便捷的互动形式为用户积极参与短视频内容的互动提供前提。此外，企业还可以在短视频内容的评论区与用户进行实时交流，传达更详细的营销信息，进而达到更好的营销效果。

2. 短视频营销的类型

（1）品牌内容营销。短视频平台的多样性为企业搭建短视频营销矩阵提供了许多选择，企业可以通过运营自己的官方账号进行品牌内容营销。一方面，企业可以借势热点，引发受众情感共鸣，传递企业价值观，塑造良好的品牌形象。例如，2023 年 3 月美团借势《狂飙》热度，邀请大哥贾冰（饰演徐江）拍摄《像哥一样享受春天》广告片，全网斩获近 4 亿播放量，而且引起全民玩梗热潮。同时，美团这一创意因始终遵循角色人物的行为逻辑、心理特点，还掀起了《狂飙》剧热二次高潮，即使是在全剧播完之后，依然很好地实现了影视 IP 热度借势，强化了"春季出游赏花，上美团订酒店"的用户心智。另一方面，企业也可以搭建自己的短视频营销矩阵，实现多维立体式宣传。比如阅读类 App"掌阅"在抖音平台有"掌阅读书""掌阅留声机""掌阅读书会""掌阅情书"等多个账号，通过在泛知识这个垂直领域的深耕，向用户传递阅读价值，进而达成营销目标。

（2）网红植入营销。除了搭建自有的短视频账号矩阵外，企业还可以与各大短视频平台的网红合作，进行植入营销。植入营销作为短视频最早出现的营销形式，内容多样，表现形式丰富，企业能借助网红的流量优势来进行营销传播，吸引用户的关注和购买。植入营销包括硬推广和软推广两种形式。硬推广指的是在短视频中直接说明所要推广品牌或产品的详细信息；而软推广指的是将所要推广的品牌或产品以极为自然的方式融入短视频内容当中，使用户在不知不觉中获取相关信息。硬推广和软推广各有优劣，硬推广和传统广告相似，有利于营销信息的直接曝光，但其生硬的叙述方式往往遭到用户的反感；软推广的优势在于能让推广信息以自然的方式传递给用户，但过于"软"的形式可能会让用户只关注短视频内容而忽略推广信息，因而对短视频的策划提出了较高的要求，需要企业和视频创作者跳出原有的推广模式，创新短视频时代下的营销策略。例如2024年4月演员张雨绮在抖音平台发布的四条别开生面的带货短片，以一种"土潮"[①]的形式将产品硬植入视频当中。在系列视频里，张雨绮身着华丽的水钻晚礼裙，妆容无懈可击，却手捧辣条和皮蛋，脚踏旧式缝纫机，甚至诙谐演绎起驾照考试的科目三，展现出一种前所未有的奢华与乡土并蓄之美，可谓将硬广软化，不但没有令人反感，反而收到极佳的传播效果。

（3）场景体验营销。短视频独特的平台生态与流量优势使其成为场景体验营销的重要渠道。一方面，大部分短视频平台已配备商品链接功能，用户可以在观看短视频的过程中点击短视频下方的链接购买商品；另一方面，电商直播的引入也为短视频的场景体验营销提供重要助益。CNNIC第48次《中国互联网络发展状况统计报告》指出，短视频与直播、电商相互渗透，快手、抖音等平台成为重要的电商阵地。两大平台根据自身特色，分别朝着信任电商和兴趣电商两种不同的路径发展。快手的信任电商生态以用户、电商内容创作者为核心，依靠创作者持续的内容产出与用户建立强信任关系，从而积累私域流量，提升电商转化率；抖音的兴趣电商生态则通过生动、真实、多元的内容，配合算法推荐技术，让用户在"逛"的同时，发现优价好物、激发消费兴趣，从而实现"兴趣推荐＋海量转化"。

第2节　短视频营销的价值

短视频是近年来增长最快的网络媒介形态，以抖音和快手为代表的平台已逐渐从娱乐内容社区成长为国民级基础应用。短视频内容简短、叙事包容性大以及互动性强等优势，使其在广告、电商、IP打造三大商业变现领域蓬勃发展。

---

　　① 土潮：网络用语，原意为"土到极致就是潮"，在时尚领域视为一种结合了"土味"和"潮流"的时尚风格，此处指张雨绮系列短视频广告的风格。

从行业分布来看，来自不同行业的广告主都对短视频营销青睐有加，主要包括电商、游戏、消费品等行业，其中抖音、快手是快消品营销的主要渠道。

综合来看，短视频营销具有以下价值。

一、用户基数庞大，成为品牌营销主阵地

CNNIC 发布的第 55 次《中国互联网络发展状况统计报告》显示，截至 2024 年底，我国短视频用户规模达 10.4 亿，占网民整体的 93.8％。《中国网络视听发展研究报告（2024）》显示，截至 2023 年 12 月，短视频用户的人均单日使用时长为 151 分钟，即约 2.5 小时。短视频作为基础的用户表达和内容消费形式，贡献了移动互联网的主要时长和流量增量，成为互联网的入口级产品。

短视频平台的兴起为短视频营销创造了巨大机遇。对于依赖互联网进行品牌营销的广告主而言，互联网平台用户量的多少是决定广告主是否在该平台投放广告的主要因素，也是广告主判断该平台是否具有营销价值的重要衡量标准。顶级短视频平台的巨大流量，充分体现了短视频作为营销工具的巨大价值。以抖音为例，借助激励全民内容共创、算法内容分发机制、邀请明星入驻等产品运营策略，抖音已成为中国最为火爆的短视频 App 之一，在市场渗透率、用户规模、月增长率等方面均表现不俗。QuestMobile 的数据显示，截至 2024 年 6 月，抖音月活跃用户数已达 7.8 亿。[①] 短视频平台正不断向全年龄段和各等级城市进行渗透，对于品牌扩大广告覆盖面的作用突出，凸显营销价值。

二、内容短小精悍，易于品牌内容传播

内容短小精悍的短视频，类似于一种快餐式的文化商品，让其用户能随时随地随身观看，具有高度灵活性，符合用户的信息接收模式，满足了后现代社会下人们时间碎片化的需求。同时，短视频声画内容丰富、叙事逻辑紧凑，更容易形成社交传播的强语境。根据人脑的记忆习惯，广告记忆度与视

---

① 2024 年 TikTok 专题报告：商业化拐点或在即，万亿市场可期．（2024-11-09）. https：//business. sohu. com/a/825277917_121123901.

频长度成反比，即随着视频长度的增加，用户对广告的记忆度将随之下降。[①]短视频的时长大多在一分钟以内。一方面，在注意力稀缺的时代，短视频能够在极短的时间内满足用户的眼球快感，减少认知压力，在无形之中提升用户的品牌好感度；另一方面，短视频短小的形式不会占据用户设备过多的存储空间，同时可以节省下载和转发的流量费用，有利于更广泛地传播和分享。

三、营销链路缩短，提升品牌转化率

短视频在内容呈现方面具有与生俱来的优势，相较于传统的图文，短视频带给用户的沉浸式体验感更强，用户在观看短视频的时候更有代入感，更容易被视频中的广告信息所吸引，并可即时通过平台提供的商品链接直接购买，这使得品牌的营销链路大大缩短，转化率得到质的提升，极大地提高了营销效率。中国广视索福瑞媒介研究发布的《2024 年短视频用户价值调研报告》显示，短视频用户在短视频平台的购买率升至 87.2%，食品饮料、服装服饰、护肤美妆类商品的用户购买占比较 2023 年快速提升，上涨均超 14 个百分点。[②]

四、营销产品多元化，助力品牌营销

短视频不仅重塑了互联网用户注意力结构，也重塑了广告行业的结构。如前文所述，短视频营销类型主要包括品牌内容营销、网红植入营销和场景体验营销。多元的营销类型，不仅能让品牌找到最适合自身的推广方式，也使短视频营销逐渐发展为数字营销行业的主流选择。当然，短视频营销类型的丰富离不开短视频营销产品的支撑，随着短视频平台商业化水平的提升，平台方也不断地对短视频营销产品进行迭代和升级。综合来看，短视频营销产品可以分为广告类产品、内容类产品和服务类产品三种类型。其中，广告类产品包括开屏广告、信息流广告、搜索广告、联盟广告等；内容类产品包括原生内容推广、内容加热工具、短视频特效产品、内容挑战赛等；服务类

[①] 单文盛，黎蕾 . 移动互联网时代短视频营销策略和价值研究 . 长沙大学学报，2015，29（4）：35 - 37.

[②] 请查收，一份短视频用户年度调查报告（2024 年）. （2024 - 11 - 22）. https://www.tvoao. com/a/219778.aspx.

产品包括电商服务、创意内容服务、营销效果数据服务等。如此多元化、系统化的营销产品，正是以短视频为载体的品牌营销不断被推向新高潮的主要动因。品牌迎合短视频用户的创意视频内容搭配丰富的平台营销玩法、精准的算法推荐和 KOL 协同普通用户的内容共创，在短视频平台形成病毒式的裂变传播，从而实现品牌营销效果的最大化。

五、算法技术精准，助力品牌锁定受众

短视频行业迅速发展的原因，不仅在于其产品模式，更在于产品背后的技术因素。5G 技术极大改善了短视频用户的体验，大数据分析能实时优化广告效果并提高营销效率，AI 能通过深度学习实现精准的用户分析。基于用户信息的协同过滤和基于社交关系推荐的基础算法，以及基于内容流量池的叠加特有算法[1]，能够满足用户的个性化需求，从而推动短视频营销市场的增长。短视频平台对用户按照年龄、地域、学历、职业、收入、兴趣、行为等进行精准的用户画像，通过这一画像，广告主可以有针对性地向目标用户进行广告投放，从而实现转化率的提升。例如，抖音于 2021 年 4 月推出基于大数据分析和 AI 算法推荐等技术手段的广告投放平台"巨量千川"，它通过精准的算法推荐，将优质的短视频内容推送给目标用户，帮助商家和创作者提高内容的曝光率和营销效果。

第 3 节　短视频营销的策略

随着技术的发展与时代的变迁，短视频已经成为品牌新的社交语言，其强娱乐性、强互动性、强话题性以及场景多元性的媒介优势，有利于广告主进行营销内容的创意化呈现和病毒式传播。本书结合业界最新实践和前沿动态，将短视频营销的主要策略归纳如下。

一、借助平台打造精品内容，提升内容营销质量

短视频平台内容的多元化使用户注意力更加稀缺，但用户对优质内容的需求越来越强，要求也越来越个性化、精致化，因此优质内容生产仍是短视

---

[1]　宋戈，张亦弛．内容、场景与用户有机结合的抖音营销传播．传媒，2019 (15)：50 - 52．

频营销取得成功的首要因素。

1. 短视频平台助力品牌内容营销

对于企业而言，通过短视频平台寻求与MCN①机构的合作，可以有效借助其优质内容进行营销，例如无忧传媒、二更等MCN，均是各大品牌内容营销的主要合作机构。这种"品牌方—MCN机构—短视频平台"三者共同构建的内容营销体系，大大提升了内容营销的质量。与此同时，短视频平台也创建了一系列内容营销工具，如抖音推出的"DOU＋"以及快手推出的"快手粉条"等，均能够为企业提供内容推广服务，使其发布的内容在短时间内获得巨大的流量曝光。

2. 品牌与短视频平台共创精品内容

企业还可以考虑跟短视频平台共同创作精品内容。例如，2021年君乐宝携手抖音打造了跨屏互动音乐综艺《为歌而赞》，通过抖音短视频对综艺歌曲进行碎片化分发，打破传统音乐综艺传播分发模式。其中由凤凰传奇演绎的歌曲《海底》成为现象级音乐作品，火爆全网，君乐宝也借此得到了巨大的流量曝光。

3. 品牌自创精品短视频

众多国产新锐品牌也将短视频平台作为品牌传播主阵地，通过"优质内容＋达人种草"的内容营销模式，培养用户对产品和品牌的认知和兴趣，实现销售转化。例如国货美妆品牌、主打"东方彩妆"的花西子，深入洞察傣族文化，推出"傣族印象"系列彩妆产品，并推出"傣族印象"系列溯源视频短片，通过成分篇、灵感篇及妆容篇与3位老师进行对话，向用户介绍"傣族印象"系列产品的灵感来源，探索傣族的精神文化，将民族之美传向世界。花西子请来张艺谋团队拍摄，携手明星、网红发布品牌宣传片《灵美东方，傣族印象》，以民族文化的视角，传播花西子品牌中的东方元素。凭借优质的视频内容，花西子该条视频在抖音平台获得70多万的点赞量。

---

① MCN（Multi-Channel Network，多频道网络），一种多频道网络的产品形态，是一种新的网红经济运作模式。这种模式将不同类型和内容的PGC（专业生产内容）联合起来，在资本的有力支持下，保障内容的持续输出，从而最终实现商业的稳定变现。

二、挖掘垂直化短视频受众，助力品牌精准营销

互联网是一个多元价值凸显的社会网络，很多兴趣爱好都可以在互联网上拥有展现的空间和舞台，满足了不同网络人群的信息及社交需求，由此形成了垂直化的细分网络群体，比如二次元爱好者、萌宠爱好者、古风爱好者等。同时，信息智能分发技术加剧了社会群体的分割，使得每个人都拥有个人专属的网络空间，但同样也是因为智能算法，互联网上的每个用户节点又重新形成多元化、垂直化的细分群体。

1. 宏观层面：垂直化平台

随着短视频平台兴起，其垂直化特征也愈发明显。其中，不仅有早期以年轻人音乐短视频平台为定位的抖音，也有专注于三线以下城市及农村市场的短视频平台快手，还有以幽默搞笑为定位的短视频平台皮皮虾等，充分体现了中国互联网用户的圈层化和内容偏好多元化的特征，同时也为针对不同用户群体的短视频营销提供了差异化平台。比如抖音作为一个主打年轻用户群体的短视频平台，就是众多品牌年轻化营销的重要阵地。

2. 中观层面：垂直化圈层

当前短视频平台的内容主要以垂直化的兴趣垂类①进行划分，主要包括生活、娱乐、萌宠、美食、游戏、美妆、科技、汽车等，甚至涌现出钓鱼、文玩等小众内容垂类，且每一个细分垂类都拥有大量的粉丝。图 5-1 展示了抖音短视频细分垂类。垂类的内容带来了垂类用户的快速聚集，形成了一种趣缘群体，如同一个个圈层，能够有效帮助社群内用户分享交流兴趣爱好以及垂类相关产品的推广。

3. 微观层面：垂直化意见领袖

在一个个垂直化的兴趣圈层中，那些乐于分享个人观点和信息的人，会以自媒体的形式，通过自身专业能力、责任感、社会地位、人际关系等因素获得大家的认可，从而成为关键意见领袖，获得圈层成员的信任与好感，并可根据粉丝数量划分为不同等级，如头部博主、腰部博主和尾部博主，其中短视频平台上粉丝用户多的意见领袖极具商业价值。

---

① 垂类指垂直领域，互联网行业术语，为限定群体提供特定的内容服务。

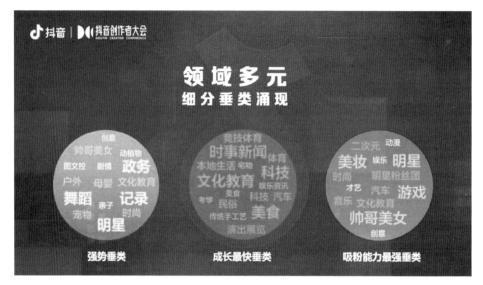

图 5-1　抖音短视频细分垂类

从近些年品牌方与 KOL 的合作情况来看，选择垂直化、投放矩阵化和营销创意化是 KOL 营销的三大策略。字节跳动旗下短视频平台发布的报告显示，超过 42.5% 的广告主会借力流量明星或者短视频社区达人的传播声量和号召力，调动意见领袖背后的粉丝资源，以此提升品牌营销效果。

企业在选择 KOL 时，不仅看重 KOL 所拥有的粉丝数量，更关注 KOL 所在的内容垂类。与企业品牌和产品更契合的内容垂类的 KOL，往往能带来更高的广告到达率和转化率[①]，在内容传播效果上往往更具优势，同时大大缩短了消费者的购物路径和选择时间。因此对于企业而言，聚拢"达人资源"，通过短视频话题发酵，实现病毒式营销是最具实效性的营销方式。基于此，众多新锐品牌如王饱饱、完美日记、钟薛高等，都会精准选择美食、美妆、生活等垂类的 KOL 进行种草带货，迅速燃遍各大短视频平台，实现营销传播的品效合一。

三、借助平台数字技术，打造品牌互动营销

数字技术的日新月异极大地推动了短视频平台的发展。短视频平台除了

---

① 卡思数据 . 2019 短视频 KOL 年度报告 .

通过技术对自身产品进行更新迭代外，也开发了适用于营销的技术产品，为品牌创意营销提供了更大的想象空间。以计算机视觉技术、计算机图形学技术、增强现实技术以及生成式人工智能技术为支撑的营销产品，创造了很多富有创意的内容互动方式。其中，计算机视觉技术可以实现对现实画面内容的理解，如全身人像、人体手势以及建筑等；计算机图形学技术可以将虚拟的设计素材叠加渲染到现实画面内容之上，从而生成创意十足的视频特效；增强现实技术则可以将虚拟的物体添加至现实世界，兼具创意的同时也能够让用户与品牌进行更深层次的互动；生成式人工智能技术可以自动生成内容、智能剪辑、配音与添加字幕，实现品牌的内容优化，提高短视频制作的效率和质量。

1. 打造品牌专属特效，增强品牌曝光

国内主流的短视频平台，也积极将数字技术进行商业化应用，打造创意贴纸、魔法表情等技术产品，结合广告主的品牌特点和产品功能打造品牌专属特效。用户运用品牌专属特效，不但能拍摄出有趣的短视频，而且能与品牌实现更深层次的互动，从而加深对品牌的印象。

短视频特效主要分为两类。一类是对外界打造创意特效，例如空间 AR 玩法。平台利用 AI 技术计算地标形状轮廓和用户所在的空间位置，虚拟叠加 3D 可互动的形象，实现品牌和场景的互动。2021 年，快手联合洛阳文旅推出以洛阳旅游景点为创意特色的 3 款地标 AR 魔法表情——隋唐幻境、鱼跃龙门和紫气东来，将虚拟与现实紧密连接，为游客带来沉浸式的体验，同时也让景点打卡记录变得更加生动有趣，受到短视频创作者的欢迎。另一类是对人体自身打造的特效，平台利用 AI 技术实时获取图像中人体的骨骼轮廓姿态和相机的空间位置，人物做出特定动作姿态可触发虚拟形象互动，实现虚拟产品和真实人物的合拍，增强用户和品牌的互动性。例如伊利畅意 100% 与秒拍联合推出伊利畅意专属 AR 广告特效，用户只要选择伊利畅意 100% 特效，并在录制时张开嘴，就能看到一瓶虚拟的伊利畅意 100% 乳酸菌饮品送到口中，甚至还有"咕咚咕咚"饮用的动态特效，让用户以欢快娱乐的方式，与品牌形成互动。

2. 技术赋能产品体验，强化产品认知

短视频平台开发的营销技术产品不仅能使用户拍摄出创意十足的短视频，

还能使用户进行虚拟商品体验，从而更好地感受产品的特点。AR 技术可以对人体、人手、人脸等显著部分的关键点、表面网格等几何信息进行精准估计，以实现虚拟物品的试用、试穿、试戴等。例如，快手通过 AR 沉浸式商品体验的方式为品牌打造营销事件，在与完美日记的合作中，快手磁力引擎通过发起"完美日记试色代言人"活动，为用户带来 AR 沉浸式彩妆试色体验，用户可以通过快手 App 对完美日记口红进行试色，选择最适合自己的口红色号。该活动总曝光量过亿，用户试色体验超 10 万次，活动作品的总播放量超过 5 000 万次，极大提升了品牌的知名度。

3. 技术驱动内容共创，激发用户互动

对于企业而言，运用短视频平台的技术产品，不仅能生产有创意的内容使品牌更加年轻化，而且能激励用户生产与品牌相关的优质内容，扩大品牌的传播声量。以抖音、快手为代表的短视频平台就以视频特效为支撑发起品牌话题挑战赛活动。话题挑战赛中激发用户创作的核心机制就是"全民任务"玩法，平台与企业定制专属的视频特效，通过任务玩法将挑战赛完整地曝光给全部内容创作者，并利用标准化奖励机制刺激更多的创作者运用品牌专属视频特效参与创作，在推动品牌曝光的同时与消费者产生互动，拉近消费者与品牌之间的距离。

例如，中国联通与快手磁力引擎合作打造"专属魔表①＋挑战赛"，以推广联通 5G 视频彩铃为创意原点，融合春节元素打造品牌专属魔表。用户发布视频选用魔表，会显示中国联通视频彩铃呼叫中，手指触发火苗点燃爆竹后，即可掉落烟花、财宝及中国结等元素，深度契合春节节日场景和产品形态。活动期间，快手平台用户共创作出 6 万多条 UGC 作品，相关作品实现多达 6 亿次播放，实现品牌价值与产品卖点最大范围的传播。

四、发掘企业营销自有阵地，构建长效营销生态

随着短视频产业发展的日益成熟，越来越多的企业在短视频平台注册账号，并认证成蓝 V，方便用户识别。《2023 抖音生活服务综合行业洞察白皮书》显示，2023 年抖音开播商家数量持续增长，以蓝 V 账号开播量计算，

---

① 魔表即魔法表情，是快手用户深爱的内容创作形式。

2023 年 1 月在抖音开播的生活服务综合行业蓝 V 账号数量比 2022 年同期增长了 8 倍。①

蓝 V 账号的猛增趋势，充分反映了企业日益重视短视频的长效性品牌营销价值，逐步建立品牌营销自有阵地，把优质的品牌内容集中呈现给用户，并沉淀下来，叠加形成品牌资产。例如 vivo 作为最早在抖音平台注册、运营企业号的品牌之一，通过品牌官方账号所发挥的内容聚合、粉丝留存、流量承接、数据管理等作用，将账号打造成传播品牌、沟通用户的桥梁。截至 2024 年 11 月，vivo 抖音官方账号累计获粉 1 400 多万，短视频内容获得超过千万的点赞。

当然，企业除了注册蓝 V 账号，更重要的是持续深耕运营这个自有阵地，结合自身品牌特色进行短视频的内容生产与传播。

1. 打造人设标签和品牌个性

企业号量身打造连续性主题内容或活动，强调内容的风格化与系列化，以此形成自身的标签式传播内容，形成品牌个性并拉近与用户的心理距离。在进行短视频内容营销时，为了提升企业号的粉丝黏性，通常会将品牌拟人化，塑造出一个与企业理念、文化、使命等相契合的形象，建立品牌与用户"人"与人的连接关系，避免传统营销单向化的传播模式。② 例如电子阅读品牌掌阅的官方账号精准锁定了短视频中喜爱读书的群体，选择一位知性优雅的女性都靓作为账号的出镜人物，有感情地念出一段节选自某本书中的精华文字，视频下方则嵌入了相关书籍的链接，用一种舒服、自然的形式完成了产品的宣传和有效的转化。都靓优雅的姿态和知性的谈吐与掌阅极为契合，其旗下的子账号"都靓读书"也迅速在抖音收获百万粉丝，成为读书垂类头部 IP。除了真实人物人设，品牌也可以借助虚拟人设，进行品牌形象塑造，例如中国零食品牌三只松鼠，就以三只小松鼠的卡通形象作为品牌人设，并以可爱的卡通形象在抖音上进行内容创作。

2. 根据品牌定位进行差异化内容生产

许多企业会结合自身品牌定位和产品特色，进行差异化的内容生产，利

---

① 2023 抖音生活服务综合行业洞察白皮书．(2023 - 03 - 24)．https://trendinsight. oceanengine. com/arithmetic-report/detail/911.

② 宋戈，张亦弛．内容、场景与用户有机结合的抖音营销传播．传媒，2019（15）：50 - 52.

用新鲜有趣的分享类内容，吸引粉丝关注。例如飞书就以年轻人的职场成长作为切入点，生产制作类似"如何避免职场中的踢皮球现象""为什么有人爱找老板私聊"等短视频内容，并植入飞书产品，吸引用户点击观看。又如，外语培训品牌会以英语单词趣味教学作为自己的传播内容，服装品牌把自己定位成服饰搭配师，为粉丝分享衣服的穿搭技巧等。

3. 紧跟平台热点创作短视频

短视频平台为了提高平台日活跃度，会周期性推出一些官方活动和话题热点来引导企业、达人以及普通用户的参与，例如抖音热榜、快手热榜等就是短视频平台的一种议程设置机制。企业可以及时借助平台热点话题进行营销，创作优质内容以调动用户的参与热情，引发用户情感共鸣，进而达成良好的传播效果。可供借势的话题主要包括重要节日、重大事件以及热门元素等。其中，短视频平台的热门元素有音乐、贴纸及剧情等。例如，2021 年 4月，抖音平台上"金毛喊你出去玩"的视频素材火爆全站，许多官方抖音号也紧跟热点进行拍摄。泡泡玛特使用 Molly 的形象对"作业没写完"的段子进行复刻；动画 IP"喜羊羊与灰太狼"则使用"灰太狼"与"红太狼"的动画形象进行创作，以此吸引用户点赞转发，进而获得平台的流量推荐。

五、创设线上电商消费场景，激发用户消费行为

21 世纪以来，淘宝、京东等电商平台的崛起改变了中国消费者的购物习惯。在经历了近 20 年的快速发展后，传统电商的发展模式已然到了瓶颈期。流量红利的见底、获客成本的提升以及盈利增速的放缓，都成为了传统电商平台发展的桎梏。在这个背景下，"短视频＋电商"的组合迅速引起互联网资本的关注，它不但能够为传统电商平台带货，而且促进了短视频平台的商业变现。

在传统的货架电商模式中，消费者通常会更强调产品的性价比，当他们想买某款产品时，往往会经历一段较长的消费旅程——搜索同款、全网比价、查看评价与销量等。而以短视频电商为主的内容电商最显著的特征就是消费者的购物行为（shopping）和购买行为（buying）出现分离。在短视频电商环境下，消费者并没有处在"我要购物""我要逛街"的心态和场景下，而是身处于网红达人优质的短视频内容场景下。在这种情境中，消费者的消费偏好、

选择标准和决策方式都会发生显著的变化。这种推荐方式更能引起消费者的关注，让他们停留更长的时间、花更多的钱。因此，对于企业而言，打造一个有价值、有内容的线上消费场景，是做好短视频营销的重要之道。

基于短视频流量或直播流量转化而来的电商营销，更是电商行业发展的一大趋势。以抖音、快手为代表的短视频电商迅速崛起，甚至倒逼淘宝、天猫平台也开启了短视频和直播电商，丰富平台的电商业态。短视频平台的电商营销主要有以下两种形式。

1. 短视频内容 + 商品植入

这种方式主要表现为通过在短视频中插入与视频内容相关的商品链接，以优质内容吸引用户观看并引导用户点击链接购买。例如早在 2017 年，美拍就上线了这种"边看边买"功能，用户在观看视频时，对应商品的链接会显示在短视频下方，点击即可购买，而且不会中断视频播放。这种电商植入方式相对于传统电商而言，更能吸引用户的注意力，更能有效劝服用户产生购买行为。

该形式的应用场景有很多，比如在母婴博主分享的宝宝生活玩耍短视频中，通常会植入玩具、母婴类产品或服务；在美食博主分享的美食短视频中，可以植入相关的美食品牌或者美食店铺信息；在教育博主推出的每日一分钟精品讲解、导师语录、要点分析中，则可植入教育培训课程购买链接。随着短视频内容电商生态发展日益成熟，各种具有带货性质的视频内容制作也更加精良，场景化特征也越发清晰。

2. 短视频平台 + 电商直播

短视频电商的另一种形式电商直播也逐渐成为企业进行短视频营销的重要发力点。2020 年新冠疫情的暴发极大地促进了电商直播业态的发展，例如，2020 年 4 月 1 日罗永浩抖音直播就作为明星达人开启电商直播的标志性事件，引发了众多创作者、平台、品牌的加入。另一个标志性事件是 2020 年 5 月 12 日董明珠在快手直播带货 3 亿元，突破了直播电商的收入纪录，开启了 5 场销售额突破 178 亿元的品牌官方带货的传奇之旅。相较于传统电商模式，短视频电商直播具有即时性、交互性的特征，在产品的呈现形式、购物体验、时间成本、社交等多个维度具有很大的优势。此外，短视频与直播形成了相互促进的良好循环：一方面，短视频能够为直播提供流量，可以推广直播间的入口；另一方面，直播过程中产生的有趣内容可以成为短视频的制作素材，有助于二次传播。

六、基于平台打造社交裂变，激发私域价值增量

纵观当下的短视频行业格局，以抖音、快手为代表的平台以公域流量为主，品牌营销的目标用户主要来自公域流量池；反观微信旗下的视频号平台，不仅包含公域流量，也包含私域流量，企业可以从多方面进行曝光引流，因而企业在微信视频号平台的短视频营销策略具有一定的独特性。

1. 基于社交平台生态，打造品牌商业闭环

微信视频号除了具有短视频的属性优势，还具有微信生态的资源优势。微信社交生态对视频号开放了七大类导流入口，使得微信视频号与微信公众号形成一种协同关系，实现短视频与图文形式相融合，二者优势互补。在这样的情形下，视频号营销打通了公私域流量池，依托视频号裂变、社群分发、朋友圈分发、公众号分发、搜一搜等触点，帮助企业实现微信社交平台的全方位营销。因此，企业选择微信视频号进行短视频营销时，更能在微信生态中打造自身的商业闭环："短视频内容＋直播"帮助企业发掘新流量，公众号承接流量留存新老用户，微信朋友圈与微信群实现社交裂变，小程序负责销售转化，然后通过企业微信为客户提供更专业优质的服务。例如，快餐品牌麦当劳通过视频号发起了多场限时优惠活动，每一条短视频的下方都附有麦当劳公众号的链接，为麦当劳线下门店进行有效引流，最终该促销活动使得麦当劳官方视频号与公众号在全国范围内获得数十万粉丝。

2. 利用复合流量入口，促进品牌社交裂变

微信视频号与其他短视频平台的最大差异在于私域流量，而私域流量体现的则是用户思维。[①] 视频号的产品逻辑决定了它与私域流量具有密不可分的关系。企业在视频号发布视频后，当某位用户点赞，该视频就会出现在微信好友的内容池当中，如果微信好友继续点赞，该内容还可以不断地进行"扩圈裂变"。这种裂变式的传播，可以让短视频不断突破个人的社交圈，从而获得更多的曝光量。此外，微信视频号的转发功能，可以让运营人员直接将视

---

① 易艳刚 . "私域流量"崛起?.青年记者，2019（24）：96.

频号内容转发到用户社群，同时还可以激励用户转发短视频至微信朋友圈，领取相应的奖励。这也间接打破了朋友圈视频分享只有 15 秒的时长限制，给予品牌短视频更大的流量入口和曝光度，同时也极大缩短了营销转化链路。以瑞幸咖啡视频号为例，该品牌主要通过拍摄精美的咖啡饮品视频，突出饮品的新鲜原料和优质制作工艺。随后瑞幸咖啡通过在上万个社群中群发视频号内容，吸引社群粉丝点击视频，领取视频中的优惠券进入小程序下单，实现营销信息的社交裂变。

案例分析 5-1

快手×美团《成团吧莆田》：借"团圆"之名，

打造城市文旅新名片

春节作为中国人情感浓度最高的节日，始终是品牌争夺用户注意力的黄金战场。2025 年蛇年新春，快手携手美团团购推出家乡系列 IP 新作《成团吧莆田》，讲述莆田吃喝玩乐生活故事，以"团"为核，通过城市人文短片、线上线下联动、UGC 内容裂变等组合拳，深度挖掘莆田文化基因，实现城市文旅推广与品牌营销的双赢。

1. 文化共鸣：从"抱团精神"到"春节团圆"的叙事升维

快手精准捕捉莆田"爱抱团"的地域文化特色，将其与春节"团圆"习俗、美团团购"组团消费"功能巧妙结合，构建三层"团"叙事。

文化团：通过湄洲岛渔民捕捞团、妈祖祖庙祖训团、后黄村红团手作团等场景，展现莆田人团结拼搏的精神内核。

年味团：以炝肉、卤面等美食串联家庭团聚温情，用莆仙戏、木雕等非遗技艺激活传统文化记忆。

消费团：借美团团购"吃喝玩乐指南"定位，自然植入本地商户优惠信息，实现品效合一。

莆田达人@野猪啾一携家人出镜，以"沉浸式体验＋故事化讲述"打破城市宣传片说教感，开启莆田"万物皆可团"的畅玩之旅，深入湄洲岛、古谯楼、南少林寺、筱塘市场、兴化府历史文化街区等热门地标，带大家沉浸式感受莆田的新春年味、文化魅力和城市精神。短片中，南日岛晨曦下的渔船出海、兴化府街区的红团制作、KTV 与民谣吧的潮流狂欢等场景，既呈现城市多元面貌，又通过"抱团取暖""羁绊"等情感金句，引发在外游子共鸣。

2. 全域共振：线上线下打造"家乡年味狂欢"

内容破圈：上线《成团吧莆田》专题页，聚合短视频、抽奖、话题互动，持续推出"我的家乡很好玩""我的家乡很好吃"等丰富的家乡系列长线IP，让众多城市成功出圈，降低用户参与门槛。

场景渗透：快手园区设置"妈祖赐福金运符"打卡点、红团手作体验区，为现场老铁送上"成团吧莆田"主题大礼包，将莆田文化符号转化为可感知的线下交互。

达人裂变：联动站内原生达人发起"晒家乡年味"挑战，通过莆田民俗（皂隶舞）、美食（荔枝肉）、非遗（帆船头）等差异化内容激活UGC创作。

3. 效果爆发：文化出圈与品牌增值的双重胜利

截至2月14日，项目总曝光量超32亿，"我的家乡很好玩"等话题播放量达28.6亿，推动莆田文旅搜索量环比增长45%。美团团购借势强化"春节返乡必备指南"认知，本地生活订单量提升22%，实现从内容种草到消费转化的闭环。

资料来源：快手《成团吧莆田》温暖上线携手美团团购打造莆田春节畅玩指南. (2025 - 02 - 18). https://www.ithome.com/0/831/826.htm.

讨论题

1. 美团与快手的营销活动成功的因素有哪些？

2. 美团此次营销活动的情感切入口是什么？

3. 如果你是美团的营销负责人，围绕春节这个重要的节日，你有哪些短视频营销创意？

案例分析5-2

短视频助力文旅营销：巨量引擎×长隆"美好旅行节"

五一假期作为全国旅游旺季，是众多文旅品牌开展营销的重要节点。2021年五一假期前后，长隆携手巨量引擎开启"美好旅行节"，整合抖音、西瓜视频的媒介资源，围绕五一小长假节点，基于长隆特色打造线上系列营销活动，带动用户线下深度旅行，同时助推长隆打造文旅品牌名片，传递长隆的品牌价值。

2021年4月底，巨量引擎发起"美好旅行节"挑战赛，用户可以搜索

"美好旅行节"进入活动主页参与话题挑战。值得关注的是，本次长隆定制了沉浸式抖音贴纸，带领用户在 15 秒内"穿越"欢乐世界、动物世界、水上乐园、海洋王国等打卡胜地。用户使用长隆征集令主题贴纸，拍摄游园视频，带"长隆乐拍征集令"话题发布，即有机会获得长隆年卡福利。在抖音"长隆乐拍征集令"话题下，多位抖音达人带领用户线上打卡长隆旅游度假区的热门景点，展现长隆多样化游玩方式，引发网友的关注和参与。

抖音头部达人梅尼耶拍摄长隆景区打卡短视频，展现与过山车同框玩扑克牌的炫酷内容，两支短视频累计收获点赞量超过 325 万，"梅尼耶长隆耍大牌"话题在 5 月 1 日登顶抖音热榜，带动用户线下打卡热潮。五一期间，长隆相关话题频频出圈，例如一支关于长隆非洲狮的短视频"萌翻"网友，"广州长隆非洲狮五胞胎亮相"抖音话题收获超 300 万的流量热度。在西瓜视频端，用户可以参与"长隆乐拍征集令"活动，分享在长隆游玩的 vlog，播放量大于 2 000 次的作品，即可参与瓜分 10 万元奖金。

与此同时，结合抖音"五一种草大会"互动话题，广州长隆欢乐世界定制了专属隐藏地图和特别打卡挑战，游客来到园区解锁全部项目即可赢取长隆欢乐世界门票和抖音文创周边，成功为游客带来了游园新花样。通过"线上＋线下"联动的方式，实现了从激发游玩需求到满足游玩需求的闭环，很多达人、粉丝自发前往打卡，解锁神秘地图，参与挑战。

此外，长隆还同步打造了电音节落地活动，邀请人气明星现场宠粉，并利用抖音直播将线下热度进一步传导至线上。直播共计吸引 150 万用户观看，评论区中，用户纷纷隔空喊话"雨神"，直播相关话题热度持续攀升，相关抖音话题累计播放量超过 1 380 万。

截至 2021 年 5 月 5 日，抖音"美好旅行节"话题播放量超 2.3 亿，"长隆乐拍征集令"话题播放量达 1.5 亿，西瓜视频征集赛累计曝光超过 1 794 万，抖音视频与西瓜视频投稿量超 2.6 万，图虫征集用户图片作品 1.4 万幅，成功引发用户的线上互动与线下打卡热潮。

讨论题

1. 你觉得长隆与巨量引擎营销合作成功的因素有哪些？

2. 在这个案例中有哪些短视频营销策略？各种营销策略的作用是什么？

3. 如果你是长隆的营销负责人，你准备如何通过短视频平台为长隆策划六一儿童节活动？

第 6 章

虚拟游戏营销

学习目标

读完本章后，你应该理解：

1. 虚拟游戏营销的定义和分类。

2. 虚拟游戏营销在国外以及国内的发展历程。

3. 虚拟游戏营销的价值。

4. 移动互联网趋势下虚拟游戏营销的发展。

5. 虚拟游戏营销的基本策略。

6. 电子竞技营销的定义、价值与策略。

引　例

山西文旅×《黑神话：悟空》

《黑神话：悟空》是一款以古典名著《西游记》为故事背景的动作角色扮演游戏。作为国内首部 3A 游戏大作，《黑神话：悟空》于 2024 年 8 月 20 日上线 Steam 平台，上线首日在线玩家人数就突破了 222 万，位居 Steam 平台同时在线玩家历史榜第二名。①

《黑神话：悟空》在推广过程中采取了与地方文旅部门合作的战略②，游戏中的 36 个场景有 27 处来自山西，玩家对游戏的喜爱点燃了打卡旅游的热情。8 月 22 日，山西文旅启动"跟着悟空游山西"系列活动，设计发布 4 条具体线路，开启游戏线下副本，并在多个相关景区设立线下打卡点、推出丰富多彩的主题活动，邀请《黑神话：悟空》首批通关者免费来山西赏古建、品美食。同时，携手旅游平台推出专线，各大酒店和景区推出住宿、门票优惠，吸引游客出行；社交平台上，发布虚拟场景和实景互动视频提高曝光量、讨论度，联动网红 KOL 发起热点话题，鼓励游客在社交媒体上分享旅游体验以赢取文创好礼。③

山西文旅联动《黑神话：悟空》走红绝非偶然，早在 2022 年山西文旅就在积极对接游戏团队进行取景，在各个节点与游戏宣传联动，积累了一定的关注度。④ 游戏上线前夕，山西省文旅厅已在微博、抖音、小红书等平台进行预热；游戏一上线，山西文旅就第一时间行动，"线上社媒宣传＋线下景区联动"推动玩家到游客的转化。

携程旅行发布的《2024 年国庆旅游消费报告》显示，国庆假期期间山西省旅游订单同比增长 28％，门票订单量同比增长 59％，入境订单量同比

---

① 在线玩家突破 222 万，历史峰值第二!《黑神话：悟空》是如何诞生的．(2024 - 08 - 21). https://baijiahao. baidu. com/s?id=1807954936844575860&wfr=spider&for=pc.

② 秦琴．《黑神话：悟空》：中华文化"走出去"的新范式．传媒，2025（4）：66 - 68.

③ 万事俱备 跟着"悟空"山西打卡错不了．(2024 - 08 - 27). https://www. shanxi. gov. cn/zmhd/hygq/202408/t20240827_9641647. shtml.

④ 对话山西省文旅厅：山西文旅不仅要"爆红"还要"长红"．(2024 - 08 - 22). https://baijiahao. baidu. com/s?id=1808098159002462460&wfr=spider&for=pc.

增长 71％。[①] 以游戏带动文物古建、美食文创、民俗文化破圈传播，山西文旅牢牢接下了这一"泼天流量"。

第 1 节　虚拟游戏营销概述

一、虚拟游戏营销的定义

虚拟游戏指的是各种平台上的电子游戏，包括单机游戏和网络游戏两大类。虚拟游戏营销就是借助虚拟游戏开展的营销活动。根据游戏和营销的关系，可将虚拟游戏分为两种：游戏植入广告和品牌定制游戏。

游戏植入广告（in game advertisement，IGA）就是将广告信息融入游戏环节、场景、形象、道具中，让广告和游戏融为一体，从而使广告信息出现在游戏玩家眼前。[②] 游戏植入广告出现较早，应用也较多，通常都是品牌和某些用户基数大的游戏合作，在游戏中植入营销信息，或者开展游戏奖励活动。

品牌定制游戏是指那些专门为传播品牌、宣传产品而开发制作的游戏。这种游戏的开发制作由有营销需求的品牌主导，完全是为企业的营销活动服务的。在社交游戏兴起以前，这类游戏主要以网页游戏的形式存在。在社交网站和移动互联网兴起后，基于社交网站平台的第三方游戏插件和游戏 App 成为主要形式，这种虚拟游戏营销形式的影响力也越来越大。

二、虚拟游戏营销的分类

根据不同的标准，可以将虚拟游戏营销划分成不同的种类。当前主要是根据游戏搭载平台的类型、营销信息的植入方式进行划分。

根据虚拟游戏的搭载平台类型可将虚拟游戏分为传统的游戏机游戏、PC 端游戏和社交游戏（特指在社交网站上运营的社交游戏，以 PC 平台为主）、移动游戏（搭载平台为智能移动设备的游戏，实际上这类游戏也往往具有非常强大的社交功能）。相应地，虚拟游戏营销的方式可以根据游戏类型进行区

---

① 携程旅行发布《2024 年国庆旅游消费报告》山西景区门票订单量同比增 59％．（2024 - 10 - 11）．http：//www. shanxizx. gov. cn/sjzc/wlsx/art/2024/art_968e5d00f2164f55b5ce2427c126300e. html.

② 朱珊．游戏营销攻略．成功营销，2013（4）：84 - 87.

分。当前虚拟游戏营销大多采用社交网站平台上的社交游戏、基于智能移动设备的以用户可自由下载的应用形式出现的移动游戏。

根据营销信息在游戏中植入方式的不同，可以将虚拟游戏营销划分为以下四种类型。

第一，游戏场景植入。游戏场景植入是最基本、最简单的虚拟游戏营销形式，即在游戏场景中植入广告信息，比如奥巴马在《极品飞车 10：卡本峡谷》游戏中植入的路边竞选广告牌、耐克在《街头篮球》游戏中植入的场边广告牌、动画《机动战士高达》在《和平精英》游戏中植入的高达立像等。

第二，游戏道具植入。即在游戏中将产品以游戏道具的形式植入。这种植入方式能给企业提供和消费者互动交流的机会。这种形式的植入能够更深入地将品牌和游戏内容联系起来，有助于提升用户的游戏体验。例如，自然堂在《穿越火线：枪战王者》游戏中将"喜马拉雅龙血能量系列"产品作为快速恢复能量的道具进行植入、《宝可梦大集结》游戏中玩家通过完成送外卖任务可以兑换标志性的黄色美团联名定制骑手头盔。

第三，品牌定制游戏。即根据品牌和商品的特点及营销要求，量身打造游戏。这种游戏虽然本质上是"广告游戏"，但是也能给消费者提供良好的游戏体验。移动互联网兴起后，社交网站平台上的游戏插件以及品牌定制游戏 App 越来越多。中粮集团的定制游戏《中粮生产队》就是社交网站平台上的游戏插件，阿迪达斯的定制游戏《夺宝奇冰》则属于游戏 App。

第四，R&V 真实虚拟交错性游戏。即在游戏中连接 R（reality，现实）和 V（virtual，虚拟）的虚拟游戏营销类型。传统上说游戏是虚拟的，但是在一定的技术下，游戏可以与现实联系起来。奔驰在瑞典斯德哥尔摩为 MINI Countryman 进行新车推广时推出了一款名为 Getaway Stockholm 的 App 游戏应用。游戏中，在斯德哥尔摩市的某处设置了一台虚拟的 MINI Countryman，玩家下载 App 后，通过 App 查看这辆车的位置后去抢夺它，然后在游戏里带着虚拟汽车奔跑，以防止被别人抢走，最后拥有这辆车的人将会获得一辆真正的 MINI Countryman 汽车。[①]

当前还出现了游戏和电子商务相结合的虚拟游戏营销类型。比如在日本索尼的游戏 Everquest 2 中，玩家在不中断游戏的情况下，只要键入"Pizza"便

---

① 朱珊. 游戏营销攻略. 成功营销，2013（4）：84-87.

可以去必胜客的网站订购比萨。

总体而言，随着近些年互联网社交化、移动化的快速发展，虚拟游戏和虚拟游戏营销都取得了快速的发展。新的虚拟游戏营销方式大量出现，但还是可以通过游戏和营销的关系来进行基本划分。

三、虚拟游戏营销的发展历程

1. 虚拟游戏营销在国外的发展历程

游戏植入广告由来已久。1978 年，在美国的游戏《冒险岛》里出现了该游戏下一个版本《海盗冒险》的广告。这个广告也被认为是第一个虚拟游戏植入广告，从那以后，虚拟游戏广告在国外开始迅速发展。

在过去的 20 多年里，游戏玩家的数量不断增加，单个游戏甚至拥有千万数量级玩家。以美国暴雪娱乐公司 2004 年发布的《魔兽世界》为例，2008 年底，其全球付费用户已经超过 1 150 万；到了 2024 年 9 月，该游戏的玩家数量超过了 1 200 万，达到历史最高峰。[①] 在这一背景下，进入虚拟游戏展开营销成为企业和数量庞大的游戏玩家进行交流的重要途径。2008 年，在美国总统大选中，竞选人奥巴马在美国著名游戏厂商 EA 公司旗下的赛车、橄榄球和篮球等一系列体育游戏中植入了竞选广告，开创了在游戏中投放竞选广告的先河。近 20 年来，一些著名品牌也开始频频涉足虚拟游戏营销。在美国模拟游戏《第二人生》的虚拟世界中，有包括 IBM、戴尔、Sun、耐克、索尼、丰田在内的许多知名品牌入驻。2006 年 11 月，IBM 更是在《第二人生》中举办了一场新闻发布会。

总体而言，传统的 PC 游戏主导这一发展阶段，虚拟游戏营销的主要形式以虚拟游戏植入广告为主。植入形式多为场景植入和道具植入，游戏的互动水平较低。

真正的变化发生在社交媒体和移动互联网兴起后。随着以 Facebook 和 MySpace 为代表的社交媒体的兴起，基于社交网站平台的社交游戏经历了一个黄金增长期。这些社交游戏不仅在很短的时间内积累起大量用户，而且相较于传统的 PC 游戏，它们的题材更加丰富多样，玩家分布更为广泛，植入

---

① WCL 管理员：魔兽世界玩家超 1 200 万，创历史最高，国服立大功．（2024－09－10）．https://baijiahao. baidu. com/s?id=1809802137026000022&wfr=spider&for=pc.

营销信息也更加简便。因此，基于社交平台的社交游戏立刻成为虚拟游戏营销的热点，可口可乐、马自达等世界知名品牌都很快在这一领域展开营销活动。

在移动互联网迅速发展之后，以智能手机为代表的智能移动终端占据了人们大量的时间，以《愤怒的小鸟》为代表的热门游戏应用红遍全球。这些轻量化的游戏应用很快成为营销的阵地，更重要的是，由于应用开发成本的进一步下降，品牌定制游戏得到了进一步发展。

近年来，随着游戏用户对体验的要求越来越高，VR、AR 等技术也逐渐被运用到游戏中，给用户带来强大的感官刺激，增强了用户与游戏的互动效果。例如，2016 年任天堂、宝可梦公司和 Niantic Labs 联合制作开发的 AR 宠物养成对战类手游《宝可梦 GO》中，玩家可以通过智能手机在现实世界里发现精灵，进行抓捕和战斗。这些新技术的应用可以使游戏与品牌更深层次地结合，打通了线上与线下、虚拟与现实的传播渠道，使营销信息变得更加立体可感。随着 5G 的普及，VR 和 AR 技术的广泛应用将成为游戏行业发展的主要趋势。

2. 虚拟游戏营销在中国的发展历程

在中国，虚拟游戏的发展历程和国外基本相似，但是发展步伐相对滞后。中国最早引起人们对虚拟游戏营销广泛注意的事件还是 2006 年 4 月可口可乐和《魔兽世界》的合作。当时《魔兽世界》是中国最火的 MMORPG①，可口可乐采用道具植入的方法，通过将游戏中补充魔力的药剂做成可口可乐的形式巧妙植入广告，在游戏中，玩家喝可口可乐即可增长魔力。这一营销举措在当时引起了很大的反响，虚拟游戏营销也开始被广泛接受和采用。在随后的几年里，《传奇》《梦幻西游》《街头篮球》等在中国风靡一时的游戏中几乎都出现了品牌植入广告。其中值得一提的是，2010 年卡夫饼干旗下的王子饼干联手知名儿童游戏社区奥比岛，推出了游戏副本《王子开心大冒险——饼干密语》，根据王子饼干的品牌特征打造游戏。该游戏一经推出就大受欢迎，超过 2 000 万名儿童参与了该线上游戏。该案例于 2011 年获得了戛纳广告节媒介类铜狮大奖。

---

① 大型多人在线角色扮演游戏，即 massive multiplayer online role-playing game。

随着社交游戏和移动游戏在中国的兴起，新型的虚拟游戏营销模式也在兴起。以开心网最先运营的《开心农场》为代表的农场类游戏掀起了中国社交游戏的发展高潮。社交性、娱乐性更强，玩家丰富多样的社交游戏给虚拟游戏营销带来了新的可能。旗下产品主要为粮油产品和休闲食品的中粮集团在 2010 年定制开发游戏《中粮生产队》，用以开展品牌营销。在传统的网络游戏中，中粮的公司特征和产品特征很难有植入营销的空间，一方面中粮的品牌特征和以魔幻、动作为特点的游戏风格差别很大，另一方面绝大多数游戏玩家都不是中粮产品的目标消费者，但是在社交游戏中，这些问题都可以得到解决。事实上，《中粮生产队》的势头一度直逼"偷菜"游戏。

随着移动互联网的发展，2011 年以后，社交游戏逐渐从 PC 端转向移动端，成为崛起的移动游戏的一部分。《愤怒的小鸟》《神庙逃亡》等一系列娱乐性非常强的游戏都产生了非常大的影响力。2013 年微信平台上的《飞机大战》游戏形成了"全民打飞机"的局面；2015 年上线的《王者荣耀》成为国民级游戏；2019 年上线的"吃鸡"类手游《和平精英》也广受欢迎；2021 年在中国公测的《英雄联盟手游》更是成为了一款现象级游戏；2023 年《崩坏：星穹铁道》上线首月，仅移动端收入就超过 20 亿元，创造了全球二次元手游历史最高首月销售纪录；2024 年《地下城与勇士：起源》手游上线首周玩家消费就已超过 1.4 亿美元，为全球游戏市场最赚钱的游戏之一。近年来 LBS、AR 等技术的应用为虚拟游戏营销提供了更加广阔的发展空间。

第 2 节　虚拟游戏营销的价值

一、海量用户，传播影响力大

据第三方游戏市场研究机构 Newzoo 发布的《全球游戏市场报告》预测，2024 年全球游戏玩家总数约为 34.2 亿，收入预计将达到 1 877 亿美元。[①] 无论是营收规模还是玩家数量，中国都排在全球前列。拥有巨大数量玩家的游戏可以在营销传播中扮演重要的媒介角色，任何一个游戏玩家都可以成为广

---

① Newzoo：8 个关键趋势，看懂今年的游戏行业．（2024 - 08 - 15）．https://baijiahao.baidu.com/s?id=1807435033883014950&wfr=spider&for=pc.

告的受众。跟传统广告媒介一样，受众人数越多越好，因此，那些活跃玩家较多的游戏的营销价值也较大。

在 PC 平台上活跃玩家达到百万级别的游戏并不少见。例如，EA 旗下的《FIFA》系列足球游戏的累计销量达到 6 500 万，赛车游戏《极品飞车》系列的累计销量达到 1 亿；2024 年 8 月，国产 3A 大作《黑神话：悟空》上线 3 天全平台销量超过 1 000 万，Steam 平台在线玩家数量达 222 万人，成为 Steam 历史在线排行榜的第二名。

在社交媒体和移动互联网兴起的基础上出现的社交游戏和移动游戏吸引了大量的用户。比如微信小游戏用户已达 10 亿，月活跃用户 5 亿，用户使用时长还在持续增长。① 《植物大战僵尸》《水果忍者》《愤怒的小鸟》《神庙逃亡》《糖果传奇》等热门游戏下载量已经破亿。芬兰游戏厂商 Rovio 于 2009 年 12 月 11 日推出的《愤怒的小鸟》，在 2013 年 5 月的下载量已经超过 17 亿次。腾讯在 2015 年 11 月 26 日推出的《王者荣耀》大受欢迎，长期占据下载榜首，2024 年全年收入达 377.98 亿元②，成为全球最赚钱的手游之一。如今，移动游戏已拥有庞大的玩家群体，据 Sensor Tower 统计，2024 年 5 月全球手游在 App Store 和 Google Play 两大应用商店的下载总量达到了 42.4 亿次。③

虚拟游戏具有营销价值的另一个原因在于游戏特有的玩家人群。传统游戏的主体玩家是年龄在 15～30 岁的年轻人，这部分人群的媒介接触习惯多是在互联网环境下培养起来的，对传统的电视、广播以及报纸等媒介的接触较少，因而传统媒介难以到达。这一用户群体往往在游戏中花费大量时间。当营销活动需要有效覆盖这一用户群体时，游戏便成了重要的媒介。2008 年奥巴马在 EA 公司的一系列体育竞技类游戏中植入竞选广告正是出于这样的考虑。据 EA 公司的发言人称，奥巴马的这些竞选广告主要面向传统广告很难触及的人群，即 18～34 岁的年轻男性。

---

① 微信小游戏数据：10 亿用户、5 亿月活、240 多款季度流水超千万. (2024 - 07 - 17). https://news. qq. com/rain/a/20240717A01R8P00?utm_source=chatgpt. com.

② 王者荣耀营收 377.98 亿，断层领先！2024 手游收入排行榜公布. (2025 - 01 - 20). https://baijiahao. baidu. com/s?id=1821756899113004803&wfr=spider&for=pc.

③ 5 月全球手游下载量 42.4 亿次，环比增长 3.5%. (2024 - 06 - 25). https://baijiahao. baidu. com/s?id=1802800659165263656&wfr=spider&for=pc.

二、深度互动，体验式传播

和传统媒体不同的是，游戏本身的娱乐性和互动性很强，这一特征对虚拟游戏营销和用户的深度互动以及创意传播非常有利。在《魔兽世界》中，拿起可口可乐畅饮即可增长魔力的创意植入在当时带给玩家们的冲击力无疑是巨大的。在广告泛滥的时代，电视、报纸、杂志等传统广告媒介的广告受到媒介本身特征的限制，很难用一种更加具有互动性和创意性的形式与用户进行沟通，在这些媒介上的广告本质上是一种对产品信息和品牌理念的展示。在交互性和娱乐性都非常强的虚拟游戏中，营销者不仅可以向用户展示产品的信息，还可以让用户体验产品的性能。在大众汽车定制的赛车竞速游戏App《超级竞速》中，用户可以选择大众旗下的某款车型进行驾驶，在游戏中的赛道上来体验这款车。这肯定比单纯的展示更能给消费者留下深刻印象。尽管虚拟游戏中的车辆驾驶体验和现实中是有区别的，但是这种虚拟游戏带来的体验经历，能够给产品带来更多的积极评价。

从一定的意义上说，虚拟游戏营销和影视植入广告是相通的，即两者都必须依附于游戏或者影视片本身的内涵和吸引力，植入的广告借助文化母体实现传播效果的叠加和放大。与影视植入广告不同的是，游戏的娱乐性和互动性都要强得多。与影视植入广告等单向性的展示宣传相比，游戏能让用户有更多的机会参与其中，从而得到交互式体验，互动性更强。用户能够通过这种交互更加深入地了解产品信息。2023 年《和平精英》携手麦当劳展开线上＋线下联动。在游戏中推出麦当劳主题餐厅和乐园，玩家可以前往"麦当劳餐厅"制作汉堡，前往数字麦当劳乐园畅玩"薯条迷宫"，有机会解锁"麦麦脆汁鸡桶"等专属补给物资、"麦麦脆汁鸡五折券"等福利；现实中，玩家可在麦当劳主题餐厅参与"麦麦脆汁鸡赏金擂台"，购买"大吉大利吃鸡盘"、限定口味"麦麦脆汁鸡"等联名产品，还有机会获得游戏道具奖励。此外，PEL 电竞选手伞兵出任"麦麦脆汁鸡吃鸡特训官"，吸引了大量电竞粉丝的关注。[①] 可见，游戏不但为玩家提供了真实世界的游戏交互体验，而且打通了用户与商家在线上游戏和线下门店间的互动，这是传统跨界合作很难做到的。

---

① 今晚吃鸡，我就喜欢！《和平精英》携手麦当劳中国打造主题乐园 .（2023 - 06 - 28）. https://news. qq. com/rain/a/20230628A09HY500?utm_source=chatgpt. com.

三、高黏合度，受众接触频率高

游戏本身的趣味性、刺激性非常强，能给玩家带来强烈的愉悦感受，并且区别于电影、电视剧，游戏的可持续性很强。对于大部分电影、电视剧，受众只会看一遍，但很多游戏玩家可能会持续玩一段时间。这种明显的差别说明，与大部分文化产品相比，游戏具有更高的黏合度，玩家能够在相当长的一段时间内频繁地接触一款游戏。纵观游戏市场，PC 端游戏能持续火两三年的并不少见，比如，从 1994 年推出《极品飞车》第一代至今，《极品飞车》系列仍然拥有大量玩家。游戏高黏合度的特征使得植入游戏的品牌可以用较少的营销投入长期地触达、影响玩家。

虚拟游戏营销的受众就是游戏玩家。据相关统计，当前每个游戏玩家平均每天花在游戏上的时间是两小时。从理论上说，玩家玩游戏的时间可以成为广告时间。因此，借助适当的植入手段，在这两个小时内都可以进行广告信息的传播，可见虚拟游戏营销的到达率和受众接触频率是超过绝大多数传统媒体的。以上海通用汽车植入《天天飞车》中的广告和电视广告的对比为例，汽车品牌在电视上多以购买广告时段播放广告片进行营销，目前单条电视广告片的时长多在 5～15 秒，且重复的次数非常少；在《天天飞车》的游戏中，只要玩家选择了通用汽车，那么其玩游戏的每一分钟其实都是在和通用汽车品牌进行接触，换言之，广告贯穿了玩家的整个游戏过程。不仅如此，当前的社交游戏、移动游戏多为轻游戏，每局游戏花费的时间比较短，能占据用户的零碎时间，一天之内玩家可能会玩数十次游戏。在这种情况下，虚拟游戏的营销活动能够获得很高的受众接触频率。

四、在移动互联网背景下具有新的特点

《2024 年中国游戏产业报告》显示，2024 年中国移动游戏市场的实际销售收入为 2 382.17 亿元，移动游戏用户规模达 6.63 亿。在移动互联网的环境中，一个非常明显的趋势是，移动游戏正在占据人们越来越多的时间。这种趋势给虚拟游戏营销带来了一系列变化。

1. 游戏轻量化，品牌定制游戏的趋势得到了进一步强化

移动游戏通常以手机应用（也就是通常所称的 App）的形式出现。移动

游戏 App 一般体积较小，大部分游戏的体积都在 100MB 以下，相对于传统游戏而言，移动游戏非常轻量化。轻量化的移动游戏一般开发简单，开发成本也相对较低。对比来看，暴雪娱乐公司旗下的大型网络游戏《魔兽世界》开发期将近 5 年，耗资 4 000 万美元，而下载量达到 17 亿次的《愤怒的小鸟》的开发成本不过 10 万美元。

在移动游戏出现以前，由于游戏开发成本非常高，在虚拟游戏植入广告的品牌想要获得足够玩家关注，只能选择那些玩家数量巨大，但是数量十分稀少的网络游戏，植入营销受到游戏题材、保持游戏体验等诸多方面的限制。自主开发的游戏多集中于网页游戏，因为玩家数量少，营销效果往往不佳。在移动游戏兴起后，营销者完全可以自主开发或者联合其他专业游戏制作机构定制一款既能保持较好游戏体验，又能符合营销需求的游戏。在这样的条件下，品牌定制游戏得到了极大的发展。

随着 AI 技术的广泛使用，游戏开发成本进一步降低。2024 年，土耳其独立游戏开发者 Eyad Alshafei 开发的模拟经营类游戏《沙威玛传奇》，内容体量不到 100MB，作画、作曲、配音都由 AI 技术辅助完成。由于游戏玩法简单轻松，歌曲和画面"魔性洗脑"，很快在社交媒体中形成病毒式传播，并得到全球玩家的普遍好评。

2. 游戏题材趋于多样化，品牌植入广告的空间增大

在品牌营销采取虚拟游戏营销的方式时，一个要点就是植入的广告信息必须和游戏的题材、内容有一定的联系。植入内容需要和游戏内容本身高度相关，即游戏内容、受众需要和产品概念具有内在关联，并且产品概念的植入不能影响游戏原有的体验。如果强行植入产品信息，破坏了游戏体验，反而会让玩家对这个品牌产生厌恶感。像可口可乐植入《魔兽世界》这样的案例毕竟十分少见，因为可口可乐的广告受众和《魔兽世界》的玩家本身就高度重合，可口可乐植入的形式也有高度创意。

传统的网络游戏和单机游戏的题材集中于魔幻、动作、射击以及体育等类型，玩家集中于青少年且以男性居多。除了快速消费品、体育用品、汽车以及电子产品，其他产品似乎很难找到在这些网络游戏中植入营销信息的有效路径。移动游戏相对于传统的网络游戏在游戏题材方面有了很大的扩展和延伸，主题非常多样化，出现了动作冒险、竞速、角色扮演、棋牌、体育运

动、音乐、益智解谜、飞行模拟、重力感应等类型，并且还在不断增加，可以满足几乎所有年龄层玩家的各种兴趣需求。移动游戏用户性别比例也相对更为均衡，女性玩家数量甚至超过了男性，占比 50.2%。[①] 对于品牌而言，游戏主题和玩家范围的扩展无疑给品牌植入营销提供了更大的空间。无论是可供选择的适合植入品牌的游戏，还是对品牌在游戏内的表现，相对而言限制都少了很多。

3. 游戏时间碎片化，营销活动得以更深入消费者生活

在移动互联网时代，碎片化的特征变得十分明显。体积小、较为简单但又非常有趣的移动游戏，成功地满足了人们对碎片时间的休闲娱乐要求。在智能移动设备迅速普及的基础上，智能手机几乎成了人手一部的游戏机。与客户端游戏和网页游戏相比，移动游戏的游戏场所呈现多样化的特点。人们在饭店等座、银行排队、乘坐地铁的时间都是碎片化的，无法集中利用，移动游戏成了打发碎片时间的最好方式。

因此，植入移动游戏的营销活动得以更加深入消费者生活。传统广告在广播或电视媒介中投放，往往只有在消费者打开收音机或电视机收听或收看节目时才能产生接触，而且通常只有数秒钟。而只要营销活动植入了牢牢占据玩家碎片时间的移动游戏，即可比较全面地对他们的消费生活产生影响。

4. AR、LBS 等技术兴起，使得游戏营销更加多样化

近年来，伴随着移动互联网的兴起，AR、LBS 等一系列能够连接虚拟和现实的技术也得到了迅速发展。将这些技术应用到游戏当中，就可以将虚拟和现实紧密联系起来，给玩家提供更真实、更丰富的游戏体验。

第 3 节　虚拟游戏营销的策略

一、根据品牌实力和影响力，选择适合的虚拟游戏营销方式

当前玩家基数较大的热门网页游戏、社交游戏以及移动游戏是营销者进行品牌营销的主要选择，品牌定制的为营销活动服务的网页游戏、社交游戏

---

① 移动游戏企业家联盟. 2017 年全球移动游戏产业白皮书.

和移动游戏也在不断增加。植入和定制这两种方式各有优缺点。植入游戏营销方式由于游戏原本的玩家较多、影响力较大，因而品牌一旦植入游戏就能够接触到数量庞大的玩家，容易获取较大的影响力；不足之处在于品牌的营销活动要受到游戏运营商、游戏题材和内容等方面的诸多限制。品牌定制游戏的优点在于完全根据营销规划确定游戏的题材、内容、画面、游戏环节和类型，能够更好地为品牌传播服务；缺点是品牌需要完全自主开发一款游戏，游戏的玩家和影响力不如热门的游戏，要想获取高影响力完全依赖于品牌方对这款游戏的推广。此外，在费用方面，现在开发一款移动游戏并不需要多大的投入，但是推广费用可能会比较高。

这两种虚拟游戏营销方式各有特点，都不乏成功的案例，企业需要根据自身的品牌影响力来确定采用哪种方式。一般而言，知名的品牌在采用自主开发的虚拟游戏进行营销时，往往能够借助品牌已有的影响力来使这款游戏在短时间内获得较高的关注度。选择何种形式的虚拟游戏营销，还和企业营销任务的性质有关。简单的小游戏一般适合短期的、促销性质的营销活动；较为复杂、可玩性较强的游戏则可用来配合长期的品牌形象塑造与传播。

二、深入挖掘品牌、玩家以及游戏三者的联系

无论是游戏植入广告还是品牌定制游戏，企业采用虚拟游戏营销这一方式的目的都是通过游戏给目标消费者带来良好的游戏体验，在这种良好的体验中完成品牌信息的传播。因此，营销人员需要处理好品牌信息和游戏体验的关系。具体而言，在进行虚拟游戏营销时首先要明确以下两个问题。

1. 游戏玩家和品牌消费者的联系

明确游戏玩家和品牌消费者的联系就是明确游戏玩家和品牌的目标消费者的重合程度。游戏玩家非常特殊，比如传统游戏的玩家多为 30 岁以下的年轻人，且以男性居多。各个游戏的玩家在年龄、性别、职业等方面又有很大的不同，比如体育类游戏 NBA Online 的主要玩家无疑是男性，以篮球爱好者居多；腾讯的音乐舞蹈类游戏《QQ 劲舞团》的玩家中，女性玩家会占据较大的比重。因此，在选择游戏进行广告植入时，不仅要看游戏的玩家数量，更要重视游戏玩家在性别、年龄、职业等方面的特征和构成。为了达到营销效果，游戏玩家和品牌的目标消费者之间的重合程度越高越好。

与传统的客户端游戏和网页游戏的玩家不同，移动游戏玩家的年龄结构及职业类型等的差异化都较为明显，游戏已经成为移动端普通的用户行为。玩游戏的已经不仅仅是 30 岁以下的年轻人，很多 30 岁以上的人也开始接触游戏，同时，女性游戏玩家的人数增加，玩家的职业背景和收入水平更加多样化，这给营销带来了新的机遇：通过游戏能够接触到更加广泛、更加多样的目标消费者。同时，品牌想要真正做到精准营销，则需要更加精细的消费者调查与数据分析。

品牌定制游戏就是根据品牌的营销目标开发制作的，因此营销需要考虑的是，如何使游戏吸引到足够的目标消费者。

2. 品牌和游戏内容的联系

PC 端游戏和网页游戏的题材比较集中，主要是体育、射击、战争以及科幻等类型，因此对植入游戏的营销内容限制较多。相对而言，现实中知名的运动品牌、饮料等商品植入体育游戏较为常见，其他类似游戏中的品牌植入则需要深入挖掘品牌和游戏内容的内在联系，并加以创意表现。

社交游戏和移动游戏的题材十分广泛，一些非常贴近生活的题材（如美食、购物、家庭生活等）都有可能成为游戏的主题。这一转变为品牌营销提供了很好的机会，游戏的主题正在涵盖生活的方方面面，更多的品牌能够轻松地进入游戏。知名游戏交流网站游戏邦列举了一些特定品牌适合植入的游戏类型（见表 6-1）。

表 6-1　特定品牌适合植入的游戏类型

游戏类型	适合植入的品牌类型
购物类游戏	服装类、时尚类品牌
城市建设、餐厅管理类游戏	连锁餐厅品牌
夜生活类游戏	娱乐传媒品牌
宠物类游戏	包装品牌
农场经营类游戏	食品品牌、保险公司

三、将品牌内容和游戏有机融合，保障玩家的游戏体验

将品牌内容和游戏有机融合，目的就是在不影响游戏体验的基础上传播品牌信息。在选择好一款游戏后，还要使向消费者传递的营销信息以一种恰

当的，甚至能够提升游戏趣味性的方式出现在游戏中。如果企业在游戏中过分突出营销信息，则不仅不能带来良好的效果，还会引起玩家反感，产生对品牌的负面评价。如果营销信息不明显，达不到引起玩家注意的感觉阈值，则容易被玩家忽视。因此，在进行游戏植入营销时，需要在营销信息传递方式、位置、情节等方面把握好品牌和游戏内容的关系，原则是既不破坏游戏的整体体验，又能引起玩家注意进而达到广告效果。

只有当游戏和品牌相得益彰时，虚拟游戏营销才能取得最佳的效果，因而在将品牌信息植入游戏时，需要注意与游戏界面、游戏机制两个方面的融合。

1. 品牌和游戏界面的融合

植入游戏的品牌信息，不论其植入形式如何，在基本的视觉表现等方面都应该和游戏的界面保持一致，这是融合的基本要求，目的就是保证游戏画面的整体性和美观性不被破坏。在进行品牌植入时，不仅要使品牌植入信息在画风、色彩、大小比例等方面适合游戏的整体风格，还需要在这个基础上增强产品的表现力，以便在游戏环境中吸引玩家的注意。游戏中体育赛场的场边广告就能够达到这个效果——既不会显得突兀，又不会被忽视。当然，多数社交游戏和移动游戏都采取了卡通的表现形式，将品牌融入游戏环境不会太难，但要将品牌变得吸引人却需要创意的支持。当仅仅凭借视觉表现上的创意无法吸引玩家的注意时，就可以考虑采取更深度的融合形式——游戏机制层面的融合，例如麦当劳在游戏 FarmVille 中就采取了虚拟商店的形式。

2. 品牌和游戏机制的融合

这个层面的融合相对较为复杂，品牌的营销信息在游戏中的形式不再是简单的一块广告牌，而是游戏中重要的道具、场景甚至游戏环节。这类融合方式对营销者而言价值非常大，因为它很受玩家的欢迎，不会被当作无孔不入的、令人厌烦的营销信息而受到排斥。这类融合方式通过在游戏中引入实物奖励，或者玩家的现实行为，能够大大增强游戏的真实感。以 Facebook 上的热门游戏 Restaurant City 为例，许多现实中的品牌进入游戏，其中可口可乐在该游戏中进行了一场虚拟和现实相联系的广告宣传，该活动让玩家在圣诞节前一周到现实中的可乐自动贩卖机免费领取可口可乐，赠送给其他人。这种促销方式突破了虚拟游戏的空间限制，让玩家进入现实世界与品牌形成互动。对于玩家而言，这种通过游戏获取奖励的方式既能给他们带来实惠，又能使整个游戏变得更加有趣。将品牌和游戏机制进行融合，可以采用以下形式。

第一，消费者在现实世界中消费产品后，可以到游戏中获取品牌定制的游戏道具和特殊奖励。这种形式的融合出现得比较早，早在 2005 年《魔兽世界》和可口可乐的合作中，可口可乐就采取这种"现实品牌消费＋虚拟道具奖励"的形式将品牌融入游戏。类似的案例还有 Facebook 上的游戏 Pet Society 与在线鲜花零售商 FTD 在 2010 年情人节推出的购买真花赠送虚拟玫瑰的活动；饮料品牌激浪植入游戏《穿越火线》，购买激浪产品可以获取游戏中的定制道具。此外，肯德基 2017 年与热门游戏《阴阳师》合作推出的"买套餐送礼包"以及 2021 年与热门二次元冒险游戏《原神》合作推出的"买联动套餐送游戏装扮"也是这种模式。采取这种融合方式，需要找到产品和游戏的内在联系，确保品牌的目标消费者和游戏的玩家高度重合，只有这样，随产品附送的虚拟游戏道具才有可能被使用，游戏的玩家也才会有兴趣去购买产品。

第二，品牌以游戏道具、游戏奖励等形式出现在游戏中，同时游戏的道具可以让消费者到现实世界进行相关消费。这种形式的植入更加强调将产品融入整个游戏环节，使产品植入在游戏中不显得突兀，强调通过游戏行为去获取现实奖励，甚至领取现实奖励也是玩家参与游戏的一部分，因此这种植入能够提升游戏的体验，并且使得品牌在游戏中的营销活动更加容易被接受和认可。在游戏题材开始涵盖现实生活的方方面面时，这种植入更加易于实施，移动通信的发展又为紧密联系现实和游戏提供了可能。可口可乐植入虚拟餐厅经营游戏 Restaurant City 采取的就是这种形式。

第三，根据品牌营销的需要设计相关的游戏环节。这种融合形式的层次非常高，整个游戏环节的设计都得符合品牌营销的需要，因而对游戏本身要进行非常大的改动。这一要求使得这种形式的融合一般不会在非常热门的游戏中出现，往往以品牌定制游戏或者游戏制作方为满足品牌营销需要而推出的游戏副本等形式出现。例如，2018 年奥利奥饼干开发了《奥利奥游戏机》，把每一块饼干都变成了一台游戏机，消费者把奥利奥咬成不同的形状，或者组合不同的奥利奥产品，即可利用 AR 技术解锁不同的小游戏。该游戏受到了很多消费者的追捧，奥利奥销量迅速提高。当前品牌定制游戏越来越多，这种融合形式的表现也越来越多。需要注意的是，品牌定制游戏一般都能很好地传递品牌信息，但是在游戏的趣味性方面需要多加考虑。

第四，根据品牌内容设计或选择合适的游戏角色。无论是根据现实设计新的虚拟角色还是利用现有的虚拟角色，只要是把品牌与游戏、现实与虚拟巧妙地融合，都会对品牌的推广产生一定作用。利用游戏角色的营销一般来说有两种。第一种是根据品牌定制一款全新的 IP。2016 年必胜客与《王者荣耀》合作，推出了安琪拉新皮肤"魔法小厨娘"，这一 IP 的新建和植入极大地引起了玩家的兴趣，此次营销活动不仅在全国开启了 6 家主题餐厅，以角色扮演形式让"小厨娘"走进现实，为消费者服务，更在全国所有的必胜客门店推出"王者必胜套餐"，随餐附赠英雄闪卡，玩家可以通过闪卡解锁安琪拉的新皮肤。此次品牌和 IP 实现了强有力的结合，迅速提高了到店率，为必胜客在《王者荣耀》玩家群体中赚足了口碑。第二种是利用游戏 IP 为品牌代言，这种合作必须对品牌内容和游戏角色有很好的洞察力，若 IP 内涵与品牌调性相符，则可以选择其作为品牌的代言人。2017 年，任天堂与家乐氏合作推出根据最新游戏《超级马力欧：奥德赛》制作的早餐麦片食品，同时也确定了该产品包装盒具有 Amiibo（内置 NFC 芯片）功能，即通过与任天堂 Switch 手柄接触可以解锁《超级马力欧：奥德赛》中恢复体力的"心"或金币。这已经不是任天堂和家乐氏的第一次合作了，此前两家合作推出的马力欧赛车饼干同样深受欢迎。该早餐麦片成功引起年轻群体的注意，在日本，仅 3 天就售出超过 51 万份。

四、结合 AR、VR、LBS 技术，紧密联系虚拟游戏和现实行为

新技术的出现和发展使得虚拟游戏营销跳出简单的贴片广告，让场景展示等方式成为可能。在移动化的趋势下，当前可以为企业虚拟游戏营销提供便利的主要有 AR、VR、LBS 技术。这些技术在虚拟游戏营销方面的首要作用是给玩家提供更好的游戏体验，增加玩家对游戏的黏度，同时对消费者行为产生更大的影响力。

例如，2017 年 9 月瑞典家具零售巨头宜家推出 AR 应用 IKEA Place，包含 2 000 多款产品的 AR 图像，采用 3D 和苹果的 ARKit 技术，能高度还原所有商品的尺寸、细节设计，甚至连产品的面料质感、亮度和阴影都能呈现。消费者仅需智能手机便可了解宜家商品在家中不同位置摆放的效果。IKEA

Place 还能根据消费者居住空间的大小自动调整产品规格，精准度高达 98％。

同样在 2017 年，芬兰旅游局、芬兰航空及芬兰机场集团与加拿大的多家合作伙伴联合推出一款高端 VR 游戏 Trek：Travel Around the World，让用户能够通过 VR 体验在拉普兰、赫尔辛基、芬兰群岛等地游览，身临其境般地感受芬兰之旅，吸引了更多游客前往芬兰，极大地推动了芬兰的旅游业发展。尽管虚拟游戏呈现的是一个虚拟的世界，但是数字化技术的运用极大地增强了现实感，并有效引导用户的现实行为。

2020 年，星巴克为庆祝成立 50 周年，推出基于 LBS 技术和 AR 技术打造的游戏 Starland，并发放超过 250 万份游戏奖励来吸引玩家参与，包括免费咖啡、早餐和会员积分等。首先，玩家需要购买礼品卡、加入星巴克会员，然后才能下载 Starland 游戏。Starland 由找星星游戏 "Discover & Win" 和问答游戏 "Quiz It Up" 组成：前者基于 LBS＋AR 技术，玩家可以在真实环境中收集虚拟世界的星星，收集地点包括但不限于星巴克店内，星星可以兑换星巴克礼品或参与抽奖；而问答游戏围绕星巴克展开，有效增进了玩家对品牌的了解。[1]

五、利用游戏的娱乐和社交属性，引导玩家主动分享传播

社交化是当今互联网重要的发展趋势，这一点已经成为整个互联网界的共识。在这一发展趋势下，虚拟游戏营销必须特别注意娱乐性和社交性。

游戏娱乐性的主要作用是增加用户黏度。用户数量和用户游戏体验是黏度的基础，游戏的娱乐性与这两个因素紧密相关，用户在游戏中获得的感官体验一方面会直接影响其对游戏本身的态度，选择卸载或继续体验游戏，从而体现在用户数量的增减上；另一方面会间接影响其对植入游戏的品牌的好感度，这取决于营销对游戏体验有正面或负面作用。这两方面与用户黏度有很大关联，进而影响营销活动的效果。无论是植入游戏还是定制游戏，好的虚拟游戏营销都是在拥有很高的趣味性的基础上，将营销信息和游戏内容完美融合，使产品信息的传递水到渠成。

虚拟游戏营销的社交性是指玩家在玩游戏的同时开展社交活动。游戏的

---

① 　Star Days：The most rewarding week of the year for Starbucks Rewards members.（2020－09－25）. https://about. starbucks. com/press/2020/star-days/.

社交性符合人们的社交天性，可以使游戏体验更好，有效提升玩家对游戏的黏度，使得他们对游戏的专注度更高，参与时间更持久。不仅如此，游戏的社交功能还可以增加游戏本身的真实性，有助于提高虚拟游戏的营销效果。当前，在社交游戏和移动游戏中，社交功能都是必备且不断加强的功能。从早期网络游戏中的游戏公会，到后来农场游戏的去好友农场"偷菜"的情节设置，再到各品牌游戏的"分享""邀请好友"等安排，都展示了游戏社交性的不可或缺。在这方面，微信平台上的数款热门游戏堪称典范，几乎所有游戏都有好友间互赠"心"和游戏礼包、好友成绩排名系统、向好友发送成绩以及邀请好友等社交性很强的功能设置，这些都是游戏乐趣的来源。

除此之外，游戏的社交属性能够让玩家现实地与好友互动，主动传播或者相互交流关于游戏的信息。如果植入游戏的品牌能够引起玩家的好感，那么有可能引起玩家间的讨论和口碑传播，从而大大扩展营销的影响范围。

六、整合多种营销传播工具，使虚拟游戏营销效果最大化

虚拟游戏营销在企业的数字营销组合中占有重要的位置，但是在企业的整个营销活动中，要注意使虚拟游戏营销成为整合营销传播中的一环。在采用虚拟游戏营销的同时要注意用线下活动、平面广告、线上推广等形式来配合。

营销者应该明确虚拟游戏在整个营销组合中的任务，从而有的放矢地促进阶段营销目标和总体营销目标的实现。例如，上海通用汽车选择在《天天飞车》中植入包括别克英朗 XT、凯迪拉克 ATS、雪佛兰科迈罗等多款车型，尽管《天天飞车》拥有较大影响力，但可以肯定的是，上海通用汽车无法通过植入广告完成整个品牌的营销任务。上海通用汽车在《天天飞车》中的植入更多的是为了在游戏体验中实现品牌知名度和美誉度的提升。在明确虚拟游戏营销的任务之后，营销者需要根据总体目标来设计整合营销传播方案。在开展虚拟游戏营销的同时，要采用其他营销手段予以配合。例如，2022 年必胜客与《原神》开启以"必胜邀约，风起之旅"为主题的跨界合作，必胜客在菜单中推出包含游戏元素的特别套餐，消费者购买即可获得游戏内道具或周边产品；打造《原神》主题门店，吸引游戏玩家线下打卡，与店员"对暗号"还能免费领取《原神》主题海报。此外，玩家围绕联名故事自发产出大量优质 UGC 作品，在社交媒体上获得 15 亿以上的媒体声量。必胜客与

《原神》长期而深度的联动不仅使品牌年轻化，还成功斩获了大中华区艾菲奖金奖的桂冠。①

第 4 节　虚拟游戏的体育运动形态——电子竞技

一、电子竞技概述

1. 电子竞技的概念

电子竞技简称"电竞"，指的是电子游戏比赛达到了竞技层面的体育项目，是利用电脑、手机、平板等电子设备作为运动器械进行的、人与人之间的智力和体力相结合的比拼。前瞻产业研究院在《2023 年中国电子竞技产业全景图谱》中对电子竞技分类如下：第一，从竞技特点来看，分为虚拟化的电子竞技和虚构化的电子竞技；第二，从竞技形式来看，分为对战类电子竞技和休闲类电子竞技，其中，对战类电子竞技又分为第一/三人称射击游戏（F/TPS）、格斗类（F/TPS）、即时对战类（RTS）、多人在线战术竞技（MOBA）、体育类（SG）、大型多人在线角色扮演类（MMORPG），休闲类电子竞技又分为竞速类、音乐类、益智类和棋牌类。② 目前全球知名的电子竞技赛事有英雄联盟 S 系列赛、DOTA2 国际邀请赛、绝地求生全球邀请赛等。

电子竞技自诞生以来，常常和虚拟游戏绑定，被大众混为一谈，但其实它们是两种相关但不尽相同的事物。一方面，虚拟游戏和电子竞技之间存在一定的关联，先有虚拟游戏，后有电子竞技；虚拟游戏是电子竞技的载体形式，电子竞技是虚拟游戏的体育运动形态。另一方面，虚拟游戏和电子竞技之间也存在很大的不同。虚拟游戏强调"玩"，它的主体是玩家本身，玩家必须参与到游戏的玩乐中来获得需求的满足；而电子竞技则强调"看"，它的主体是赛事，虽然赛事本身也需要选手参与到游戏当中，但更多的人是以旁观者的身份来观看电子竞技比赛，从中获得需求的满足。

横跨多个领域的电子竞技具有以下三重属性：

---

① 必胜客×原神：首创"连锁餐饮"＋"游戏 IP"长线营销：案例概述．（2024 - 06 - 11）．https://www. effie-greaterchina. cn/case/show-6800. html?utm_source=chatgpt. com♯.

② 2023 年中国电子竞技产业全景图谱．（2023 - 05 - 12）．https://xw. qianzhan. com/analyst/detail/220/230612 - 1a07f165. html.

第一重属性是娱乐属性。虚拟游戏是电子竞技的载体，也是电子竞技存在和发展的基础。虚拟游戏是由现实游戏发展而来的娱乐产品，它本身就具有非常强的娱乐属性：玩家在参与虚拟游戏的过程中能获得放松的体验与胜利的快感。同样地，电子竞技作为建构在虚拟游戏之上的体育运动，也必然具有娱乐属性。选手在比赛中能获得游戏带来的娱乐，观众也能在刺激的比赛中获得观赏性娱乐。

第二重属性是竞赛属性。电子竞技的内在本质是一种体育竞赛，有比赛就会有输赢，也相应地存在参赛者之间的竞争与对抗。与此同时，这种竞争与对抗有特定的规则基础。正如篮球比赛中在规定时间内得分最高的队伍获胜、跑步比赛中用时最短的运动员夺魁，作为一项体育比赛的电子竞技也必然和这些体育比赛一样，有相应的比赛规则与输赢判定标准，电竞选手们也正是在比赛规则的共识之下进行较量的。

第三重属性是产业属性。有比赛就会有观众，也就有相应的赛事营收模式与产业链条。电子竞技本质上是一种"眼球经济"，电子竞技赛事主办方举办比赛、售卖周边；选手由于职业和生计需要运用自己的天赋和能力与对手进行竞技，贡献精彩的比赛；观众出于对游戏或选手的喜爱为赛事买单；而赞助商为了借势获得更多的流量与关注，为赛事与选手注入资本。电子竞技是一个产业，其中的各个组成部分各司其职，共同维系着电子竞技的产业完整与稳定运作。

2. 电子竞技的发展历程

电子竞技的开端可以追溯到 20 世纪中后期。1962 年，世界上第一款真正意义上可娱乐性质的游戏《太空大战》（SpaceWar）诞生，这款游戏随后被用来进行比赛，成为当代电子竞技比赛的雏形。随着电视媒介的发展与普及，电子竞技开始逐渐进入人们的视野。世界上首档电子竞技比赛节目《星际游乐园》于 1982—1984 年在美国 TBS 电视台播出，取得了很好的反响。到了20 世纪 90 年代，电子竞技走向网络化，整个行业开始快速发展。在这一时期，MOBA 游戏的鼻祖 Netrek 诞生，知名游戏公司任天堂开始举办世界锦标赛，制作竞技游戏的公司 Id Software、维尔福集团、暴雪娱乐公司等相继出现。韩国电子竞技的发展表现最为突出。在 1997 年亚洲金融危机产生大量失业人员的大背景与 1998 年暴雪娱乐公司制作的知名战略游戏《星际争霸》

（StarCraft）正式发行的契机下，韩国的电子竞技开始迅速发展，逐步形成了一个成熟的产业。进入 21 世纪，大型比赛如雨后春笋般出现，被称为"电子竞技奥运会"的世界电子竞技大赛（World Cyber Games，WCG）于 2000 年在韩国创立。此后随着许多非主流电竞比赛的出现与直播平台的支持，世界电子竞技行业进入前所未有的爆发期。[①]

在世界电子竞技发展的浪潮中，我国的电子竞技也在 20 世纪末发迹。有学者将中国电子竞技的发展分为四个阶段，并认为"政府态度转变和政策扶持、平台资金投入和推广、玩家群体破圈是中国电子游戏从无到有，乃至成为引导全球电子游戏领军者最主要的因素"[②]。

1998—2008 年是中国电子竞技的萌芽期。韩国电子竞技产业的蓬勃发展改变了中国游戏行业的发展轨迹。国家体育总局 2003 年把电子竞技列为第 99个体育项目，2008 年在体育项目编号调整中归类为第 78 号体育项目。

2009—2013 年是中国电子竞技的发展期。2009 年，国家体育总局体育信息中心成为电子竞技新的主管部门。从彼时开始一直到 2013 年，在国外知名游戏如《英雄联盟》等相继进入中国的大环境下，众多电竞俱乐部纷纷成立，赛事奖金也节节攀升，产业格局初具雏形，中国电竞行业回暖。

2014—2017 年是中国电子竞技的成熟期。2014 年，电子竞技首次成为青奥会非正式比赛项目，移动端游戏也迎来快速发展。腾讯于 2015 开发的知名手游《王者荣耀》迅速吸引了大量玩家，此后，移动端电竞赛事开始爆发，王者荣耀职业联赛（KPL）等知名赛事都在这一时期诞生。与此同时，随着直播行业的兴起与发展，电竞行业依靠直播的发展红利收获了大量的关注，变现途径也更加丰富，电子竞技在我国逐渐发展成熟。2016 年"电子竞技运动与管理"专业纳入高等职业学校增补专业，以中国传媒大学为代表的国内高校开始了对电子竞技专业教育的探索。

2018 年至今是电子竞技的腾飞期，接二连三的大事件让电竞行业备受关注。2018 年，《英雄联盟》正式进入亚运会，中国代表队战胜韩国代表队夺金。我国的 iG 电子竞技俱乐部、FPX 电子竞技俱乐部分别在 2018 年、2019

① 仍在迷途：电子竞技发展史．（2018－10－08）．https://mp. weixin. qq. com/s/7WN5SuPRlt-x9voJJ1cT3w.

② 路珏，邵子学．机构、平台和玩家：中国电子游戏发展的多维考察．新闻爱好者，2022（12）：104－106.

年的英雄联盟职业联赛（LPL）中夺得冠军。2020 年，《英雄联盟》赛事在中国举办。2021 年，EDG 电子竞技俱乐部取得 LPL 夏季赛冠军、英雄联盟全球总决赛冠军。2021 年，电子竞技被写入《"十四五"文化产业发展规划》。2022 年，由中国通信工业协会电子竞技分会指导开发的电子竞技职业技能认定考试平台正式上线。2023 年杭州亚运会上，中国队在电竞项目中拿到 4 金 1 铜，位列第一。这些事件不仅带来了玩家与观众们的盛大狂欢，更标志着电子竞技在中国进入爆发式发展的新阶段。

二、电子竞技营销的价值

电子竞技在中国的蓬勃发展给营销行业带来了新的机遇，对于广告主而言，摸清电竞行业特点，抓住电竞发展机遇，是其占得营销先机的关键。所谓电子竞技营销，指的是广告主立足于电子竞技的娱乐、竞赛与产业三重属性，以相应的游戏玩家和赛事观众为主要目标群体，通过品牌植入、赛事冠名、IP 合作等方式来推广产品和服务的营销传播活动。总的来说，电子竞技营销主要有以下三大价值：

第一，电子竞技的流量红利巨大。一方面，随着英雄联盟 S 系列赛、KPL 等知名赛事的兴起与日益成熟，电子竞技收获了大量游戏玩家群体的关注。截至 2024 年 11 月，在微博，KPL 的官方账号"KPL 王者荣耀职业联赛"已有 820.1 万粉丝，其超话社区"KPL"发帖量已达 82.8 万，占据电子竞技赛事超话第一名。庞大的游戏玩家基数成为电子竞技的自然流量，无疑潜藏着巨大的营销价值。另一方面，随着中国选手在世界电竞舞台上大放异彩，电子竞技也不断吸引着游戏爱好者甚至"路人"的关注。2021 年 11 月 7 日凌晨，中国电竞俱乐部 EDG 夺得英雄联盟 S11 全球总决赛冠军，引发了大量游戏爱好者的狂欢，各大社交媒体平台讨论火爆。2021 年英雄联盟 S11 赛事期间，B 站直播最高人气峰值近 5 亿；据百度数据统计，11 月 6 日、7 日，以"EDG"为关键词的搜索指数同比提高 6 000％以上；此外，EDG 夺冠相关话题在微博阅读量高达数十亿，知乎热度均在百万以上。圈内圈外强大的流量收割能力让电子竞技成为各大品牌全新的营销阵地。

第二，电子竞技的营销传播形式丰富。相较于虚拟游戏注重"玩"的体验，电子竞技"眼球经济"的属性更加明显。从游戏到赛事，从选手到观众，多维场景的呈现和多元角色的参与也为电子竞技营销传播形式的丰富提供了可能——图文海报可以带来深刻的视觉印象，赛事直播可以让观众实时观看比赛，在抖音、快手等短视频平台中也可以根据粉丝的喜好推送比赛视频。此外，音乐、小说、纪录片、电视剧等也成为电子竞技营销的重要传播载体。例如，英雄联盟全球总决赛从 2011 年举办开始，每一赛季都会推出主题曲与纪录片，2021 年的英雄联盟全球总决赛主题曲《不可阻挡》和年度纪录片《不破不立》一经推出就获得广泛关注；歌手陈奕迅为衍生动画《英雄联盟：双城之战》演唱的中文主题曲《孤勇者》大受欢迎，实现破圈传播。值得一提的是，近年来，以电子竞技为主题的影视剧也层出不穷，如动画《全职高手》、青春励志网剧《穿越火线》等，且在播出后都获得了很大的反响和关注度。电子竞技营销传播形式丰富的特点无疑为合作品牌的推广带来了多样化的选择。

第三，电子竞技的营销转化场景多元。作为一个在虚拟游戏的基础上发展起来的行业，电子竞技已经打通游戏、俱乐部、赛事、主播、平台形成成熟的产业链，这也意味着其营销转化场景更加完整与多元。在游戏场景中，品牌可以深度融入游戏进行品牌曝光；在直播场景中，品牌可以通过对赛事冠名等方式获得巨大关注；在现实场景中，品牌可以与电竞联合推出周边产品或者举办线下活动来获得实际转化。2019 年 3 月，玛氏箭牌旗下品牌 5 弹立方无糖口香糖联合 KPL 开展营销活动，不仅在电竞场景进行大量的内容共建、推出品牌游戏特效，还联动电竞明星开展挑战视频活动获取流量转化，更在线下推出"5 弹立方×KPL 全国巡回大巴"吸引粉丝到店购买，打通线上线下多个场景，取得了品牌口碑和销量的双丰收。电子竞技的多元转化场景为品牌营销带来了更广阔的创意舞台及更大的变现机会，是电子竞技营销的又一价值所在。

三、电子竞技营销的策略

1. 厘清电竞产业逻辑

任何营销的借力都必须事先厘清所依托主体的内部逻辑，对于已经发展得较为成熟且有相对复杂产业链的电子竞技来说更是如此。前瞻产业研究院发布的《2023 年中国电子竞技产业全景图谱》显示，电子竞技产业链的上游主要为电子竞技游戏产业，包括游戏研发和游戏运营等；中游主要为赛事运

营、俱乐部与选手、电子竞技内容制作，其中电子竞技赛事运营是中国电子
竞技产业链的核心环节；下游以电子竞技直播、电子竞技媒体及其他衍生产
品的内容传播为主。想要在如此复杂的产业体系中开展营销活动势必要先弄
清楚它的产业链结构与内部逻辑，方能做到有的放矢。首先，广告主必须了
解国家相关监管部门对电子竞技行业的相关规定，并在这些规定许可范围内
开展营销活动，不可越界违规。其次，广告主要明确区分参与到电子竞技中
的各类人员群体，确定品牌营销对象，并对其进行有针对性的需求分析。最
后，若要进行游戏植入，广告主要找到不同电竞游戏的玩法逻辑，善于发现
符合自身品牌调性的游戏；若要进行赛事冠名，还要深入了解不同电竞赛
事的比赛规则；而在内容传播方面，同样需要深挖电子竞技的媒体传播规
律。总之，只有在相关监管部门的规定范围之内，在全面掌握电子竞技中
不同群体需求的基础上，深度了解游戏运营商、赛事主办方与内容传播渠
道各自的运行逻辑，才能有计划、高效率地开展相关营销活动，达到预期
目标。

　　2. 借力电竞 IP，打通营销场景

　　在移动互联网时代，借力 IP 是营销的重要手段。而随着人们的消费需求
从单纯的产品和服务转向场景体验，借力电竞 IP 打通多元场景也成为广告主
在进行电竞营销时的有效策略。一方面，广告主可以借力已有电竞 IP 进行联
合营销，打通线上线下场景。2025 年，专注于智能短交通和服务类机器人领
域的九号公司通过与王者荣耀职业电竞俱乐部成都 AG 超玩会、重庆狼队合
作，借力电竞 IP 打通多元场景。线上，九号公司推出与电竞联名的智能电动
车产品，吸引玩家和车友的关注；线下，九号公司深度参与电竞赛事活动，
通过赛事冠名和现场互动，增强品牌曝光和用户黏性。这种线上线下联动的
营销策略，不仅提升了年轻消费者对九号公司的品牌认知，也推动了产品的
销售转化。另一方面，广告主也可以借力自创电竞 IP 开展营销活动。2021
年 11 月，宝马在《英雄联盟》手游上线不到两个月之际，打造自有电竞 IP
"BMW 英雄联盟手游挑战赛"，以电竞赛事主办方而非赞助商的身份开展营
销活动，既为自身品牌车主的业余爱好提供了平台，也为没有购买宝马汽
车的选手和观众们提供了了解宝马各类产品的场景，在电竞营销领域开创
了先河。

3. 聚焦电竞圈层，传达品牌理念

跟虚拟游戏营销策略一样，广告主在开展电竞营销活动前，首先要考虑电竞受众与品牌目标消费者一致性的问题。但由于电子竞技的受众相较于虚拟游戏来说不再局限于游戏玩家，而是扩展到数量更为庞大、具有显著圈层化特点的电竞比赛观众，因而在确定契合的目标消费者后，还需要聚焦不同的消费者圈层，投其所好，使营销信息高效触达。2020 年 9 月，自热火锅品牌自嗨锅依托 KPL 秋季赛开展电竞营销。自嗨锅先是确定目标消费者为"玩王者荣耀的人群"，随后对目标消费者进行圈层分析，将其分为"技术流少年""荣耀美少女""双排 CP 党"三个圈层。除了必要的品牌露出与消费引流外，自嗨锅还利用不同的圈层兴趣属性，将 IP 流量引至品牌社群，在赛事中积累了近 3 万活跃社群成员，将"游戏就吃自嗨锅"的品牌口号渗透到电竞圈层中。自嗨锅与 KPL 的此次合作案例也因其聚焦电竞圈层的亮点获得了2021 年 IAI 传鉴国际创意节垂直类全场大奖。

4. 联动电竞明星，依托粉丝经济

在电子竞技产业链中，比赛观众是规模最为庞大的组成部分，中国音像与数字出版协会发布的《2024 年 1—6 月中国电子竞技产业报告》显示，2024年 1—6 月，中国电竞用户规模约为 4.9 亿，全球用户数量最多。[①] 与此同时，电竞观众的粉丝属性逐渐被挖掘。而作为粉丝支持和喜爱的对象，电竞明星战队与明星选手也成为广告主重要的联动目标。生活服务品牌 58 同城在 2020年举办的"超职季"活动中联手电竞领域，先是与中国顶级电竞战队 AG 超玩会达成年度战略合作，成为 AG 超玩会的官方合作伙伴；2020 年 7 月，58同城 CEO 姚劲波还与两位 AG 超玩会电竞选手、中国内地某知名男演员以及一名 CBA 球员组成神奇战队，与网友组成的水友队 5V5 在线语音游戏，本次活动话题事件曝光量超 2 亿，同时带来了 58 同城 2020 年"超职季"专区上线后第一波流量高峰。[②]

---

① 《2024 年 1—6 月中国电子竞技产业报告》正式发布．（2024 - 07 - 26）．https://news.qq.com/rain/a/20240726A0AOXT00?suid=&media_id=.

② 去壳体育．2020 电竞营销精彩案例盘点．（2021 - 05 - 09）．https://mp.weixin.qq.com/s/tj1l8Mbv_fGDWgjrfEbUcw.

5. 技术赋能，丰富营销互动形式

在互联网络高速化、终端设备移动化、社交场景虚拟化的今天，技术的发展早已成为推动人们生产生活持续升级的动力，广告主进行电竞营销时同样也可以运用 VR、AR、AI 等技术，丰富营销互动形式，给消费者带来不一样的新奇体验。2025 年，网易在旗下游戏《逆水寒》中引入了 DeepSeek 驱动的智能 NPC① "沈秋索"，通过 AI 大模型的应用，NPC 能够与玩家进行自然流畅的对话，并根据玩家的身份和过往行为做出个性化反应，极大地提升了玩家的游戏体验和沉浸感。这种创新的 AI 应用不仅为游戏本身增添了趣味性，也为品牌与玩家之间的互动提供了新的可能性。而随着虚拟技术的发展以及 "元宇宙" 等概念的火爆，未来，观众也许可以带上设备置身于电竞赛场中、自选观看角度，甚至选手们使用的设备、穿着的队服都可以被直接 "抓取" 放入购物车中，营销互动形式将随着技术的发展不断丰富。②

案例分析 6-1

耐克×《堡垒之夜》跨界游戏化营销

潮流运动品牌耐克历来注重将球鞋文化和游戏文化相结合，向年轻消费者传递时尚、有趣的品牌价值观。《堡垒之夜》（Fortnite）是一款第三人称射击游戏，在国外游戏市场拥有广泛的玩家群体，又因其有趣的跨界营销活动而备受关注。近几年，耐克和《堡垒之夜》频频发起联名营销，都取得了积极反响。

1. 元宇宙游戏打通现实-虚拟营销场域

2023 年，耐克联合《堡垒之夜》推出以 Air Max 运动鞋为灵感的元宇宙沉浸式游戏地图 Airphoria。它由游戏工作室 Beyond Creative、游戏公司 Epic Games 和耐克联合制作，在《堡垒之夜》游戏中创造了耐克主题、未来科幻风格的漂浮小岛，岛上随处可见耐克元素，比如鞋盒盖成的摩天大楼、篮球场上巨大的耐克标志，就连广告牌和路标也融入了品牌特色，甚至还有球鞋

---

① NPC（Non-Player Character，非玩家角色），指的是游戏中不受玩家控制的角色。NPC 通常由计算机的人工智能控制，拥有自身的行为模式，并在游戏中承担多种功能，例如推动剧情发展、提供任务、交易物品或与玩家互动。

② 薛嘉炯. 5G 时代，关于电竞的想象. 中国广告，2019 (10)：71-73.

外形的巨大建筑物。玩家操控的虚拟角色可以穿着耐克服饰四处探索地图，在完成一系列跑酷和潜行挑战之后，找回丢失的耐克系列运动鞋，以此获得游戏道具奖励。同时，玩家也可以在耐克商城中购买 Airphoria 联名的系列服饰、运动鞋，达成现实世界与虚拟空间的联合营销。①

元宇宙所创造的虚实结合的、泛游戏化的沉浸式新娱乐和生活场景，为元宇宙生态系统提供了极具吸引力的消费契机。② 品牌朝元宇宙发展的同时，虚拟产品、代币（NFT）也将成为品牌资产的一部分。③ 在此次跨界营销中，Air Max 设计元素与《堡垒之夜》不断发展的世界相结合，为玩家提供了独特有趣的、具有品牌特色的虚拟场景体验，并进一步提升了耐克的品牌认知度和影响力。

2. 从游戏道具植入到游戏场景植入

早在 2019 年，《堡垒之夜》就已和耐克旗下品牌 Jordan 开展联名合作，发布限时挑战 "Downtown Drop"，玩家完成指定任务后可获得带有品牌元素的道具作为奖励，此外还发布了两款 Jordan 主题皮肤供玩家购买。2021 年，Jordan 再次与《堡垒之夜》进行跨界营销。在完成 Jordan 主题的寻宝游戏后，玩家可以解锁房间并进行场景互动，例如在游戏中的篮球场上和朋友比赛投篮、在虚拟影厅观看 Jordan 宣传片。此外，玩家完成所有挑战后还可以进入名人堂房间，向游戏好友一展实力。当然，除了场景植入，本次联名同样在游戏中发售了系列皮肤、道具。④

在与《堡垒之夜》进行跨界营销的过程中，游戏特性与粉丝玩家属性不仅为耐克注入了新的活力、丰富其虚拟品牌形象，还为耐克拓展了新增长点，开创了元宇宙时代品牌与用户共创互动的新模式。

---

① Nike launches airphoria in fortnite.（2023 - 06 - 20）. https://about. nike. com/en/newsroom/releases/nike-launches-airphoria-in-fortnite.

② 张铮，刘晨旭. 未来数字文明：文化元宇宙的创造要素与价值生成. 东南学术，2024（3）：214 - 225，248.

③ Arya V，Sambyal R，Sharma A，et al. Brands are calling your AVATAR in Metaverse——A study to explore XR-based gamification marketing activities & consumer-based brand equity in virtual world. Journal of Consumer Behaviour，2024，23（2）：556 - 585.

④ The Jumpman Zone and the Air Jordan xi 'COOL GREY' Come to Fortnite.（2021 - 12 - 01）. https://www. fortnite. com/news/the-jumpman-zone-and-the-air-jordan-xi-cool-grey-come-to-fortnite? lang = en-US.

讨论题

1. 你觉得耐克与《堡垒之夜》开展跨界营销的成功因素有哪些？

2. 在这个案例中，耐克是如何做到将虚拟和现实相联系的？这种联系对品牌营销的好处是什么？

案例分析6-2

OPPO×PEL电竞营销

和平精英职业联赛（PEL）是腾讯旗下手游《和平精英》最顶尖的官方职业赛事，自2019年创办以来便受到游戏玩家与电竞爱好者的欢迎，成为许多企业青睐的营销合作对象。OPPO手机品牌是PEL最早的合作方，在PEL创办的两年时间里，OPPO联合PEL的电竞营销不断变换升级，取得了不俗的营销效果。

1. 推出赛事专用机，促成营销转化

2019年9月，首届PEL预选赛火热开赛。作为"第一个吃螃蟹的人"，OPPO品牌的OPPO Reno5 Ace手机就以其强劲的性能受到PEL的青睐，成为首届PEL的赛事专用机。选手在比赛中的使用直接给OPPO手机带来了贯穿整个赛程的持久长效曝光以及出色的转化效果。OPPO Reno5 Ace手机在2019年11月1日线上开售8分钟就超过了上年同天的全天销售额，开售10小时超过了当年"618"年中大促全天的销售额，斩获了当天天猫平台全价位段手机的销售额冠军以及京东、苏宁易购平台2 500～3 500元价位段手机双料冠军。亮眼的营销效果也促成了OPPO作为赛事专用机与PEL合作的延续，随后，OPPO Ace2手机、OPPO Reno5 Pro＋手机和OPPO Reno6 Pro＋手机分别成为PEL 2020年S2—S3赛季、2021年S1—S2赛季和2021年S3—S4赛季的赛事专用机，OPPO品牌因此在游戏玩家与电竞爱好者中获得了超强曝光。

2. 举办多元活动，吸引流量跳转

举办多元化的电竞相关活动也是OPPO联合PEL开展电竞营销的一大特点。自PEL开赛以来，OPPO先后联合PEL推出了"电竞粉丝节""2021PEL挑战赛"等活动。2021年5月，双方策划"PEL S2明星挑战赛 ＆ OPPO Reno6 Pro＋装备升级夜"，邀请两位娱乐明星与六位知名比赛选手组队进行比赛，凭借PEL比赛的热度以及明星和选手的流量，加上《和平精英》通过客户端、赛场、直播平台、游戏社区、粉丝俱乐部和腾讯系矩阵为 OPPO 打造的全方位营销引流策略，该场比赛最终收获超千万观众的观看，并且为 OPPO 的新品手机带来了超百万的引流跳转，成效显著。

3. 发布合作纪录片，激发情感共鸣

2021 年 11 月 5 日，由 OPPO 和 PEL 联合献礼 PEL 举办两周年的纪录片《我们都是 PEL 分之一》上线。该纪录片围绕 PEL 赛事，记录电竞选手与电竞粉丝的工作与生活，细致捕捉他们对于电竞的真实情感，以小见大，还原 PEL 电竞的发展现状，展现了当代年轻人的热爱与热血。此外，OPPO 的游戏体验优化专家也在纪录片中讲述了 OPPO 赛事专用机的更迭历程与研发理念。电竞赛事与电竞设备的情感交融相辅相成，共同激发了观众的情感共鸣，传达了 OPPO 的品牌理念。

讨论题

1. 你觉得 OPPO 和 PEL 联合开展的电竞营销成功的因素有哪些？
2. 你觉得 OPPO 和 PEL 联合开展的电竞营销还可以有哪些新形式？
3. 结合案例，谈谈企业开展电竞营销的未来发展趋势。

第 **7** 章

搜索引擎营销

学习目标

读完本章后，你应该理解：

1. 搜索引擎营销的基本定义和特点。

2. 搜索引擎营销的分类。

3. 搜索引擎营销的现状和趋势。

4. 搜索引擎营销的策略。

引　例

搜索引擎营销赋能银联 62 节

为恢复新冠疫情后消费者的信心并激发市场活力，中国银联推出了一项名为"重振引擎"的计划，在 62 节期间通过实施满减优惠、提供大量特价商品等措施来促进商业活动、惠及消费者。面对第三方支付平台在移动支付市场中占据主导地位的竞争态势，搜索引擎营销成为银联有效连接潜在用户、增强 62 节活动影响力、推动云闪付应用程序下载以及加强其在中国移动支付行业竞争力的关键工具。

在活动造势阶段，银联利用百度地图慧眼的大数据技术为超过 10 座城市的线下广告位置选择提供了支持；同时，通过与百家号官方媒体合作发布新闻稿，在人民网、环球网等多个权威媒体上为中国银联的"重振引擎"计划背书，拉开了此次 62 节活动的大幕。

爆发期，银联利用百度人工智能和大数据分析能力识别目标受众，精准定向 18～44 岁、一二线城市关注价格、安装拼多多和唯品会等 App、搜索折扣相关信息的人群。借助百度开屏广告和信息流，保障广告曝光量，实现了对"重振引擎"计划的消息的高效率传递。

后续阶段，银联继续通过百度 AI 技术和大数据优化媒体投放策略，确保能够沿着用户的决策过程进行精准覆盖。具体做法是：通过参与百度知道合作伙伴计划解答相关问题、编写详尽的品牌故事录入百度百科增加品牌透明度、设立品牌专区①满足有直接检索需求的核心用户，构建了一个全面而深入的营销体系。

这次活动极大地提升了中国银联的社会关注度，显著地增强了中国银联在移动支付领域的竞争力。"银联"百度指数增长超过 500%，活动期间成功触达超过 800 万目标用户。"下载云闪付并安装"的搜索量同比增加了 1 292%，而"将云闪付下载到手机"和"下载最新版云闪付"的查询次数也分别上升了 1 061% 和 622%。

---

①　品牌专区位于搜索页面结果首位，以大篇幅的文字、图片、视频等多种广告形式全方位推广展示企业品牌信息，将最为精华和直接的品牌信息展现在用户面前，方便用户直接跳转购买页面。

第 1 节　搜索引擎营销概述

一、搜索引擎营销的定义

关于搜索引擎营销的定义，学界和业界有多种提法。

塔潘·潘达（Tapan K. Panda）指出：搜索引擎营销是一种网络营销形式，其目的在于提升网站质量以增强其在搜索页面的可见度，它使用搜索引擎优化、付费广告、内容关联广告和付费链接等几种方法。搜索引擎优化采用创建或者改变网页标题、关键词、结构等方法，使自己的页面比其他网页的关联度更好，排名更靠前。搜索引擎营销也称为关键词营销或者点击付费广告，广告主为特定的关键词或者短语出价，使广告能够在自然搜索结果的旁边出现。[①]

维基百科给搜索引擎营销下的定义为：它是一种以通过增加搜索引擎结果页（search engine result pages，SERP）能见度的方式，或者通过搜索引擎的内容联播网来推销网站的网络营销模式。[②]

谷歌公司的李莎认为：搜索引擎营销是通过搜索引擎营销网站实施的行为，包括提升自然排名、广告付费排名，或者这两种方式的结合，以及其他和搜索引擎相关的行为。更简单地说，是指一系列能使网站在搜索引擎上显著的营销技术，这样能吸引目标受众访问网站。这些技术包括搜索引擎优化（search engine optimization，SEO）和按点击付费（pay-per-click，PPC）。[③]

综上所述，搜索引擎营销是一种网络营销形式，它可以根据用户使用搜索引擎的方式，利用用户检索信息的机会尽可能将营销信息传递给目标用户。这一定义包含多个方面：第一，搜索引擎营销是一种网络营销，它是一种新兴的营销模式，与其他营销形式密不可分。第二，搜索引擎技术是搜索引擎营销的基础。搜索引擎营销随着搜索引擎技术的发展而发展，搜索引擎营销方法与搜索引擎技术密不可分。第三，用户的信息检索行为是搜索引擎营销

---

① 　Panda T K. Search engine marketing：does the knowledge discovery process help online retailers?. Journal of Knowledge Management，2013（3）：56-64.

② 　搜索引擎营销 . http://zh. wikipedia. org/wiki/.

③ 　李莎 . 搜索引擎及搜索引擎广告现状研究 . 广告研究（理论版），2006（3）：44-49.

的核心。搜索引擎营销必须充分挖掘用户信息检索行为的特征，这既是出发点，又是落脚点。第四，营销信息的传递是搜索引擎营销的目的。和其他营销形式一样，搜索引擎营销的目标是传递营销信息，促进销售。第五，搜索引擎营销有两种类型，分别是搜索引擎优化和付费推广。[①]

二、搜索引擎营销的发展历程

1994 年，雅虎分类目录型搜索引擎诞生，搜索引擎开始表现出网络营销价值，搜索引擎营销的思想开始出现，其主要的营销方式是免费分类目录登录。1995 年，基于网页 HTML 代码中 META 标签[②]检索的搜索引擎技术诞生。利用 META 标签改善在搜索引擎中排名的技术很快成为搜索引擎营销的重要内容，这就是搜索引擎优化方法的萌芽。1997 年，网站"链接广泛度"（link popularity）的概念出现。2000 年，出现按点击付费的搜索引擎关键词广告模式，搜索引擎广告诞生。2002 年，在网络广告市场最低迷的时期，搜索引擎关键词广告市场增长强劲，占 2002 年网络广告市场的 15％，搜索引擎带动了整个网络经济的复苏。随后，出现了基于内容定位的搜索引擎广告（如 Google AdSense）。2009 年后实时竞价广告（real time bidding）技术出现，广告主开始从购买"媒体"向购买"受众"转变，借助搜索引擎交易平台，大大提高了广告资源的分配效率和广告投放的精准度。

2001 年之前中国搜索引擎营销的主要方式是免费的分类目录。2001 年，搜狐等部分中文分类目录开始收费登录，由于网络经济环境、搜索技术、收费等方面的原因，搜索引擎营销市场进入调整期。2003 年后搜索引擎优化受到重视，搜索引擎营销快速发展。2010 年后随着社交媒体和短视频成为搜索新阵地，社交媒体优化（social media optimization，SMO）、视频搜索引擎优化（video search engine optimization，VSEO）成为搜索引擎营销的新分支。

云计算和大数据时代的到来为搜索引擎营销的发展提供了新的契机，如百度研发的一站式智能数据分析与应用平台百度统计，能够帮助企业采集网站、App、小程序等多用户访问数据，提供流量趋势、来源分析、转化跟踪、

---

① 胡斌，田力琼，刘振光 . 传统零售业发展 B2C 电子商务存在的问题与对策 . 商业时代，2008（30）：80 - 81.

② META 标签：HTML 网页源代码中一个重要的 html 标签，用来描述一个 HTML 网页文档的属性，例如作者、日期和时间、网页描述、关键词、页面刷新等。

页面热力图、访问流等多种数据，同时结合百度用户大数据及企业自身业务数据，进行统计分析、生成策略模型等，为网站的精细化运营决策提供数据支持。

此外，移动互联网时代的流量红利已逐渐减少，搜索引擎营销市场从卖方市场过渡到买方市场，近年来大热的人工智能技术为搜索领域注入了新的增长动力。大模型的接入进一步赋能搜索引擎营销，一方面，从服务广告主的角度来说，人工智能技术持续深挖算法，使搜索引擎更精准地掌握用户的搜索内容和兴趣图谱，提高付费点击量以及广告的转化率。另一方面，从方便用户的角度来看，人工智能技术依靠多种方式搜索提供更加完善的解决方案，如图像识别已成为多数搜索引擎的必备功能之一，用户不仅可以通过图片精准地搜索到图片内容的相关信息和相同类别的图片，还可以获得对应的链接，从而进一步获取详细的信息，判断信息来源和真实性，在信息传播中高效获取目标。① 此外，语音识别、视频识别等技术都为用户带来了更加便捷和智能的搜索体验，满足了用户多元化的搜索需求。而生成式人工智能的出现将搜索带入"生成式搜索时代"，通过对信息的深度整合、简练化输出，节约了用户获取有效信息的时间。例如，2024 年 1 月，Google Ads 宣布在搜索广告中引入最新的大语言模型，通过人工智能的内容理解与生成能力，为用户打造全新的生成式搜索体验（search generative experience，SGE）。生成式人工智能引入谷歌搜索的新尝试能帮助广告主提升其投放效果。②

三、搜索引擎营销的基本过程

1. 搜索引擎工作流程

键入搜索请求后，搜索引擎要依次经过以下三个步骤（见图 7 - 1）。

（1）筛选。搜索引擎分析搜索请求，筛选出与搜索请求匹配的网页。

（2）排序。搜索引擎基于关键词、链接广泛度等因素对搜索进行排序。

（3）显示结果。挑选出最合适的网页显示在页面。③

---

① 刘志琳，秦雅萌，郭松．图像搜索引擎的功能与存在的风险．青年记者，2020（26）：107 - 108.

② 黄春晖．Google：从搜索引擎"顶流"到数字营销"巨头"．国际品牌观察，2024（16）：48 - 54.

③ 莫兰，亨特．搜索引擎营销：网站流量大提速．北京：电子工业出版社，2007.

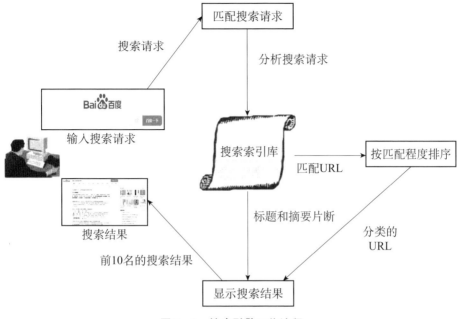

图 7-1　搜索引擎工作流程

2. 搜索引擎营销的过程

（1）企业将信息发布在网站上，成为以网页形式存在的信息源，被搜索引擎索引库收录。

（2）在自然搜索结果中获得较高排名，或者通过付费使广告能够被目标消费者注意。

（3）提高用户对搜索结果的点击率。

（4）用户根据对检索结果的判断选择有兴趣的信息，并点击 URL 进入信息源所在网页。

（5）将点击者转化为消费者，即提高转化率。①

3. 搜索引擎营销的类型

在分析搜索引擎营销的类型之前，要先明确搜索结果的类型。当我们输入搜索请求时，页面上将呈现两种搜索结果，一种是付费搜索结果，另一种是自然排序的自然搜索结果（见图 7-2）。

——————————

① 程鸣. 企业搜索引擎营销的决策模型研究. 北京：北京邮电大学，2009.

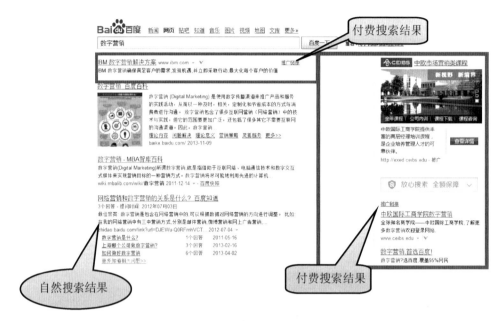

图 7 - 2　搜索的两种页面结果

　　根据网页显示的结果不同，搜索引擎营销有搜索引擎优化和付费推广两种形式。

　　搜索引擎优化是指通过对网站的标题、结构、内容等要素进行合理的设计，采用一系列技术手段使网页在自然搜索结果中获得较高的排名，方便用户及时有效地获得信息。它不需要向搜索引擎服务商付费，具有较高的可信度。搜索引擎优化有两层含义：第一，对搜索引擎友好，以获得更高的搜索结果排名。研究显示，有 85% 的查询，用户只翻看搜索引擎返回结果的第一个页面。[①] 如果没有满意的结果，搜索者会返回搜索框重新输入关键词进行检索。艾瑞咨询的调查结果显示，搜索结果排在前 10 名的网站占据了 72% 的点击率，排在第 10~20 名的网站拥有 17.9% 的点击率，排在第 20~30 名的网站点击率只有 10%，排在 30 名以后的网站访问率几乎为零。[②] 第二，对用户友好。网页的界面美观、清晰、简洁，方便用户寻找信息。搜索引擎优化的

---

　　① 余慧佳，张敏，等.基于大规模日志分析的搜索引擎用户行为分析.中文信息学报，2007（1）：109 - 114.

　　② 张苗苗.搜索引擎营销在中国的应用研究.天津：天津大学，2011.

最终目的是使用户能够高效地找到所需信息，用户是搜索引擎优化的最终目标。

付费推广本质上是搜索引擎上广告点位的售卖，从最初单一的付费搜索，到如今花样繁多的露出机会的竞争，付费推广已经发展出众多形式，涵盖搜索广告、信息流广告、开屏广告、品牌广告等。以百度为例，开屏广告、品牌华表等点位最大限度地吸引用户注意力；品牌专区覆盖品牌词和产品词搜索，确保广告精准触达目标受众；此外，百度还上线了"秒懂品牌故事"等内容营销方式，进一步丰富了广告主的推广手段。

付费推广使信息在搜索结果中排名靠前，其主要原理是机器根据推广客户的出价与推广内容质度的乘积决定推广信息是否展现及展现位置。一般采用按点击进行付费。按点击付费是指企业购买相关的关键词，当用户输入与关键词相关的搜索请求时，页面的付费结果栏会出现企业放置的网页。竞价排名的基本特点是按点击付费，广告出现在搜索结果中（一般是靠前的位置），如果没有被用户点击，则不收取广告费；在同一关键词的广告中，每次点击支付价格最高的广告排在第一位，其他位置同样按照广告主自己设定的广告点击价格来决定广告的排名位置。竞价排名方便了企业对账户的监控，同时提高了广告效果。这种竞价排名机制于 1998 年由 Overture 公司提出，随后谷歌也推出了 AdWords 竞价排名广告，2001 年百度将竞价排名引入中国，2004 年，谷歌推出了比 AdWords 更先进的 AdSense 关键词付费广告模式。

四、搜索引擎营销的优势和劣势

1. 搜索引擎营销的优势

（1）精准度高。用户通过搜索引擎进行搜索是自身客观愿望和需要的真实表达，搜索引擎可以根据用户输入的关键词推送广告。随着大数据、云计算和人工智能等技术的发展，搜索引擎服务商不仅可以分析实时关键词，而且可以根据用户过去的搜索请求分析用户的习惯、爱好和需求等，向用户精准推送广告。

（2）交互性强。用户基于自身需求和愿望进行搜索，是一种主动的、积极的信息寻找；在传统广告中，广告主向大众传递商业信息，用户只能被动消极地接收信息。

（3）成本低廉。搜索引擎优化使广告主不需要向搜索引擎服务商支付广告费就可能在搜索结果中占据较高的排名，进而提高网站的点击率。关键词广告则依据点击量付费，每次点击费用取决于广告主为关键词设定的出价。

（4）覆盖面广。截至 2024 年 6 月，我国搜索引擎用户规模达 8.24 亿人，随着技术的不断进步，电脑、智能手机的进一步普及，搜索引擎的使用人数还将进一步增加。

（5）灵活多变。传统营销方式中广告内容很难更改，搜索引擎营销可以根据社会热点、用户搜索习惯和兴趣爱好等及时更改关键词和广告内容，以便快速适应市场变化。

（6）投资回报率高。欧洲 76％的市场营销人员都相信，在达到业务目标方面搜索引擎营销比网页广告条更有效，另外，80％的企业被调查者对搜索引擎营销的投入回报率表示满意，其中有 35％表示非常满意。[①]

（7）巧用搜索引擎定位。研究显示，不管用户是否点击网站，搜索引擎结果都可以提升品牌知名度。搜索引擎是网络营销的大门，一些新品牌可以采用搜索引擎营销，将自己的品牌与相关品牌放在一起进行市场定位。比如 Ranai 是一家新的酒店，它利用搜索引擎将自己与万豪、希尔顿、四季酒店放在一起，当游客搜索"巴哈马豪华酒店"时，理所当然地认为 Ranai 是一家很棒的豪华酒店，否则它不会在搜索结果中排在首页。[②]

（8）提升品牌形象。Enquiro 对 2 722 个成年消费者进行的调查显示，在搜索结果页面出现的品牌广告将会有效提高该品牌影响力、美誉度和消费者购买意向。[③]

（9）提高评价交流和问答平台的可见度。在搜索中，用户除了了解产品的价格、功能及对比品牌外，还有重要的一点是看"其他用户的评价"（占 43.8％）。在对用户行为进行监测后进一步发现，搜索者主要"通过广泛地参与到问答平台、社区和博客中，了解其他经验人士对目标商品或服务的看法和建议，并结合垂直网站提供的报道和对比评测，最终决定购买和交易"[④]。

---

① 莫兰，亨特. 搜索引擎营销：网站流量大提速. 北京：电子工业出版社，2007.

② Dou W, Lim H K, Su C, et al. Brand positioning strategy using search engine marketing. MIS Quarterly, 2010 (2)：261 - 279.

③ 搜索引擎引爆营销革命. 广告大观（综合版），2009 (2)：127 - 128.

④ 黄维敏，韩红星. 如何进行有效的搜索引擎营销. 销售与市场（管理版），2010 (5)：80 - 82.

2. 搜索引擎营销的劣势

（1）点击欺诈。竞价排名广告按照点击量付费，无点击不付费。竞争对手为了消耗对方广告的预算，使自己的广告排名靠前，可能会恶意点击。广告代理商也可能为了获取较高的佣金而恶意点击。Newcars 公司在搜索引擎中为按点击付费广告支付了高额费用，但是根据流量追踪统计，这些流量中夹杂着很多来自保加利亚、印度尼西亚和捷克共和国的 IP 地址，按照 Newcars 的说法，公司在这些国家根本没有客户，这意味着公司很可能遭遇了点击欺诈。

新技术的发展可以为搜索引擎营销的发展提供更好的环境，比如 2013 年 4 月获得美国媒体分级委员会（MRC）认可的网页广告新技术 Active View，通过该技术，谷歌能够计算广告在屏幕上展示的时间，并依据美国互动广告局推出的标准，将每次广告展示面积达 50％以上、存续时间在 1 秒以上的"可见"广告视为已经被真人浏览并列入浏览次数统计。[①]

（2）点击率不一定意味着转化率。搜索引擎营销能够增加网站的流量，但是并不能保证实际销售额的增长。

（3）破坏搜索结果的公正性，影响用户体验。搜索引擎营销可能影响搜索结果的公正性，很多搜索引擎使用者表示不知道有的网页是广告，点击进入后，对搜索结果并不满意。2019 年起，夸克浏览器凭借简洁设计、无广告的卖点在搜索引擎市场上异军突起，并在 2023 年搜索引擎使用体验满意度调查中位居榜首[②]，从侧面反映了广大用户对以往搜索引擎广告的长期不满。

第 2 节　搜索引擎营销的价值

一、网民搜索引擎使用率高，商业价值巨大

CNNIC 发布的第 55 次《中国互联网络发展状况统计报告》显示，截至 2024 年 12 月，我国搜索引擎用户规模达 8.78 亿人，占网民整体的 79.2％。搜索引擎企业通过人工智能等技术优化竞价产品、提高广告主的投放效率，

---

① 付真真，陆伟. 基于关键词的搜索引擎优化策略及效果分析. 现代图书情报技术，2009（6）：61 - 65.

② 央视市场研究 2023 年中国搜索引擎行业研究报告.

增强商业化能力带动营收增长。百度财报数据显示，其 2024 年全年营收为
1 331 亿元，归属百度核心的净利润达 234 亿元，同比增长 21%。庞大的搜索
引擎用户数量及技术的不断进步给搜索引擎营销带来了巨大的商业价值。

二、网络时代消费者行为模式的转变

1898 年，国际推销专家海英兹·戈得曼提出了 AIDA 模型，即一个成功
的营销首先必须吸引消费者的注意（attention），然后引起消费者对产品和服
务的兴趣（interest），激发消费者的购买欲望（desire），最后产生购买行为
（action）。路易斯在此基础上提出了 AIDMA 这一营销模式，认为消费者在购
买产品前还必须经过留下记忆（memory）这一过程。

随着互联网的普及，人们不再被动地接收信息，而是根据自己的需要主
动搜索信息。日本电通公司于 2005 年提出了 AISAS 这一消费者行为模型，
认为当一个产品吸引消费者注意（attention），引起消费者兴趣（interest）
后，消费者会去网上搜索（search）与产品和服务相关的信息，根据搜寻到的
信息作出购买决策（action），最终通过社交网络或者其他方式与朋友分享
（share）自己的消费体验（见图 7 - 3）。

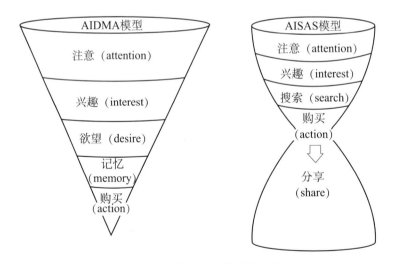

图 7 - 3　消费者行为模型的改变

搜索与分享的核心价值在于充分体现了消费者的主动行为，提醒企业不
应再照搬固有的营销模式，应基于消费者的主动性去重新审视营销活动。在

AISAS 这一模型（见图 7－4）中，搜索这一环节尤为关键。如果消费者不能方便快捷地在网上搜索到产品和服务的相关信息，很可能会放弃购买或者转而购买竞争对手的产品。从这个角度看，搜索引擎营销对企业的价值又上升到了一个新的高度。

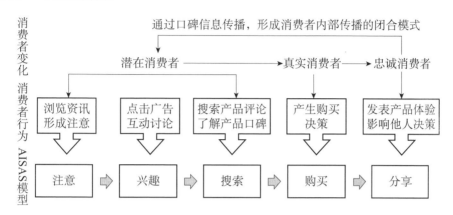

图 7－4　基于 AISAS 模型的消费者行为与消费者变化模式图

资料来源：黄维敏，韩红星. 如何进行有效的搜索引擎营销. 销售与市场（管理版），2010（5）：80－82.

第 3 节　搜索引擎营销的策略

下面我们从搜索引擎优化和付费推广两种形式来讨论搜索引擎营销的主要策略。

一、搜索引擎优化策略

1. 准确而独特的标题

标题（title）标签是网页中最重要的一个标签，写于关键词（keywords）和描述（description）之前，这样更利于网站的排名。不管是网页还是整个网站，标题都是用户或者搜索引擎最先会看到的内容，因此，简明清晰又可以反映实质信息的描述成为首选。网页标题应该简洁明了，方便搜索引擎和用户识别，通常为企业或者品牌名称，也可以是品牌（企业）名称加上非常简单的介绍。每个网页都应该有一个独一无二的标题，切忌所有的页面都使用默认标题。标题要做到主题明确，包含这个网页中最重要的内容，简明精练，不罗列与网页内容不相关的信息。用户浏览通常是从左到右进行的，重要的内容应该放到标题下靠前的位置，使用用户所熟知的语言描述。如果你有中英文两种网站名称，尽量使用用户熟知的那一种作为标题。

2. 关键词的选取、布局和优化

关键词是定位潜在消费者和客户的词语，它决定了网页展示给谁看，不展示给谁看。关键词可以分为核心关键词和辅助关键词。核心关键词是指可以描述网站核心内容的词汇，是网站的轴心。网站上的一切内容都是围绕这个轴心展开的。从搜索引擎优化的角度考虑，核心关键词本身对网站没有太大的意义，重要的是核心关键词被搜索后网站的排名表现。如果核心关键词选择得当，在搜索引擎优化的过程中可以事半功倍，并且可以提高网站流量和业务成交率。核心关键词以行业名称、产品名称、服务名称为主，往往是转化率最高的词。辅助关键词是指与核心关键词相关的解释、术语、名称等，是对核心关键词的补充，也称"长尾词"。在选择辅助关键词的过程中不需要考虑是否可以促成消费，只要与核心关键词相关，都可以罗列在内。

关键词的选择主要考虑两个因素：关键词流行度（keyword popularity）或称热度，用户使用越多，说明关键词热度越高；关键词竞争力（keyword competitiveness），即使用关键词进行搜索时网站的排名情况，排名越靠前，说明关键词的竞争力越强。[①]

关键词的选取、布局和优化应注意以下几点。

（1）关键词不能太宽泛。太宽泛的关键词搜索量大，流行度高，往往竞争也大。如果选择太宽泛的关键词，如"外贸""旅游""鲜花"，成本太高，而且使用这类搜索词的用户目标不明确，不一定是潜在的目标消费者，转化率偏低。所选择的关键词应该比较具体，有针对性。

（2）核心关键词不宜太长、太特殊。为了尽可能吸引最多的潜在用户，核心关键词应该相对热门，涵盖的范围不宜过小。

（3）核心关键词的数量不宜过多。一页中的关键词以不超过 3 个为佳，网页内容针对这几个核心关键词展开，才能保证关键词密度合理，搜索引擎

---

① 付真真，陆伟. 基于关键词的搜索引擎优化策略及效果分析. 现代图书情报技术，2009（6）：61－65.

也会认为该网页主题明确。如果确实有大量关键词需要呈现，可以分散写在其他页面并加以有针对性的优化，让这些页面也具有"门页"（entry）的效果。首页和内页的关键词应有所区别，最典型的情况是在拥有不同的产品和服务的情况下，对每个产品进行单网页优化而非罗列在一个首页上。① 比如，宝洁公司就对不同的产品进行优化，沙宣、潘婷、海飞丝、伊卡璐等品牌都有不同的网页。

（4）对核心关键词进行扩展。很多产品不是只有一种名称，如电饭锅又叫电饭煲，照相机又称相机等。如果产品不是针对单一地区，还要考虑产品在不同地域的名称，如鼠标在台湾等地也叫滑标或游标，米线在四川叫米粉，等等。对关键词进行拆分和组合，如改变短语中的词序以创建不同的词语组合，使用不常用的组合，使组合中包含同义词、替换词、比喻词或常见错拼词，包含所卖产品的商标名和品名，使用其他限定词来创建更多的两字组合以及三字、四字组合。②

（5）选择最佳关键词密度。关键词密度是指关键词在网页中出现的频次，即在一个页面中，关键词占该页面中总文字的比例。该指标对搜索引擎的优化具有重要作用。不同的搜索引擎，如谷歌、雅虎和必应，对关键词密度的计算有所差别，其接受的最佳关键词密度也不尽相同。一般来说，在大多数搜索引擎中，关键词密度在 $2\%\sim8\%$ 较为适当。③ 不要进行关键词堆砌，如果不是根据内容安排关键词，而是为了讨好搜索引擎人为堆积关键词，不仅无法获得商业价值，而且会被搜索引擎归入恶意行为，有遭到惩罚的危险。

（6）查看竞争者的关键词，完善关键词列表。建议将前 10 名竞争者（不包括付费推广的网站）作为竞争对手。当然，也不需要对列表中的词逐一进行搜索，可以找出竞争者的网站，适当挑选比较核心的关键词进行搜索，再从结果中选择部分网站进行研究。可以在浏览器中打开竞争对手的网页，单击"工具"菜单，选择"查看源代码"项，弹出页面的 keywords 就是网页的关键词。

（7）关键词对用户友好。在选择关键词时必须对用户友好，站在用户的

---

① 苏磊. 面向搜索引擎优化的网站建设方法研究. 天津：天津大学，2007.
② 任勇旗，唐毅. 以用户为中心的搜索引擎优化研究. 图书馆学研究，2009（1）：44-46，96.
③ 何苑，郝梦岩. 搜索引擎优化策略研究. 计算机与数字工程，2009，37（7）：60-63.

角度考虑问题。这需要模拟客户思维，假定自己是一个准客户，要购买某种产品，一般会用什么样的关键词去搜索。完成这一步需要从多方面着手，可以从客户反馈中去寻找，可以向客户、销售人员、代理商咨询，也可以让多人模拟客户思维，然后将他们搜索的关键词进行整理，以了解搜索需求和动机。

（8）利用长尾效应设置关键词。有 20%～25% 的词是以前从没有被搜索过的，也就是说，用户会搜索各种各样稀奇古怪的关键词，而且这种搜索数量巨大。在优化网站关键词时，除了最重要的核心关键词，长尾关键词也很有价值。

（9）关键词要和网站相关。选择的关键词一定要与网站内容相关，若一味追求流量而选择一些热门但关系不大的关键词，一方面可能导致网站被罚封，另一方面即使用户到达了也会迅速离开，无法带来商业价值。

（10）关注关键词分布。关键词分布应遵循"无所不在，有所侧重"的原则。[①] 根据搜索引擎的工作原理，可以将关键词放在以下位置，方便用户了解网站是否为自己所需，或者增加权重。描述标签（meta description）是对网页内容的精练概括。如果描述（description）与网页内容相符，百度会把描述当作摘要的选择目标之一，一个好的描述会帮助用户更方便地从搜索结果中判断网页内容是否和需求相符。描述标签不是权值计算的参考因素，这个标签存在与否不影响网页权值，只会用作搜索结果摘要的一个选择目标。因此网页代码中的 title、meta、head 标签，包括 keywords 和 description 等，都有利于搜索引擎对网站内容进行识别。搜索引擎不能抓取图片，因此制作网页时要对图片进行 ALT 注释，注释中应出现关键词。对网页正文中的关键词可以采用加粗的方式，以增加权重。

（11）使用关键词工具。使用搜索引擎工具，按上述步骤对关键词列表进一步扩展、完善。输入关键词，查询与该词相关的系列关键词或关键词组合，工具会按热门程度（搜索量）进行排序。谷歌关键词工具网址为 https://ads. google. cn/home/tools/keyword-planner/，百度指数网址为 http://index. baidu. com/。

---

① 任勇旗，唐毅 . 以用户为中心的搜索引擎优化研究 . 图书馆学研究，2009（1）：44-46，96.

3. 优化网页导航

网站应该有清晰的结构和明确的导航，这有利于搜索引擎的蜘蛛程序迅速抓取网页，更重要的是，它能帮助用户快速从网站中找到需要的内容。网页要尽量使用静态页面，动态页面不利于搜索引擎的蜘蛛程序抓取。

网站的最佳结构呈树形且以三层为优。树形结构通常是：首页—频道—文章页。像一棵大树一样，首先有一个树干（首页），其次是树枝（频道），最后是树叶（文章页）。树形结构有利于网站的扩展，当网站内容增加时，可以通过细分树枝（频道）来轻松应对。理想的网站结构应该更扁平一些，从首页到文章页的层次尽量少，这样搜索引擎处理起来会更简单。同时，网站也应该是网状结构，网站上的每个网页都应该有指向上下级网页以及相关内容的链接：首页有到频道页的链接，频道页有到首页和文章页的链接，文章页有到上级频道以及首页的链接，内容相关的网页间互相有链接。网站中的每一个网页都应该是网站结构的一部分，能通过其他网页链接到。[1] 为每个页面设置面包屑导航（breadcrumb navigation），使用户能够知道自己所处的位置。例如，通过艾瑞网页（见图 7-5）上的面包屑导航，用户可以访问资讯、效果营销、网络广告等上级目录，也可以访问首页这一根目录。

图 7-5　艾瑞网的面包屑导航

4. 优化网页内容

网页内容必须做到目标明确，根据用户的需求提供高质量的内容和服务。第一，内容必须与主题相关。比如，一个社会科学图书阅读的网页不要放置一些与阅读图书无关的娱乐八卦或者游戏内容，否则既浪费资源也损害用户体验。第二，必须了解消费者的动机和需求。比如，同样是搜索洗发水，有

---

① 百度公司. 搜索引擎优化指南.

的用户是为了购买商品，有的用户是为了了解产品，有的用户是为了获取护发洗发知识，企业必须根据用户的不同需求提供不同的内容，比如可以在导航中针对不同的需求设置不同的页面，对于那些想获取护发知识的人，也可以发布连载文章，增加用户黏度。第三，加强与用户的互动，降低用户的筛选成本。比如，优酷等视频网站就会让观看过某视频的用户发表评论或者点赞，以降低其他用户的筛选成本。

5. 部署外部链接

搜索引擎在对搜索结果进行排名时，会给网页外链赋予很大的权重。一般而言，外链的网页排名越靠前、权威性越高、数量越多，意味着网站的价值越丰富。外链不仅可以直接提高网页在搜索引擎中的排名，而且可以间接给网页带来更多的相关访问者。

在对网页进行外部链接时要注意：第一，链接静态页面且该外链不能是同一个 IP 地址。第二，与经常更新的网站做链接。更新频率的可传递性使得蜘蛛程序在频繁光顾这些经常更新的页面的同时，也能顺利抓取自身页面。第三，运用反向链接。反向链接是指如果 A 网页上有一个链接指向 B 网页，那么 A 网页就是 B 网页的反向链接。第四，自然链接比纯粹链接权重更高。自然链接指文中链接，一般会在外链比较少的页面出现，对应的权重比纯粹的外链高很多，另外，对应的文本可以相应地部署一定量的关键词，这样就可以极大提高相关性。第五，质量比数量更重要，换优不换量。与其选择一些非法网站或者长期无法更新的网站获得很多流量，不如选择 PR≥6（page rank，PR，网页排名）的网站。一般来说，如果对方网站链接超过了 30 个，建议就不要与其交换友情链接了，否则，不仅得不到权重的有效提高，而且容易分散自己的权重比。

6. 向搜索引擎提交网页

在向搜索引擎提交网页时要注意：第一，确保所提交的网站地址格式正确，一般搜索引擎建议的网站地址为包含"http://"的完整网址，如 http://www.timev.com/。第二，只需提交网站的首页，不需要逐个网页进行提交。第三，有些搜索引擎登录需要提交站点的简要描述，请注意根据实际情况介绍，不建议出现与现实严重不相符的夸大信息。第四，搜索引擎对提出登录请求网站的收录周期一般为一个月。如果向搜索引擎提交了自己的网站，一个月后发现依然未被收录，可以继续向搜索引擎提交申请。

7. 提高网站的转化率

从搜索引擎获取流量的最终目的是提高网站的核心价值。从搜索引擎获得的流量转化成网站核心价值的比例就是转化率。对于内容型网站而言，忠实用户是核心价值，把搜索引擎用户转变为忠实用户就是最终目的；对于SNS 网站而言，注册用户是核心价值，让用户来注册、参与活动就是最终目的；对于电子商务网站，卖东西就是核心价值，把东西卖给顾客就是最终目的。在统计搜索引擎收益时，可将转化率列为最重要的效果衡量指标。

搜索引擎用户在网站上的后续行为决定了该用户是否会转化为忠实用户，分析用户行为可以为改进服务提供依据。下面几个指标可以辅助分析。

（1）跳出率：指仅浏览一页便离开的用户的比例。跳出率高，通常代表网站对用户没有吸引力，或者是网站内容之间的联系不够紧密。

（2）退出率：指用户从某个页面离开次数占总浏览量的比例。流程性强的网站可以进行转换流程上的退出率分析，用于优化流程。比如购物网站可以将商品页浏览—点击购买—登录—确认商品—付费这一系列流程中每一步的退出率都记录下来，分析退出率异常的步骤，改进设计。

（3）用户停留时间：用户停留时间反映了网站黏性及用户对网站内容质量的判断。

以上是进行用户行为分析的三个最基本的指标。通过行为分析可以看出用户的检索需求是否在网站得到满足，以便进一步思考如何更好地满足用户的需求。

二、付费推广策略

1. 挖掘关键词

（1）根据产品和品牌定位选择合适的关键词。每一个产品或者品牌都有使用最广泛的搜索词，称为顶级搜索词。使用最广泛的搜索词通常概括性强，限定性少，如洗发水、日记本等。用户根据自身需求选择关键词，如去屑洗发水、柔顺洗发水、厚日记本；或者用户有自己的品牌偏好，会搜索海飞丝洗发水、飘柔洗发水、联华文具、晨光文具。设定购买关键词时要充分考虑自己产品的特征和定位，对市场进行细分，寻找空隙，吸引目标用户，这不仅可以提高网站的点击率，也可提高转化率，节约广告成本。比如，安满是主营母婴奶粉的品牌，目标用户是怀孕的准妈妈和孕产妇，她们的年龄在 25～35 岁，月收入超过 3 000 元，关注母婴健康和保健，喜欢网购。安满在选择关键词时采用的策略为：以口碑词增加曝光度，激发用户的购买兴趣（口碑词如孕妇吃什么奶粉好）；以通用词导入优质流量，获得高质量的用户（通用词如孕妇奶粉、妈妈奶粉）；最终促进品牌词的转化（品牌词如安满奶粉）。一年后，安满竞价广告的点击率有了明显的提升（上海提升 82%，江苏提升 69%，广东提升 30%）。

（2）为容易错误拼写的关键词进行竞价。网络用户通常利用碎片化时间上网，注意力不集中，很有可能把重要的词语拼错或混淆，因此，选择和扩展关键词时，应充分考虑用户的这类错误，为可能错误拼写的关键词进行竞价排名，可以提高网站的流量。如乔恩·史密斯对 BlokesGuide，Blokesguide 和 Blokes guide 采用竞价排名方式后，其出版的 *The Bloke's Guide To Pregnancy* 的销售量增加了一倍。[①]

（3）设置反向关键词。反向关键词是指为了限制某些用户访问而设置的关键词，借助反向关键词，可以设置哪些情况下网站是不显示的。例如，销售中高档产品的网站，可以将"免费""打折""促销""特价"等词语设定为反向关键词，当用户输入这些关键词时，该网站的竞价广告将不显示，从而节省广告开支。有时候反向关键词的设置是为了避免搜索引擎广泛匹配带来的无效点击，如网站为"交替翻译"设置了广泛匹配，那么"交替翻译报酬""交替翻译培训"的搜索者也可能点击网站，但他们并非该网站的目标用户，在网站上停留的时间短，这会极大地浪费广告开支，因此可以将"培训""报酬"设置为反向关键词，避免无效点击。同时还应该时时监管账户，对网站流量的来源进行监测，适时补充反向关键词。

（4）利用热点事件，调整关键词。搜索引擎广告比较灵活，可以根据环境、社会热点及时更改关键词，在发生重大社会事件或者人们讨论的热点话题与企业相关时，企业可以将自己的关键词与这些社会热点相结合，提高网站的流量和转化率。比如 2024 年巴黎奥运会期间，作为持权转播商的咪咕视频，为了借助百度平台的巨大流量优势，在百度奥运专题页面进行了重点展

---

① 乔恩·史密斯. SEO 和 AdWords 营销的 59 个技巧. 北京：电子工业出版社，2011.

示和推广。在百度搜索"奥运"或"奥运会",不仅有关于奥运的各项信息,还能直接点击广告下载咪咕视频 App 观看赛事。咪咕视频在奥运期间实现了其百度指数大幅飙升,更连续多日稳坐 App Store 免费榜第一。

2. 利用广告语吸引消费者,优化广告页面

(1) 运用广告语的写作技巧。在广告语中要尽可能多地使用核心关键词。关键词是搜索引擎匹配用户请求时的重要指标,搜索引擎的广告语通常要在标题中提到一次关键词,在正文文本中提到两次,这就是"三提到"原则。[①]

为一组关键词写多种广告语。不同的时间,用户的搜索请求可能会有变化。为一组关键词写多个广告语可以有效地吸引不同的用户,不同的广告语可以侧重强调不同的方面。[②] 广告语要尽量简洁。在信息冗余的时代,用户排斥繁杂的信息,如果搜索引擎广告能反其道而行之,传递一个简单的信息,则可能迅速地吸引用户。广告语中可写出价格促销信息以吸引用户,但是当价格促销信息并不具备大的优势时,应该省略。广告语可以采用问句或者说明的形式。

(2) 优化广告页面。注重广告内容的相关性,制造滚雪球效应。用户通过搜索引擎广告进入的页面应该与搜索引擎广告语有较强的关联性,如果搜索引擎广告提供了打折促销信息,那么用户进入的页面也应该有打折促销信息,进一步吸引用户访问网站的其他页面。把重要内容放在显著位置。一般而言,可以将最能吸引用户的信息放在页面的上方,也可以采用图片等方式,向用户传递重要信息。

(3) 优化页面色彩。应根据来访者的特点设置页面色彩。如唯品会的主要用户是白领、女性,其 Logo、搜索引擎广告、页面都采用粉红色为主色调。注意页面色彩的反差和平衡,可以使特定信息凸显出来,如标题为黄色,底色为红色,色彩平衡统一可以适应人们的视觉习惯。同时,广告页面应该简洁清晰,能够让用户尽快找到所需信息,不能让用户在网站内跳转 3 次还没有找到想要的信息。

3. 选择合适的广告位置和时间

(1) 选择合适的广告位置。美国著名网站设计师撰写的《眼球轨迹研究

---

① 乔恩·史密斯. SEO 和 AdWords 营销的 59 个实用技巧. 北京:电子工业出版社,2011.
② 张志. 榨干谷歌百度:搜索引擎广告大赢家. 北京:电子工业出版社,2011.

报告》指出，大多数情况下，上网的浏览者不由自主地以"F"形的模式阅读网页，这种基本恒定的阅读习惯决定了浏览者对网页会形成"F"形的关注度。[①] 据此，广告位置通常是上比下好，左比右好。有调查显示：有些搜索者并不知道页面左上角的推广是广告，将其误认为是自然搜索结果。

（2）选择合适的广告时间。广告时间的选择要充分考虑到用户的需求和产品特性。有些产品是季节性的（如空调、冰箱），其广告应该选择相应季节投放。节假日来临前，与旅游度假相关的搜索会增加。因此要充分考虑到用户的搜索行为，适时推出广告，做到效益最大化。

选择广告投放时间应充分考虑广告预算。在同一天的不同时段，保持同样的关键词排名，其花费是不一样的。关键词不同，用户的搜索量也不同。广告主应充分了解何时搜索量最大，能带来最大的点击率和转化率，以节省广告开支。

案例分析 7-1

洋河梦之蓝 M6+携手百度营销致敬中国航天事业

2019 年，中国白酒品牌洋河股份正式成为中国航天事业的合作伙伴，并启动了"梦之蓝 M6+"百万航天合伙人计划，邀请广大消费者共同参与、见证并助力实现中国航天梦，开启了"航天梦，梦之蓝"的新篇章。自 2021 年起，洋河与百度合作，利用搜索引擎等渠道加强品牌与中国航天之间的联系，彰显了企业的社会责任感，提升了品牌知名度，持续推动品牌价值攀升。

2021 年，中国航天发射次数位居全球首位，特别是中国空间站的发射引起了全国的关注。在此背景下，洋河梦之蓝首次与百度合作，开展了一系列营销活动。在百度设置了超过 3 900 个与航天相关的搜索关键词，当用户搜索如"中国空间站""天宫"等关键词时，会触发动态彩蛋及搜索大卡，引导用户观看央视航天直播，构建了一条完整的信息传递链。此外，借助百度 AR 技术，用户能够身临其境地体验进入中国空间站的布局，使得包括核心舱、实验舱梦天、问天以及神舟号载人飞船和天舟一号货运飞船在内的五大模块变得触手可及，大大提升了公众对梦之蓝 M6+的好感度。随后，结合百度知名 IP 如国潮 AI 市集、百度国潮季晚会等活动，为梦之蓝打造了线上线下相

---

① 藏锋者，等. Google AdSense 优化实战. 北京：电子工业出版社，2012.

结合的品牌展示平台，强化了其作为民族品牌的潮流影响力，展现了其对中国航天事业的支持。最终，这些活动实现了梦之蓝品牌总曝光量超 10 亿次，千万人次参与了 AR 互动体验。

2022 年，百度继续运用 AI、元宇宙、数字藏品等前沿技术帮助洋河讲述航天故事、激发航天梦想。基于中国空间站的核心 IP，使用百度的数字人技术创造了名为"度晓晓"的虚拟航天科普大使，并获得了国家航天局官方授权的内容支持。以 PGC/UGC 内容生产方式制作了《航天公开课》科普知识。配合关键发射时间点，推出了梦之蓝 M6＋主题 NFT——"梦之蓝 M6＋·梦耀星空-寻梦梦天"系列数字藏品。用户在百度搜索"中国空间站"时，将直接触发梦之蓝 M6＋的相关彩蛋和信息卡片，用户可通过该页面领取数字藏品，甚至有 1/200 的机会赢取实物礼盒。这种互动方式增强了产品与航天之间的关联性，提升了梦之蓝 M6＋的品牌美誉度。

2023 年，随着 AIGC 技术的发展，梦之蓝 M6＋率先推出了首个生成式对话形式的航天科普项目，增加了科普内容的丰富性和趣味性。梦之蓝 M6＋将百度搜索大卡作为主要推广阵地，吸引了大量目标用户的关注，并整合了包括航天主题数字藏品 NFT 发售、度星选内容推荐，以及百度元宇宙中定制的品牌展馆等一系列营销资源，为中国航天事业造势。用户不仅可以通过搜索大卡进入对话式科普项目进行太空探索，还可以领取航天主题数字藏品、游览梦之蓝 M6＋元宇宙展馆，并阅读更多高质量的航天相关资讯，营销活动取得了良好的效果。

讨论题

1. 洋河梦之蓝 M6＋为什么要寻求与百度合作？
2. 洋河梦之蓝 M6＋与百度的合作整合了哪些营销方式？
3. 你认为洋河梦之蓝 M6＋与百度还可以采用哪些营销方式？

案例分析 7-2

五菱宏光新品发布，用搜索实现高效曝光

上汽通用五菱成立于 2002 年，旗下有五菱、宝骏等知名品牌。作为一家大型中外合资汽车公司，五菱汽车全面实施"平台百万化、平台差异化、平台乘用化以及国际化"的平台战略，不断推进企业及产品的转型升级，已逐渐发展成为一家国际化和现代化的微、小型汽车制造企业。2020 年上汽通用五菱推出的宏光 MINIEV 因其高颜值的外观、亲民的价格、小巧实用的车型受到年轻人的欢迎，次年 4 月 "春季限定" 版宏光 MINIEV 马卡龙正式上市。新款宏光 MINIEV 对整车造型进行了调整升级，配合专属的白桃粉、抹茶绿、柠檬黄全新配色，外观时尚可爱，高度符合年轻人的审美品位。品牌希望新品在发布预热期能够在年轻人市场中获得更大曝光和销售转化，因此选择年轻用户聚集的抖音平台，借力巨量引擎高效曝光五菱宏光新品，缩短产品销售链路，直达消费者的深度搜索。

承接曝光，高效引流

在抖音平台，用户有 "看后搜" 的行为，即用户在浏览内容后搜索的行为。用户在浏览后对某一内容产生兴趣，就产生了主动搜索的需求。巨量引擎的数据显示，这一部分用户的比例达到了 57%。此次品牌搜索营销活动中，用户在观看完宏光 MINIEV 开屏展示类品牌广告后，能够在搜索栏看到 "五菱宏光 MINIEV 马卡龙" 的浅色字样，从而被引导搜索。不同的搜索关键词可链接至不同的内容窗口，如搜索 "五菱汽车" 可链接至直播间和品牌专区页面，搜索 "五菱 MINIEV 马卡龙" 则会跳转至产品话题讨论页面。4 月 8 日新品上市当天，五菱宏光直播间和品牌专区的点击率高达 27.15%。直播间和品牌专区上线期间积累了 5.5 万的新增粉丝，搜索量与品牌专区合作前环比增长 99%，构建起完整的直播生态链路。活动结束后，汽车品牌排行榜排名由第 9 位攀升至第 2 位。搜索品牌广告实现了在展示广告曝光后的高效转化和直播间的引流，精准汇聚对品牌有兴趣、有更高消费意愿的优质流量。

品牌专区，排他展示

用户搜索后所看到的首页内容质量及其视觉效果是对品牌的第一印象，也是搜索转化的关键。用户在搜索 "五菱宏光" 后即可看到专属品牌专区，专区背景根据五菱宏光新品春色主题设置为绿色底色，营造春色氛围，在第一触点吸引消费者注意力，宣传广告视频可自动循环播放，加深用户记忆。同时在品牌专区可直达直播间进行预约和参与话题挑战赛，官方抖音号置顶展示的功能能够引导用户第一时间参与活动和话题互动，极大缩短了引流的路径。此外，用户搜索后会触发 "搜索彩蛋"，以浮层全屏的动画展示宏光 MINIEV 产品形态，拉近种草产品与用户距离，建立产品认知，加深品牌印象。

内容联动，爆款打造

五菱宏光充分利用抖音平台的内容优势，结合 SNS 直播场景、内容热点、明星、KOL 等资源催化爆款产品。前期，五菱宏光官方抖音账号发布多个剧情类短视频，为新品发布活动和直播预热造势。活动期间，抖音搜索中代言人的明星品牌专区与品牌搜索关键词"五菱宏光 MINIEV"话题关联，可在明星页面曝光品牌宣传视频、官方账号及直播间预约按钮，巧用代言人 IP，拓宽搜索路径，放大内容热度。上市当日"宏光 MINIEV 马卡龙"登上抖音热榜，最高排在第 6 位，总曝光量达 73 万，点击热搜即可进入热点品牌专区，有效吸引公域流量。

随着内容平台的蓬勃发展，搜索引擎营销在用户搜索场景、搜索习惯上都展现出巨大的变化，用户搜索行为不再基于单一的搜索平台，多元的短视频内容平台因具有高效的信息传递效率、丰富的信息表现形式、短链路的销售转化模式成为用户选择的新搜索渠道。

新搜索模式下，搜索不应只是"用完即走"的工具，而应成为曝光和转化间的关键枢纽与品牌营销的第二增长曲线。

讨论题

1. 五菱汽车为什么选择与抖音进行营销合作？

2. 这种搜索引擎营销模式与传统的搜索引擎营销相比有何创新点？存在哪些局限性？

3. 品牌专区在此次营销活动中的作用是什么？

第 **8** 章

电子商务营销

学习目标

读完本章后，你应该理解：

1. 电子商务的定义和特点。
2. 我国电子商务的主要运营模式。
3. 我国电子商务的现状及存在的问题。
4. 我国电子商务的未来发展趋势。
5. 电子商务营销的主要策略。
6. 电商直播营销的发展历程与现状。
7. 电商直播营销的基本策略。

引　例

"超级 IP" 文和友×二更：打造沉浸式直播体验模式

2021 年年初，源自长沙的超级城市文化 IP 文和友联手视频行业原创精品内容平台二更，共同打造了一场沉浸式体验直播，配合 5G 技术，采用 4 小时全程直播一镜到底的第一视角，收获了 5 万用户同时在线、20 万次点赞和 2 万多条评论互动。毋庸置疑，本次活动的成功与技术创新应用、链接社交蓝海和情感营销等策略不可分割。

本次活动选择了广州超级文和友作为主现场，文和友、二更及旗下的更火实验室三个账号同时开播，借助 5G 技术的高传播速率和直播强时空互动感，同一时间、三组不同内容实时呈现，营造出三个平行时空的科幻感，真正实现了场景化内容在直播形式中的创新。

本次电商直播并非在传统的直播或短视频平台上开展，而是选择微信视频号进行。通过视频号的在线直播，直接链接至潜在消费群体的社交朋友圈流量蓝海，实现社交、娱乐时 "观赏" "对话" "购物" 的沉浸式体验模式，避开其他平台的流量红海竞争。

在直播的过程中，6 位高知才艺主播按不同任务进行探店挑战，为线上用户带来沉浸式体验的同时，满足年轻人群对文和友这个超级文创 IP 的好奇心理。砖式旧民房、广式霓虹灯和复古字海报……这些多维度的场景呈现、契合年轻群体喜好的场景设计，都给用户传递着强烈的信号：这不只是一个餐厅，而是一座市井文化博物馆，一个实体超级文化 IP。

资料来源：超级 IP＋超级体验直播杀入直播深水区．（2021 - 02 - 22）．https://www.digitaling.com/articles/408226.html.

第 1 节　电子商务概述

一、电子商务的定义及特点

1. 电子商务的定义

狭义的电子商务（electronic commerce）通常被简单地理解为在互联网上

进行买卖交易，但是电子商务的含义比简单的客户与组织之间的商业交易要复杂得多，不仅包括财务交易，而且包括非财务交易。关于电子商务的定义，各方给出了不同解释。

（1）国际组织对电子商务的定义。联合国经济合作与发展组织（OECD）在有关电子商务的报告中指出：电子商务是发生在网络上的企业之间（business to business）、企业与消费者之间（business to customer）的商业交易。

欧洲经济委员会在比利时首都布鲁塞尔召开的全球信息化标准大会上明确提出了一个关于电子商务的比较严密完整的定义：电子商务是各参与方之间，以电子方式而不是物理交换或直接物理接触方式完成任何形式的业务交易。这里的电子商务包括电子数据交换（EDI）、电子支付手段、电子订货系统、电子邮件、传真、网络、电子公告系统、条形码、图像处理、智能卡等。

世界贸易组织发布的《电子商务》专题报告指出：电子商务是通过电信网络进行的生产、营销、销售和流通活动，它不仅指基于互联网的交易活动，而且指所有利用电子信息技术来解决问题、降低成本、增加价值、创造商业和贸易机会的商业活动，包括利用网络实现从原材料查询、采购，产品展示，订购到出品、储运、电子支付等一系列的贸易活动。

（2）学者对电子商务的定义。营销大师菲利普·科特勒认为，电子商务是指厂商利用网站在线为消费者提供产品或服务并完成交易。[1]

美国知名的信息技术与电子商务学者埃弗瑞姆·特伯恩认为，电子商务是通过包括互联网在内的计算机网络来实现购买、销售、转移或交换产品、服务和/或信息的过程。[2]

美国学者瑞维卡·拉科卡和安德鲁·惠斯顿在《电子商务的前沿》一书中指出：广义地说，电子商务是一种现代商业方法。这种方法通过改进产品和服务质量、提高服务传递速度，满足政府组织、厂商和消费者降低成本的需求。

中国学者郑淑莹、吕庆华认为，应该从以下三个方面来把握电子商务的本质：电子商务是"用网络武装起来的传统商务"；网络是载体和界面，电子

---

[1] 菲利普·科特勒，凯文·凯勒. 营销管理：全球版. 北京：中国人民大学出版社，2012.
[2] 埃弗瑞姆·特伯恩，戴维·金. 电子商务导论. 北京：中国人民大学出版社，2011.

商务重要的是网络平台背后的商业运作，商务是本质，互联网是工具和手段；电子商务不但是消费方式的转变，而且是消费数量的增加；电子商务是新型商业关系的再设计。①

（3）企业对电子商务的定义。IBM 认为，电子商务＝Web＋IT。这个概念中涉及四个术语：企业内部网（Intranet）、企业外部网（Extranet）、国际互联网（Internet）、电子商务。也就是说，只有先建立良好的企业内部网，建立较为完善的技术标准和各种信息基础设施，才有可能拓展到企业外部网，最后与国际互联网连接，实现电子商务。

美国通用电气公司对电子商务的定义是：通过电子方式进行商业交易，分为企业与企业之间的电子商务和企业与消费者之间的电子商务。

艾瑞咨询集团在《蜕变——传统企业如何向电子商务转型》一书中提出，电子商务从广义上说，是指以电子设备为媒介进行的商务活动；从狭义上说，是指以计算机网络为基础进行的各种商务活动，包括商品和服务的提供者、广告商、消费者、中介商等有关各方行为的总和。②

作为一种商业活动，电子商务是一个不断发展的概念，狭义上我们可以把电子商务简单地理解为"网络（Internet）＋商务（business）"，也就是说，企业通过有线或无线的电子网络和工具来开展商业活动。广义上，电子商务作为企业整体营销战略的一个重要组成部分，是以电子信息技术和数字交互技术为基础，以计算机网络为媒介和手段而开展的各种营销活动，包括电子信息服务、电子交易和电子支付三个组成部分。它可以提供网上交易和管理等全过程的服务，具有广告宣传、咨询洽谈、网上订购、网上支付、电子账户、服务传递、意见征询、交易管理等功能。

2. 电子商务的特点

从电子商务的含义和本质可以看出，电子商务具有如下特点。

（1）普遍性。电子商务作为一种新型的交易方式，将生产企业、流通企业以及消费者和政府带入了一个网络经济、数字化生存的新天地。

（2）便捷性。在电子商务环境中，企业和客户不再受地域的限制，能以非常便捷的方式完成过去较为繁杂的商业活动。如通过网络银行能够全天候

---

① 郑淑蓉，吕庆华 . 中国电子商务 20 年演进 . 商业经济与管理，2013（11）：5－16.
② 艾瑞学院 . 蜕变：传统企业如何向电子商务转型 . 北京：清华大学出版社，2012.

地存取账户资金、查询信息等，企业对客户的服务质量得到很大的提高。

（3）整体性。电子商务能够规范事务处理的工作流程，将人工操作和电子信息处理集成为一个不可分割的整体，这样不仅能提高人力和物力的利用率，而且可以提高系统运行的严密性。

（4）安全性。在电子商务中，安全性是一个至关重要的核心问题，它要求网络能提供一种端到端的安全解决方案，如加密机制、签名机制、安全管理、存取控制、防火墙、防病毒保护等，这与传统的商务活动有很大的不同。

（5）协调性。商业活动本身是一个协调过程，它包括客户与公司内部、生产商、批发商、零售商间的协调。在电子商务环境中，更要求银行、配送中心、通信部门、技术服务等多个部门通力协作。电子商务的全过程往往是一气呵成的。

（6）集成性。电子商务以计算机网络为主线，对商务活动的各种功能进行高度集成，同时对参加商务活动的各方商务主体进行高度集成，高度的集成性使电子商务进一步提高了效率。

二、电子商务的基本模式及分类

电子商务涵盖的范围很广，目前的电子商务模式主要有：企业对企业（business to business，B2B），企业对消费者（business to customer，B2C），消费者对消费者（consumer to consumer，C2C），消费者对企业（customer to business，C2B），线上对线下（online to offline，O2O），还有其他电子商务模式，如企业对政府（business to government，B2G），商业机构对家庭（business to family，B2F），门店在线（online to partner，O2P），企业对市场（business to marketing，B2M），制造商对消费者（manufacture to consumer，M2C），政府对市民（government to citizen，G2C），政府对政府雇员（government to employee，G2E）等。其中，B2B、B2C、C2C 是三种最基本的模式，近年来逐渐兴起的 C2B 和 O2O 被认为是未来电子商务的主流模式。

1. B2B

B2B 是商家（泛指企业）对商家的电子商务，即企业与企业之间通过互联网进行产品、服务及信息的交换。通俗地讲，就是作为供需双方的商家使用互联网技术和各种商务网络平台来完成商务交易的过程。这个过程包括发布供求信息、在线订购、在线支付、线下配送、签收等各个环节。

国内主要的 B2B 电子商务平台可以分为三大类：（1）为中小企业提供信息平台的信息服务类，以收取会员费的形式盈利，如慧聪网、环球资源网等；（2）信息流、物流和资金流"三流合一"的交易服务类，以收取交易佣金的形式盈利，如敦煌网、金银岛等；（3）提供全方位电子商务解决方案的资源整合类，具有多样化的盈利模式，如阿里巴巴等。

B2B 电子商务平台按服务对象可分为外贸 B2B 和内贸 B2B，按行业性质可分为综合 B2B 和垂直 B2B①。尽管随着 B2C 的发展，部分 B2B 电子商务因缺乏创新，发展遭遇瓶颈，但是也有一些非常优秀的 B2B 网站紧跟时代潮流，不断创新变革，找到了属于自己的发展模式和方向。

目前，世界上最大的 B2B 网站是中国的阿里巴巴。阿里巴巴成立于 1999 年，经过多年的发展，形成了一个拥有来自 240 多个国家和地区超过 6 100 万名注册用户的网上交易市场，任何时刻都有数百万笔的交易在进行。阿里巴巴"将在全球范围内为 1 000 万个中小企业搭建电子商务平台，创建 1 亿个就业岗位，为 10 亿人提供一个满足他们日常需求的在线零售平台"。一直以来，阿里巴巴的价值创造模块和价值获取模块之间具有较高的契合度，正是这种较高的契合度使得阿里巴巴在创造大量价值的同时也保持了自身利润的增长。② 在发展初期，阿里巴巴主要通过免费的会员制向中小企业主提供免费的信息流平台和交易信息。随着企业向纵深发展，阿里巴巴开始注重产品和服务体验，在深化信息平台作用的同时创新推出了"出口通"等一站式服务，并将 AI 技术全面应用于外贸，不仅简化了中小企业国际贸易的流程，提升了效率，而且进一步开拓了国际市场，促进了自身的国际化发展。

2. B2C

B2C 电子商务模式就是企业对消费者的商业模式，一般以网络零售业

---

① 综合 B2B 定位于整个产业，覆盖面广，是将各个行业中相近的交易过程集中到一个场所为企业的采购方和供应方提供交易机会的 B2B 平台，如阿里巴巴、环球资源网；垂直 B2B 指面向制造业或商业的行业 B2B。它比综合 B2B 的内容更广，专注于一个行业，内容更深，专业水平更高，如中国化工网、鲁文网。

② 刘舒. 电子商务商业模式价值创造和价值获取模块的变革和匹配：以阿里巴巴 B2B 电子商务为例. 现代商业，2012（3）：55 - 57.

为主，如企业为个人提供在线商品购买、在线医疗咨询等，具体是指企业或商家通过互联网和电子数据信息的方式实现与消费者之间的各种交易活动、金融活动和综合服务活动，是消费者利用互联网直接参与经济活动的形式。

按 B2C 商品交易类型的不同，可以分为五大类。（1）综合型 B2C，如天猫、京东、亚马逊、当当等；（2）垂直型 B2C，如钻石小鸟、唯品会等；（3）传统生产企业网络直销型 B2C，如戴尔等；（4）第三方交易平台型 B2C，如小红书商城等；（5）传统零售商网络销售型 B2C，如国美在线等。目前 B2C 电子商务的主要特点是为消费者提供快捷、方便的网上购物环境。B2C 作为一种新兴的交易平台，在创造许多财富神话的同时也暴露出了一些不可忽视的问题，如消费信用问题、支付安全问题、网上审计问题、知识产权保护问题等。

3. C2C

C2C 是指个人与个人之间的电子商务模式，即通过电子商务网站为买卖双方用户提供一个在线交易平台，使卖方可以在上面发布待出售物品的信息，买方则可以自行选择商品和服务进行购买。同时，为便于买卖双方交易，平台提供交易所需的一系列配套服务，如协调市场信息汇集、建立信用评价制度、支持多种付款方式等。

国内 C2C 模式最早脱胎于国外的电子商务模式，是以易贝为范本兴起的，如淘宝网、拍拍网。C2C 最大的特点就是利用专业网站提供大型电子商务平台，以免费或较少的费用在网络平台上销售自己的商品，主要特点就是成本小、门槛低、不受时空限制。无论是白领、大学生还是下岗职工都可以在家"营业"，不讲究地理位置，不需要店铺租金，不受地域、时间的限制，即可以面对来自全国甚至全世界的客户。近年来，随着网络交易平台、在线支付系统、网上进货渠道、物流配送方式的日益成熟和完善，C2C 的低成本优势越来越显著，逐渐成为消费者追逐个性、购买长尾商品的主要途径，还出现了逐步向小型 B2C 转变的趋势。也就是说，随着交易量的不断攀升和个人信誉度、自有品牌形象的逐渐累积，做网上零售的个人站点通常会有目的地开始向 B2C 转变，以获得更多的利润和更大的发展空间，如注册自己的公司、建立自己的网站并和其他的网站建立链接等。

案例 8-1

二手"新消费"：闲鱼"绿色双十一"营销战

在京东、亚马逊、唯品会等电商平台的强势刺激下，阿里巴巴旗下的 C2C 交易平台——"闲鱼"重新定位品牌理念，不售卖一手商品，只主打专注于普通人的二手物品交易，传达二手高质量、高效率的"新型消费"营销理念。

2022 年"双十一"闲鱼推出了"闲鱼超级流通机"的惊喜玩法。用户在闲鱼每一次的闲置发布或交易等都被视为一次低碳行为，将会转化为相应的能量，从而在闲鱼打开"低碳人生"的新大门。这种游戏化的设计让用户切实感受到自己的小举动也能为地球减碳做出贡献，增强了用户的参与感和责任感。该活动的背景在于，随着消费主义的盛行，大量物品被闲置，这不仅造成了资源的浪费，还增加了环境压力。因此，闲鱼平台利用"双十一"这个全民消费狂欢的节点，反其道而行之，提出了"环保、低碳"的主题，希望通过活动引导用户关注闲置物品的再利用，推动低碳生活方式的普及。

闲鱼通过线上线下多种方式，如打造"一块会长草的广告牌"、在沙漠中种出大地广告牌等创意手段，直观地展现了闲置物品"长草"的过程以及沙漠与绿洲的对比，增强了用户的视觉冲击力和环保意识。

这不仅仅是一次营销活动，更是一次低碳环保理念的传播和普及。通过有创意的广告和互动活动，闲鱼成功地将闲置物品的流通与低碳环保联系起来，让用户意识到每一次闲置物品的流通都是在为地球减碳。这种将商业营销与社会责任相结合的方式，不仅提升了闲鱼的品牌形象，也给社会带来了积极的影响。

---

4. C2B

C2B 是指消费者对企业（商家）的电子商务模式，这里强调的是消费者的主导性和以消费者为中心的特点。与传统的电子商务平台不同，在 C2B 电子商务模式下，消费者有购买需求不是直接去寻找商家，而是通过 C2B 平台把需求信息发布出去，商家自由报价和竞标之后，消费者自主选择，与性价比最高的商家达成交易。作为一种新型的电子商务模式，现在 C2B 的概念还比较泛化，形式也比较多样。目前看来，电商的 C2B 模式主要依靠的还是聚合需求形式和要约形式，也就是常见的团购、预售和逆向拍卖。这种模式的核心就是通过聚合相对弱势群体以提升与强势个体进行交易的话语权，并最终获得更大的利益空间，让消费者不花冤枉钱，让商家不开店、不打广告就可以卖出商品，减少中间环节。同时，个性化定制也是 C2B 模式中的一种重要形式，这种形式的核心是由用户提出个性化需求，商家根据需求生产个性化产品，用户为此付出一定的溢价。美国的 Threadless 就是 C2B 的个性化代表，其创意 T 恤一年的销售额能达到几千万美元。

Threadless 是一个为 T 恤爱好者和设计师提供服务的社区网站。社区会员不仅可以在网站上发布自己的 T 恤设计方案，而且可以为别人的作品投票并发表评论，表明他们对此设计方案投产的购买意愿，其中得票最多的几个设计方案将会投入生产，每件售价 18～24 美元不等。中标的设计师不仅能获得 2 000 美元的报酬和 500 美元的网购代金券，而且他们的名字会被印在 T 恤的标签上。在 T 恤的生产上，Threadless 坚持每个中标方案只生产 1 000件的原则，保证 T 恤的限量销售；同时，为了防止 T 恤滞销，Threadless 坚持只有在订购量达到一定标准后，才正式批量生产 T 恤。通过这种众包模式，Threadless 一直以来只生产用户喜欢的东西，也正因为如此，自成立起，Threadless 一直保持盈利状态。

Threadless 的成功离不开创新的商业模式和集思广益的创意，通过对设计师的奖励以及灵活的生产安排形成独特的营销模式。首先，为了取悦用户，Threadless 为设计者提供专业的 T 恤广告平台，鼓励他们把精心设计出来的产品链接展示在各类 SNS 网站上，让他人点击并投票。其次，为了有效增强用户的黏性，Threadless 设计了一系列奖励措施。例如，买家秀，即用户上传一张本人穿着 Threadless T 恤的照片，就可以得到 1.5 美元的购买信用，推荐朋友购买一件 T 恤，就能得到 3 美元的购买信用，等等。

随着 Threadless 众包模式的成功，越来越多的大公司开始试水众包模式并与 Threadless 合作。2010 年 7 月，电脑生产商戴尔公司对外发布了由 Threadless 的忠实用户选出的 12 个新的图案设计。顾客只需付 85 美元就可以把图案刻到所购买的笔记本电脑外壳上。就像戴尔公司的战略合作总经理拉赫那·巴辛所说："我们想把消费者的声音加进来，所以和 Threadless 合作非常合适。这是最合乎戴尔客户口味的艺术。"

5. O2O

O2O 是通过打折、提供信息和服务等方式，把线下商店的消息推送给线上用户，用户在线获得商品信息、优惠凭证，并在完成在线订单和在线支付后到线下商家享受服务的模式。也就是说，O2O 以互联网为平台，使消费者、线下实体店、网上商城形成一个闭环，其中在线支付是核心。可以说，作为一种新的电子商务模式，O2O 实现了线上虚拟经济与线下实体经济的融合，进一步拓宽了用户和企业的体验和发展空间。对用户来说，O2O 带来的是价值的延伸，不仅能提供全面、丰富、及时的商家折扣信息，而且能通过线上的方式快速地筛选出符合自身需求的商品并即时订购，极大地降低了消费成本和消费风险。对商家来说，O2O 模式实现了线上和线下双渠道的并驾齐驱和无缝对接，不仅降低了线下商家对店铺地理位置的依赖，减少了租金支出，而且满足了中小商家对自身产品和服务可量化的推广需求。对于 O2O 平台来说，这种方式将带来大规模高黏度的用户，进而能争取到更多的商家资源。本地化程度较高的垂直网站借助 O2O 模式，还能为商家提供其他增值服务。

阿里巴巴是较早探索 O2O 模式的电商企业之一。早在 2006 年，阿里巴巴就收购了口碑网，并于 2011 年将其并入淘宝本地生活。2010 年 3 月淘宝聚划算平台的上线标志着阿里巴巴正式进入本地化服务市场。2012 年，阿里巴巴确定了"生活在淘宝，购物在天猫"的战略，并于 2013 年 1 月将聚划算和本地生活确定为独立的事业群，开始致力于打造本地化服务的 O2O 模式。2014 年，阿里巴巴推出的"请全国人民免费打车""请全国人民吃喝玩乐"活动让线上和线下相结合的本地化服务全面覆盖衣食住行、娱乐休闲等各个领域。

近年来，随着大数据、人工智能等新技术的不断发展，电商行业开始试水新的 O2O 模式，也就是频频被提及的新零售。在 2016 年 10 月的云栖大会上，新零售概念被正式提出，"纯电商时代很快会结束，未来的 10 年、20 年……只有新零售这一说，也就是说线上线下和物流必须结合在一起，才能诞生真正的新零售"。这段话震动了电商界，也引起了学界媒体对新零售的热议。同年 11 月 11 日，国务院办公厅印发了《关于推动实体零售创新转型的意见》，从总体要求、调整商业结构、创新发展方式、促进跨界融合、优化发展环境、强化政策支持 6 大部分总计 18 个方面指导新零售的发展方向。①

目前关于新零售的定义主要为"以用户体验为中心，利用大数据、人工智能等先进技术，实现线上线下加上物流深度融合的新零售业态"。蒋亚萍和任晓韵则指出新零售是在互联网技术的基础上，通过线上和线下的融合，实现"线下店商＋线上电商"运营的新零售模式。赵树梅认为新零售是对传统零售方式的突破创新，除了线上线下融合之外，新零售业态还是物流、云计算、大数据、人工智能等创新技术的复杂融合。基于以上不同的研究和探讨，我们将新零售概念界定为：利用大数据、云计算、人工智能、物联网等创新技术，实现线上服务、线下体验以及物流配送深度融合的新型零售模式。②

线上互联网和线下物联网的思维可以说是新零售最为核心的两个要素，也是区别于传统电商和传统零售的关键所在，二者的融合催生出了电商行业一系列关于新零售的畅想和实践。

2017 年 3 月，苏宁董事长张近东正式提出智慧零售策略，并且在一年之内陆续推出了苏宁无人店、苏宁体育 Biu 店、苏宁零售云门店、苏宁小店、苏宁广场、苏宁极物店等各式新型门店，借力互联网技术，实现线上供应链、数据和物流的共享。

2017 年 2 月，去哪儿网原创始人庄辰超投资的便利蜂在北京开业；同年 6 月，缤果盒子在上海和欧尚超市联名推出了第一家无人便利店；同年 7 月，大润发旗下大润发优鲜开业，加入新零售战局。唯品会、国美、三只松鼠、百安居等各行各业纷纷推出自家的新零售策略，无人便利店、无人货架等中小项目遍地开花。③ 2020 年 4 月，为满足人们在新冠疫情下足不出户获取日常生活物资的需要，新零售呈现出"社区化"的新态势，新兴以极速物流为特性的独角兽企业越来越受欢迎。如每日优鲜平台建立的"城市分选中心＋社区三公里半径内前置仓"的二级仓储体系，为全面提升消费者体验作出了贡献。

新零售重新定义了电商的场景与服务，将对线上红利的关注转移到了对

---

① 赵树梅，徐晓红."新零售"的含义、模式及发展路径. 中国流通经济，2017，31（5）：12 - 20.

② 王凤霞，陈亚娟，夏爽."新零售"背景下生鲜超市商业模式研究：基于多案例比较. 商业经济研究，2018（22）：35 - 37.

③ 弘毅. 2018 新零售潜力 TOP100 排行榜. 互联网周刊，2018（22）：48 - 51.

线下市场的开拓，在这一探索过程中的各种尝试也遭遇各种挫折，无人货架的惨淡收场便是一个真实写照，但随着互联网头部企业的高调介入，新零售的野蛮生长似乎也被各大战略布局有效规整了。腾讯入股永辉，为超级物种注入新活力；天猫国际在线下开设实体店，线下体验线上购买；阿里巴巴完全重构线下超市，创立盒马鲜生（见图 8-1）；星巴克携手阿里巴巴打造的星巴克臻选上海烘焙工坊正式亮相……种种迹象表明，新零售将是电商 O2O 模式的下一个风口，这一切都有待市场的检验。

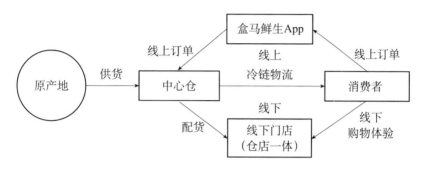

图 8-1　盒马鲜生商业模式图

资料来源：尹登博 . 移动互联网时代的新零售商业模式：以盒马鲜生为例 . 品牌研究，2018（6）：104，109.

　　此外，随着新媒体技术的发展与用户需求的变化，人们越来越追求提供"场景化体验"的新零售电商模式，例如借助直播技术和 5G 高速率实现同频传输、将直播间背景近似设计为对线下实体店的还原、打造宛若"一对一"互动交流的"主播-粉丝"对话，用户越来越有如临实体店的消费体验感。并且，随着"元宇宙"概念的提出，未来的新零售将向虚拟数字人电商直播、全新的互动沉浸式购物形态发展，VR、AR 和 3D 打印技术的应用必然会为新零售打开新思路。

第 2 节　电子商务发展概况

　　电子商务的起源可以追溯到 20 世纪 70 年代，电子数据交换（electronic data interchange，EDI）技术的开放引起了许多国家的注意。20 世纪 70 年代末 80 年代初，美国和西欧的一些发达国家逐步采用 EDI 技术开展贸易，引发了全球"无纸贸易"的热潮。20 世纪 90 年代，在网络、通信、信息技术突破性发展和全球互联网普及的推动下，现代商业用户需求的不断增加、全球竞争的加剧和供货能力的提高使得一种基于互联网、以买卖双方为主体、以在线支付和结算为手段、以用户数据为依托的新型电子商务模式出现并发展起来，在世界主要国家和地区保持高速增长态势。纵观全球电子商务市场，各地区的发展并不平衡，呈现美国、欧盟、亚洲三足鼎立的局面。美国是最早发展电子商务的国家，同时也是电子商务发展得最成熟的国家，一直引领着全球电子商务的发展；欧盟电子商务的发展起步比美国晚，但发展速度快，成为全球电子商务较为领先的地区；中国等发展中国家作为电子商务发展的新秀，异军突起，后来居上，2016 年中国网购规模（不含服务）达 7 500 亿美元，比排名第 2 的美国（3 121 亿美元）、第 3 的英国（1 500 亿美元）和第 4 的日本（900 亿美元）加起来还要多。[①]

伴随着电子商务的快速发展，中国消费者的网络购物习惯也已逐步形成。CNNIC 发布的第 55 次《中国互联网络发展状况统计报告》显示，截至 2024 年 12 月，网络购物用户规模达 9.74 亿人，较上年增长 5 947 万人，占网民整体的 87.9%。

一、中国电子商务的现状及其影响因素

1. 中国电子商务的发展历程

中国电子商务的发展始于 20 世纪 90 年代，8848、易趣等是这个时期比较典型的电子商务企业。进入 21 世纪，随着互联网技术和电子信息平台在我国的发展和普及，通过网络进行商品、服务、信息交易的电子商务新模式发展迅猛。网络产业的纵深化发展让更多人参与到网络产业中。电子商务凭借其低成本、高效率、跨时空的优势，不但受到普通消费者的青睐，而且受到各种小企业、风险投资者以及互联网创业人士的热烈追捧，成为转变发展方式、优化产业结构的重要动力。

"十一五"以来，国家政策的支持、行业良性竞争、投资热情高涨这三股力量推动我国的电子商务进入了新一轮的高速发展期和商业模式创新阶段，

---

① 2017 中国电商年度发展报告：中国占据全球电商市场 40％份额．（2017 - 11 - 13）．https://www.sohu.com/a/204324652_99947052.

衍生出更丰富的服务形式和盈利模式，电子商务网站和平台的数量也急剧增加。2010 年，我国电子商务进入大规模发展、应用和运营阶段，无论是 B2B 电子商务，还是 C2C 电子商务以及新兴的 O2O 模式，各种新平台、新模式层出不穷，交易纪录不断刷新。2013 年，随着 O2O 模式正式上线，众多企业在大打价格战、促销战、金融战的同时不断深化合作，通过强强联合提升市场竞争力。具体表现在以下几个方面。

（1）电子商务市场发展迅猛，交易规模屡创新高。国家统计局的数据显示，2024 年全国网上零售额 155 225 亿元，比上年增长 7.2%。其中，实物商品网上零售额 130 816 亿元，增长 6.5%，占社会消费品零售总额的比重为 26.8%。

（2）电子商务市场竞争日趋激烈，电商大战不断升级。在移动互联网与大数据浪潮的推动下，电子商务市场竞争加剧升级。其中最引人注目的是近年来天猫、京东、拼多多等电商平台的店庆大促、节假日促销、"双十一"、"双十二"促销等，它们不断刺激着用户的购买欲望，将网购市场发展推向一个又一个巅峰。

2024 年是天猫"双十一"的第 16 个年头。综合电商平台在 2024 年"双十一"第一波活动的销售额达 6 785 亿元，同比增长 118.5%，其中天猫、京东分别占比 63%、20%。可以说，以天猫为代表的"双十一"电商盛宴带来的业绩极大地激发了各大电商的斗志。电商大战开始逐渐告别单一的价格战，多样化的闪购战、促销战、入口战、金融战等作战形式不断升级。此外，艾媒咨询分析师认为，2024 年"双十一"第一波活动的销售额显著增长，得益于促销活动的提前布局及电商平台的创新与优化。未来，电商平台需要关注消费者需求的变化，提升服务质量，以应对日益激烈的市场竞争。①

（3）电商转战互联网金融，创新支付体系和理财投资。2012 年，阿里巴巴推出基于支付宝的"余额宝"业务，揭开了电子商务"金融战"的序幕。阿里巴巴"余额宝"的成功，不仅在短时间内引起了传统金融行业的震动，也引起了整个电子商务行业的骚动。不久，京东宣布试水个人金融业务，在推出"京保贝"之后继续推出个人消费信贷产品"京东白条"。2014 年 3 月，京东又在京东金融的基础上通过随机发放红包的形式强势推出了理财产品京

---

① 艾媒咨询.2024 年中国电商"双十一"消费大数据监测报告.（2024-11-12）.艾媒网.

东"小金库"。2015 年 4 月，蚂蚁金服推出的"花呗"正式上线，通过云计算、机器学习等技术，结合用户过去的网购和网络交易数据，决定用户能否借钱以及借钱的额度。"本月支付，下月偿还，超长免息"的模式受到不少年轻消费者的喜爱。2020 年，蚂蚁集团升级"借呗"为"信用贷"，联合银行提供更高额度的个人信贷服务，同时推出"芝麻信用"体系，拓展信用生活场景。在有些用户还没有第一张信用卡的情况下，消费金融成为以阿里巴巴和京东为代表的电商企业下一个战场，谁能取胜谁就能获得更多的用户。

（4）在竞争中求联合，电商强强合作。随着电商市场竞争的加剧，各大电商在大打用户割据战的同时寻求合作，通过强强联合提升竞争力。2014 年最引人注目的战略联盟就是京东与腾讯的联姻。2014 年 3 月 10 日，腾讯与京东宣布战略合作，腾讯入股京东，京东持易迅少数股权，QQ 网购、拍拍均并入京东。与此同时，作为电商老大的阿里巴巴在腾讯和京东联盟的紧逼下也加紧了与 360 的联盟，同时推出手游平台，力图动摇腾讯在游戏领域的龙头地位。近年来，阿里巴巴在资本层面频频出手，闪电般地拿下了 UC 浏览器、墨迹天气、高德地图等，在移动互联网领域玩得风生水起。事实上，无论是马年红红火火的微信红包，还是腾讯收购大众点评后将其与微信进行无缝对接，都给手机淘宝、移动支付宝等带来了极大的威胁。可以说，京东与腾讯的合作重点在于京东的电商市场与腾讯移动支付的联姻，这种强强联合能有效提升企业的竞争力，以应对阿里巴巴的强势来袭。

（5）跨境电商成为新蓝海，电商巨头纷纷布局。近年来，随着全球贸易的加速发展和消费者对海外商品需求的日益增长，跨境电商成为电商行业的新增长点。阿里巴巴、京东等电商巨头纷纷布局跨境电商业务，通过建设海外仓、优化物流体系等方式提升跨境交易的效率和便捷性。拼多多也推出了海外版 Temu，凭借其在国内积累的社交电商经验和低价策略，迅速在海外市场取得了不俗的成绩。同时，希音（Shein）等专注于跨境电商的新兴平台也崭露头角，以其独特的商品设计和快速响应市场的能力赢得了海外消费者的喜爱。跨境电商市场的竞争日益激烈，电商巨头和新兴平台都在不断探索新的商业模式和合作机会，以期在这个新兴市场中占据一席之地。

2. 我国电子商务快速发展的动力

我国电子商务的发展得益于国内外经济大环境的改善、市场需求量的提升，更离不开国家利好政策的扶持，以及企业自身和个人在移动互联网的助推下不断创新营销渠道，优化购物体验。各电子商务运营平台在新形势和新环境下纷纷整合平台大数据资源，不断拓宽服务类型，逐步转变盈利模式，通过转型升级提升自己的竞争力。

（1）内需推动在线消费市场升级，电子商务发展潜力大。对于中国的消费者来说，网购、团购和在线消费等曾经新鲜的电子商务名词已经成为生活中的重要组成部分，渗透到生活的各个领域。他们逐渐熟悉和了解电商的运作模式，慢慢习惯在线交易行为，由此产生的巨大消费潜力有效地拉动了电子商务市场的发展。

（2）电子商务战略上升至国家发展规划，行业地位日益稳固。近年来，政府相关部门围绕促进网络购物、网上交易和支付服务的发展出台了一系列政策、法律法规与标准规范，对构建适合我国国情和发展规律的电子商务政策法治环境进行了积极探索，也为电子商务的发展提供了政策保障。例如，2019 年 1 月 1 日，《中华人民共和国电子商务法》（以下简称《电子商务法》）正式施行。作为我国电商领域首部综合性法律，该法明确规定了电子商务各方主体的合法权益，规范了电子商务行为，为网购消费者撑起了法律的"保护伞"。国家相关政策的出台和利好效应的释放，是建立安全可信、规范有序的电子商务发展环境的需要，是推进电子商务平台和企业良性发展的重要保障，对我国电子商务行业的健康快速发展具有重要意义。

（3）电商生态圈加速形成，商家谋求多元化的创新性发展。在竞争日趋激烈的市场环境下，企业和个体经营组织在电商经营能力、品牌影响力、供应链整合能力等方面面临更严峻的挑战。为了在激烈的市场竞争中赢得更大的发展空间，各电商企业都开始注重品牌化、精细化的发展，同时积极探索与新兴技术的融合，特别是与短视频、直播的结合，为电商行业带来了新的活力与机遇。电子商务终端载体、参与主体、商业模式等均呈现多元化特征，电商生态圈正快速形成。

二、我国电子商务存在的问题及未来发展趋势

比尔·盖茨曾经预言："21 世纪，要么电子商务，要么无商可务。"如今，电子商务的飞速发展，电子商务平台的不断创新与融合，电子商务交易额的不断攀升，显示出预言即将成真的可能性，也显露出电子商务发展的弊端。

机遇与挑战并存，我国的电子商务企业在获得更多的发展机会和更大的发展空间的同时，重重考验随之而来。

1. 中国电子商务发展的局限及存在的误区

（1）存在不正当竞争。网经社电子商务研究中心发布的《2023 年度中国电子商务用户体验与投诉监测报告》数据显示，2023 年全年共计受理 180 家主流电商平台用户投诉，同比下降 31.82%，但商品质量、虚假促销和网络欺诈仍排在上半年热点诉讼问题前三，直接影响消费者体验。电子商务经过了高速发展，已经形成一定程度的行业内垄断现象，为了能够在市场占据一席之地，新晋商家往往会采取一些非正当手段，运用刷单、雇"水军"写好评等方式来提升店铺的知名度和形象，以此赢得消费者信任，这些行为扰乱了市场秩序。另外，一些商家通过以低价换销量的方式进行竞争，这些低价产品中不乏假冒伪劣产品，由于消费者辨别能力较弱，往往会蜂拥购买，这不仅会损害消费者的利益，而且会导致市场"劣币驱逐良币"，不利于电商行业的健康发展。随着《电子商务法》的实施及相关法律法规的完善，这些问题将逐步得到解决。

（2）营销成本上升。随着电子商务市场竞争日趋激烈，流量商业化、产品同质化等主客观因素使得电子商务的营销成本急剧上升。开网店已不再是搬几台电脑就能做的生意了，人力成本居高不下，导流费用也在快速攀升，这让电商企业的成本大幅提高，许多中小卖家望而却步。

（3）发展空间受限。迅速膨胀的电商体量正在使这一市场逐步从"蓝海"变成"红海"，电子商务市场已经逐步饱和，中国电子商务发展空间受限已经成为一个不可忽视的问题。

互联网的高度透明严重挤压了线上的利润空间，让电子商务的盈利空间变得很小，同时，不断攀升的广告流量成本、人力成本等让电子商务的运营成本不断提高。在浮躁心态的驱使下，部分电商开始疯狂高价买流量，大打价格战，力图以高流量、补贴销售的低价格来扩大企业运营规模，提升影响力。正是这一高一低凸显了电商的发展困境。这种补贴销售扩大企业规模，购买高流量提升企业影响力的做法，使得营销成本难以降低，在运营模式完全成型的市场环境下容易让消费者养成"不是半价不是促销，没有折扣不会交易，没有补贴就不实惠"的心理，造成购买转化过程中和活动过后的消费者流失，无法赢得消费者的长期忠诚。

2. 中国电子商务的发展趋势

（1）无线终端再发力，移动电商成主流。移动电子商务是指手机、掌上电脑、笔记本电脑等移动通信设备与无线上网技术相结合所构成的一个电子商务体系。相较于传统的电子商务而言，移动电子商务可以真正使任何人在任何时间、任何地点得到整个网络的信息和服务。移动电子商务就是在移动互联网的大背景下发展起来的。在移动互联网环境下，手机、平板电脑的用户开始更多地利用碎片化时间，移动电子商务则以其独特的便利性和创新融合性逐渐成为用户填补碎片化时间的一大选择。艾媒咨询的数据显示，2021年中国移动电商用户规模达到 8.42 亿人，比 2013 年增长近 30 倍，约占互联网总用户规模（10.32 亿）的 81.6%。随着人们碎片化时间的增多、消费习惯的改变，集随时性、便利性等于一体的移动电商将成为用户娱乐、休闲、购物的中心，催生出一种新的生活形态，成为电子商务发展的主流方向。

（2）O2O 模式成电商新趋势，企业争相抢占先机。电子商务与实体商业模式的有机融合是大势所趋。凯度咨询发布的《2024 年凯度 O2O 即时零售白皮书》显示，2023 年中国 O2O 市场规模达到 52 161 亿元。可以预见，未来O2O 会是一个将线下信息聚合、预订、导航、CRM、实时沟通等融为一体的服务平台，形成超 6 万亿元的市场规模。

（3）SoLoMoCo①：垂直类社会化电子商务蓬勃发展。近年来，社会化平台纷纷恋上电子商务，孕育出社会化电子商务。社会化电子商务一般是指通过社会化媒体环境完成的电子商务活动和交易，大部分在社交网络中使用Web 2.0 软件完成。社会化电子商务可以看作电子商务的子集，它利用社会化媒体来完成电子商务的交易和行为，支持社交互动和 UGC。可以说，社会化电子商务支撑起了全球流行的 SoLoMoCo 的半边天，也大大拓展了社会化媒体及电子商务的运营思路及盈利模式。国内的社会化电子商务主要有五类：一是社会化图片网站对接电商；二是微博平台多形式对接电商；三是微信平台多方式对接电商；四是社会化点评类平台对接电商；五是短视频平台对接电商。它们基本都是以兴趣分享为核心，在社交网络的环境中实现兴趣的互

---

① SoLoMoCo 在 SoLoMo 基础上增加了 Cotent（内容）。

动，并产生被动消费。

（4）突破传统交易模式，电商社区化、内容化。电商在信息时代有了质的飞跃，受社交属性强化的影响，消费者与商家的关系不再是简单的买卖双方的关系，两个市场主体之间的关系变得更为复杂，联系也变得更加密切，它们不仅通过电商平台进行交易，更是通过电商平台进行信息的交流和情感的交融。例如淘宝就开始充分地利用网络新兴的内容制造工具，给内容生产者发挥的空间，吸引消费者的注意力。为此，淘宝推出了被喻为"淘宝的微信"的"微淘"板块，打造淘宝的社交媒体。此外，淘宝还推广和打造了一系列社交化和个性化的内容板块，如淘宝直播、淘宝头条、"问大家"等，"造物节""淘宝二楼"等内容营销活动也紧跟其后。这些举动意味着淘宝瞄准了电商社区化、内容化，意在打造淘宝社区化内容生态圈。作为电商巨头，淘宝的一系列调整在一定程度上代表了电商行业的风向。快手电商、抖音电商等多个电商平台也颁布内容创作者激励政策，打造有内容、能吸引消费者兴趣的内容电商模式。

案例 8-2

区域化内容的探索模式：抖音电商打造"富域计划"

2021 年 4 月 16 日，抖音通过线上商城"抖音电商"渠道开展"富域计划"，在抖音 App 内上线"抖星换好物"公益活动营销造势的同时，将符合各地域差异化特色的好物短视频、实地直播汇聚至一个特色助农内容栏目。电商会先在当地临近"社区"内通过"附近的人"功能对用户进行一次种草，再通过助农内容栏目的流量渠道二次卖向全国。例如，在 3 月抖音电商商城上线的"源头好物·春日鲜果正当食"专场，售卖云南山地蓝莓、湖北红橙、新疆库尔勒香梨、海南芒果、陕西苹果等近百款来自全国各地的地域特色生鲜果品。这些货品均由相应的场景化短视频引入，用户在沉浸式地观看当地居民于海边、山间等真实采摘场景后，激发起相应的购买欲，后续电商零售销量也得到了一定转化提升。

除了与区域联动，"富域计划"也鼓励平台里的优质达人为家乡带货。2018 年，抖音某账号首次拍摄了一条云南特色美食"油炸玫瑰花"的短视频，一夜间便获得了涨粉 5 万的效果转化，此后该达人深入田间专门拍摄家乡特产。仅 2020 年一年间，此账号销售额达 123 万元，订单量超过 2.5 万件，该计划鼓励与其类似变现渠道的个体商户创作视频并给予流量扶持，开创了 UGC 用户自创、内容导向流量的"内容电商模式"。

在该计划下，抖音电商与各地政府合作，促进地方产业带集聚升级和本土品牌的数字营销，为乡村振兴、经济复苏提供了新的渠道可能。

（5）跨境电商发展势头良好，前景光明。上海社科院应用经济研究所课题组发布的《中国数字经济宏观影响力评估及中长期税收政策走向设计》报告认为，随着中国自主创新能力的逐步增强，中国在全球数字经济产业标准制定中的话语权也逐渐加强，成为全球数字消费市场的主导力量。这一趋势体现在中国跨境电商近年来的繁荣发展，中国以此为契机，通过世界电子贸易平台（eWTP）形成可观的国际贸易流量，提高中国在贸易规则制定方面的地位，使中国在全球贸易规则中的角色逐渐转换，从学习者和执行者变为制定者、推动者和引领者，尤其是在跨境电商规则方面。"一带一路"更是在全球化浪潮下为跨境电商提供了强有力的支持。[①] 海关总署公布的数据显示，2024 年我国跨境电商新业态进出口总额达 2.63 万亿元，较 2020 年增长了 1 万亿元，跨境电商出口的比较优势愈发显著。这一数据背后，是"反向海淘"潮流的兴起。曾经，中国消费者热衷于跨境购买海外商品；如今，越来越多的外国消费者开始通过各种渠道购买中国制造的产品，形成了"反向海淘"的新趋势。[②] 由此可见，中国跨境电商正保持健康快速的发展势头不断向前。

（6）一二线市场日趋饱和，电商渠道下沉。电商是从一级市场起步的，无论是物流设施，还是消费理念，一二线城市都更利于电商发展。经过多年的发展，一二线城市的电商格局已基本成型，网购渗透率接近饱和，要在保持存量的基础上寻求增量，渠道下沉势在必行。三线以下城市、县镇与农村地区（即"下沉市场"）成为阿里巴巴、京东等电商企业渠道下沉的主战场，而近年来发展迅猛的拼多多更是将其核心目标聚焦于下沉市场。随着市场渗透率逐渐提升，未来竞争重点将转向供应链效率与用户体验升级。

（7）生鲜电商开启零售新时代。生鲜电商是指利用电子商务的手段在互

---

① 蒋媛媛. 数字经济"换道超车"中国电子商务发展迎来新机遇. 中国远洋海运，2017（11）：20－21，8.

② 推动中国制造"飞入"全球寻常百姓家．（2025－04－05）. https://baijiahao.baidu.com/s? id=1828525227511662472&wfr=spider&for=pc.

联网上直接销售生鲜类产品（如新鲜水果、蔬菜肉类等）。我国最早开始做生鲜电商的企业是 2008 年成立的沱沱工社，2014 年开始，生鲜电商进入快速发展时期，先后成立一大批生鲜电商平台，其中 2014 年成立的每日优鲜、2015 年成立的盒马鲜生、2017 年成立的叮咚买菜、2019 年成立的美团买菜（后更名"小象超市"）、2020 年成立的多多买菜和 2022 年成立的七鲜生活，都是目前最为大众所熟知和使用频率最高的生鲜电商平台。生鲜电商的主要盈利模式为前置仓模式，即更靠近消费者的小型仓储单位，一般设置在消费者集中的社区附近，是社区电商与新零售的新时代发展形态。其运营模式为：生鲜电商平台利用冷链物流（冷藏车）提前将产品配送至前置仓存储待售，客户下单后，由前置仓经营者组织完成包裹生产和"最后一公里"的上门配送。无论是订单响应速度还是配送成本，生鲜电商相比传统线下零售都具有更大优势，为提升消费者购买体验提供了新的模式。

第 3 节　电子商务营销的策略

著名经济学家乌家培说过，20 世纪最伟大的发明是计算机，计算机最伟大的发展是互联网，互联网最伟大的应用是电子商务，它改变了从开发到生产、到流通、到消费、到金融运作的整个经济过程，也在变革、刷新着管理观念、理论与方法。电子商务发展到今天，已经不仅是一种简单的商业模式或者消费方式，更是一种新的营销方式，它的发展和壮大正极大地影响和改变着我们每一个人的日常生活，改变着企业的发展模式。

我们在这里探讨的电子商务营销实际上有两个层面的含义，其一是电子商务企业自身的营销，其二是传统企业在数字时代如何借力电子商务进行营销。

一、电子商务企业营销策略——以阿里巴巴为例

在所有的中国电子商务企业中，阿里巴巴无疑是最成功也最具有代表性的。1999 年，阿里巴巴集团于杭州创立。2010 年 10 月，阿里巴巴推出"中国供应商"服务，为中国中小企业提供外贸电子商务服务。2012 年 8 月，阿里巴巴确立了"让天下没有难做的生意"的使命以及培育开放、协同、繁荣的电子商务生态圈的战略目标，并在同年为国际卖家推出"International

Trust Pass（ITP）"会员服务商服务。2002 年 3 月，阿里巴巴推出"诚信通"服务，为中国中小企业提供内贸电子商务服务。2003 年 5 月，淘宝作为阿里巴巴重要的 C2C 战略布局宣告诞生，开放仅 20 天就迎来了第 10 000 名注册用户。同年 10 月，淘宝网推出支付宝服务，完善网上交易的支付平台。2006年 5 月，淘宝网正式推出淘宝商城，开创全新的 B2C 业务。2008 年 6 月，淘宝开放平台（Taobao Open Platform，TOP）Beta 发布。2009 年 9 月，阿里巴巴集团庆祝创立 10 周年，同时成立阿里云计算。2010 年 11 月，淘宝商城启用独立域名 Tmall.com。2011 年 6 月，阿里巴巴集团将淘宝网分拆为 3 个独立的公司：淘宝网（taobao.com）、淘宝商城（tmall.com）和一淘（etao.com），以更精准、更有效地服务客户。2012 年 1 月，淘宝商城宣布更改中文名为天猫，加强其平台的定位。2013 年 1 月，阿里巴巴集团重组为 25 个事业部，以更好地迎接中国增长迅速的电子商务市场带来的机遇和挑战。2014 年9 月 19 日，阿里巴巴正式在纽交所挂牌交易，股票代码 baba，发行价格确定为每股 68 美元，其股票当天开盘价为 92.7 美元，阿里巴巴在交易中总共筹集到 250 亿美元资金，创下了有史以来规模最大的 IPO 纪录。2016 年，阿里巴巴集团定下服务全球 1 000 万盈利企业和 20 亿消费者的长期战略目标，确定了全球化、农村、大数据云计算三大战略，并以此形成电商、金融、物流、云计算、全球化、物联网和消费者媒体七大核心业务板块，同时还在影业、健康、体育、音乐、本地生活等方面进行了布局。

经过 20 多年的发展，阿里巴巴集团旗下拥有淘宝网、天猫、聚划算、全球速卖通、阿里巴巴国际交易市场、1688、阿里妈妈、阿里云、蚂蚁金服、菜鸟网络等子公司。阿里巴巴的快速崛起离不开卓越的战略布局和营销创新。

（1）品牌战略。阿里巴巴的品牌定位始终如一，即坚定不移地做平台，自己不买也不卖，聚焦于帮助卖家、服务买家，且非常注重品牌形象的打造。公司成立之初，阿里巴巴就在国内外著名的媒体上进行大量的广告宣传，提升品牌知名度。

阿里巴巴采用的是多品牌战略，且各个品牌在各自领域都有亮眼的表现。从全球最大的网上 B2B 市场阿里巴巴，到中国最受欢迎的 C2C 网上购物平台淘宝，到中国领先的 B2C 优质品牌产品零售网站天猫，再到中国全面的品质团购网站聚划算，以及提供全面信息的中国网上购物搜索引擎一淘，中国最多人选用的第三方网上支付平台支付宝，集超市、餐饮店、菜市场于一体的新零售业态盒马鲜生，阿里巴巴在不断扩大平台规模和创新电商模式的同时，更加注重品牌的打造和升级。

（2）推广战略。阿里巴巴集团从成立伊始就奉行先免费和部分收费相结合的推广战略，即通过推荐免费试用，待取得实际业绩后再阶段性地实行有偿服务，以最快的速度聚拢人气，扩大平台规模和知名度。例如，阿里巴巴成立之初通过免费将国内外的供应商吸引到阿里巴巴的B2B平台上来，淘宝成立之初通过免费吸引具有创业精神的个体消费者到淘宝网这个C2C平台注册和交易。事实上，早期注册的卖方只认可免费会员这种方式，相应地，这些会员仍然可以免费登录网站，后来的注册会员却无法成为免费会员。

阿里巴巴吸引收费会员的方法主要有个别访问销售、电话销售和代理销售三种。其中，阿里巴巴面向国内市场的"诚信通"会员的促销方法就是电话销售。与面向国内市场的"诚信通"相比，面向国际市场的"金牌供应商"的访问销售附加价值更高，会费也相应是前者的十几倍。

在市场竞争日益激烈的环境下，伴随着阿里巴巴平台的不断扩大和淘宝、天猫、聚划算等品牌建设的成熟，阿里巴巴的营销活动也在不断升级。除了常见的节日促销、店庆和周年庆外，最引人注目的就是"双十一""双十二"狂欢盛宴以及针对本地化生活服务的手机淘宝"3·8生活节"。

（3）区域布局。珠三角是中国电子商务应用最广泛、创新最多的中心地区。其中，广州和深圳的电子商务总量位居全国首位，外贸出口额、中小企业数量、GDP等都遥遥领先于其他地区。为了进一步整合广州和深圳的强大资源，推动平台的快速发展，阿里巴巴早在2010年就加快了珠三角的战略布局，不仅在广州设立了B2B公司的南方总部，集团自身也在深圳设立了南方总部基地。这个战略布局的最大特点就是依托华南地区的强大制造力，通过开放平台服务和拉动内需，帮助当地的中小企业实现产业升级，同时助力淘宝、天猫的国际化发展。

2012年1月11日，淘宝商城召开新闻发布会，将旗下B2C淘宝商城正式更名为天猫。此次更名不仅显示了阿里巴巴欲将淘宝商城品牌化的决心，更显示了阿里巴巴欲将淘宝商城推向国际化的野心。早在2010年5月11日，淘宝网就借雅虎进军日本网购市场，开始了全球扩张的第一步。更名为天猫的淘宝商城可以有效依托淘宝网上已经形成的以及正在日益壮大的网货和网商资源，拓展国际市场，打造国际品牌。

　　同时，随着移动互联网的发展，淘宝加快了对广州、北京、上海等一二线城市的投资和规划，线上交易逐步从一二线城市向三四线城市下沉的同时，在发达的一二线城市重点打造国内领先的 O2O 电子商务模式，进一步完善和深化全国范围内的本地化生活服务。

　　（4）技术为王。对于电子商务企业来说，平台的安全稳定、物流的方便快捷、支付的安全保障以及搜索引擎的方便易用等，是吸引用户的重要因素。为了构建一个安全、快捷、诚信的电子商务平台，阿里巴巴很早就把技术推到了平台建设的第一线。从诚信体系建设到搜索引擎优化，从开拓市场到软件开发，从信息流到物流再到资金流，阿里巴巴一直通过技术的开发与创新来确保平台的安全性和稳定性。

　　由于商家地域分布广泛、产品种类繁多，在物流体系的建设上，淘宝主要采取合作模式。自 2006 年开始接触快递物流行业以来，阿里巴巴已经与多家物流公司开展合作。比如与中国邮政共同开发"e 邮宝"物流产品，与宅急送、顺丰、特能 3 家物流公司达成货到付款协议等，不断推出推荐物流、时效物流和大件物流等相关产品。为了解决物流配送延迟、信息泄露等问题，包括京东、当当网等在内的多家 B2C 电子商务企业都采用了自建物流体系的模式。相对于阿里巴巴的合作模式，自建物流体系增强了电子商务公司对物流的可控性，但也大大增加了电子商务企业的运营成本。

　　在支付体系上，阿里巴巴自推出支付宝服务以来，一直在倾力打造安全、便捷的网络交易支付工具。2004 年 2 月 2 日，阿里巴巴宣布对支付宝进行升级。此次升级，阿里巴巴打出了"全额赔付"的口号，对于使用支付宝而受骗遭受损失的用户，支付宝将赔偿其全部损失。对于淘宝天猫的购物用户而言，货款先放在支付宝，收货满意后才付钱给卖家，安全放心。

　　2013 年，微信 5.0 版本正式上线微信支付功能，标志着拥有 4 亿用户的微信强势进入支付领域。为了抵御微信支付带来的威胁，阿里巴巴在支付宝钱包 7.6 版本中也添加了类似微信开放平台的新功能。也就是说，在该版本中，用户可以在支付宝钱包内添加类似于微信的"公众服务账号"，使用第三方应用功能，用户可享受到账单查询、变更手机套餐等服务，与在微信公众平台上享受到的服务十分相似。

　　除了对物流体系与支付体系的完善和优化，阿里巴巴的成功还离不开淘宝诚信制度的建设。从基于口碑的信用评价体系到第三方支付体系的创造，从诚信自查行动到消费者保障计划的不断升级，淘宝一直在完善诚信系统。不可否认，阿里巴巴创造了一个以用户为核心的透明的信用评价系统，让用户的线上交易与线下交易一样方便、安全。时至今日，这一系统已被中国大部分电子商务企业借鉴，成为行业标准，大大促进了中国电子商务的纵深化发展。但是，由于新加入淘宝的卖家没有信用积累，在与老卖家竞争时处于十分不利的地位，导致网上刷单、刷销量行为盛行。在全新的市场环境下，如何为新入驻的用户创造全新的信用评价模式，为新卖家提供与老卖家平等的竞争机会，真正做到从零信用起步，以诚信经营为宗旨，是淘宝需要思考的问题。作为中国电子商务发展中的领头羊，阿里巴巴的发展过程见证了中国电子商务的发展和成熟，也见证了中国电子商务发展历程中的支付电子化、通信即时化、物流新型化和交易信用化。如今，国内电子商务的发展如火如荼，除了阿里巴巴、京东等成熟的电子商务平台之外，以唯品会、小红书等为代表的垂直化和社会化电子商务平台不断崛起，拼多多的异军突起更是极大地震动了电商界。

二、数字时代传统企业的转型与升级

中国电子商务经过 20 多年的高速发展已经形成了巨大的规模，培养了很多本土电商巨头。中国主要的电子商务网站更多的是在扮演"在线零售者"的角色，它们的主要功能就是利用互联网的优势将传统的零售店搬到线上，利用配套的物流和支付系统，将原本严格受限于地域的零售店的服务范围无限延伸，以此来获取规模和范围优势。在线零售市场如此之大，商品种类和经营形态上的众多创新，让市场一度产生了错觉，认为电子商务就是在线零售。这种错觉很容易让我们患上西奥多·莱维特所说的"营销短视症"：狭隘的行业观念让企业更多地关注自己所在的行业，忽视了消费者的需求这个更为根本的问题。电子商务的功能不仅是在线销售，更是对传统商务模式的颠覆性改变。随着移动电子商务、O2O 模式的兴起，这种颠覆性变得更加明显。它打破的不仅仅是传统的渠道形态和结构，更是消费者的行为习惯。作为一种线上的交易方式，电子商务不仅能降低渠道成本，而且能更好地关注消费者需求，并通过数据挖掘深化产品和品牌服务，推动传统企业的转型与升级。

1. 传统企业转型的影响因素

（1）市场环境因素。在快速变化的市场环境下，面对日益强大的电子商务企业，传统企业在生产、运输、销售等经营环节耗费了大量的人力、物力和时间，成本居高不下、生产效率停滞不前、营销传播缺乏针对性和时效性，这些问题极大地阻碍了传统企业的发展。随着线上企业的爆发式增长，尤其是移动电商、团购等 O2O 模式的兴起，传统企业的转型迫在眉睫。小米董事长曾说："我们没有工厂，所以我们有全世界最好的工厂。"这反映了小米初期的一种战略选择，其电子商务的经营方式避免了传统经营模式下受到的众多限制，不仅节约了大量成本，而且能更及时地获取市场和消费信息，迅速出售产品和服务，这也是小米初期取得辉煌成就的重要原因之一。然而，随着市场环境的变化和小米自身发展的需要，小米开始调整战略，向更全面的产业链布局迈进。2019 年小米手机智能工厂的落成，标志着小米在保持其电子商务创新优势的同时，也在加强自身的制造能力，以实现更精细化的产品控制和更高的生产效率。不可否认，数字时代的信息生产模式和生产革命给整个世界的经济带来了前所未有的变化，也会给传统企业的发展带来更多的机遇和挑战。

（2）国家政策导向。2009 年，商务部发布《关于加快流通领域电子商务发展的意见》，以促进我国电子商务的快速发展。随着电子商务市场的井喷，我国政府已经逐渐认识到电子商务对国家经济产业发展的重要促进作用，开始通过政策法规的引导来加速电子商务产业的建设。在国家政策的大力支持下，不断开放的网络交易平台，以及完善的物流体系建设、支付体系建设和诚信体系建设，都将有效地促进线下经济与线上经济的良好结合，并引导传统企业向新型电子商务企业的转型与升级。2024 年 4 月，商务部发布《数字商务三年行动计划（2024—2026 年）》，旨在全方位提升商务发展的数字化、网络化、智能化水平，提出了五大重点行动及 20 条具体举措。这些行动包括："数商强基"，旨在培育创新主体、构建监测评价体系、提升治理水平、强化智力支撑和推动规范发展；"数商扩消"，致力于培育壮大新型消费、促进线上线下融合、激发农村消费潜力、促进内外贸市场对接以及推动商贸流通领域物流数字化发展；"数商兴贸"，着重提升贸易数字化水平、促进跨境电商出口、拓展服务贸易数字化内容以及大力发展数字贸易；"数商兴产"，聚焦于建强数字化产业链供应链、优化数字领域吸引外资环境以及扩大数字领域对外投资合作；"数商开放"，旨在拓展"丝路电商"合作空间、开展数字规则先行先试以及积极参与全球数字经济治理。在此背景下，传统企业应积极拥抱数字化转型，抓住新的发展机遇，实现高质量可持续发展。

（3）自身发展需要。转型的实质是企业面对残酷的市场竞争的反应。在物竞天择、适者生存的竞争法则下，是妥协还是挑战，是每个企业都不得不面对的问题。传统企业的转型不仅是市场环境急剧变化下的"果"，也是传统企业自己种下的"因"，它是企业自身发展的需要，是面对激烈的市场竞争进行变革的需要。不同企业应该根据自身的情况制定不同的电子商务发展模式。未来电子商务将成为企业竞争中非常重要的一环，企业要打造核心竞争力，要取得持久有竞争力的发展，就应该尝试涉足电子商务，推动自身的全面转型。也就是说，电子商务的优点是传统企业在长期发展中所需要的，传统经营模式与电子商务相结合可以使传统经营服务由单一性向多样性转变。[①]图8-2展示了企业转型升级的影响因素及效果。

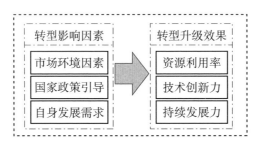

图8-2　企业转型升级的影响因素及效果

沃尔玛就是传统零售企业向线上企业成功转型的代表。作为全球零售业的领军企业，沃尔玛长久以来以线下实体店为核心业务。然而，随着互联网的迅猛发展和电子商务的兴起，传统零售业面临着前所未有的挑战。为了应对这一变革，沃尔玛自20世纪90年代中后期开始积极探索数字化转型之路；21世纪初，沃尔玛逐步加大对数字技术和数据分析的投资；2016年后加速线上布局，以330亿美元收购Jet.com重构电商团队，并依托4 700家美国门店实现"线上下单—到店/到家"闭环。凭借强大的品牌影响力、完善的供应链体系和创新的数字化转型策略，沃尔玛在激烈的市场竞争中保持了领先地位。2024财年沃尔玛营业收入为6 481亿美元，同比增长6.03%；线上平台商品交易规模超过1 000亿美元，同比增长23%。

――――――――――

① 何嘉扬.试析传统企业的电商化因素.现代商业，2014（4）：199.

2. 传统企业转型的机会及未来发展模式

目前，大部分传统企业还停留在传统的经营思路上，线上照搬线下的经营模式使得其本身既有的资源优势（如品牌、渠道、技术、人才等）与线上的营销机会和创新模式完全隔离开来。也就是说，在传统的经营理念和模式下，传统企业线下的成就越辉煌，盈利模式越成功，转型的阻力可能越大。因此，准确地把握电子商务的实质和未来发展模式对企业未来的转型和发展至关重要。

（1）本地化机会与商业模式。未来电子商务模式将更多地和以下关键词相关：本地化消费、服务业、打通线上线下、紧密的顾客关系、深入的生活消费渗透、基于位置的服务……如果用一个词来概括这种新商业模式的核心，那就是：互联城市生活。随着移动互联网的发展，线上预购模式、LBS 定位结合生活服务信息查询和推荐、二维码扫描结合移动支付、个性化定制服务等互联网本地化、移动化的服务和应用极大地提升了消费者体验，推动了本地化电子商务的发展。对于传统企业而言，服务消费具有较大的市场空间。作为一种非聚合的分散的消费模式，本地化电子商务消费主要表现为那些不可移动、不可存储的与城市高度相关的服务消费。再者，本地化电子商务本身具有的线上线下无缝对接的互动方式比传统企业更具优势，它将比服务于商品消费的企业更了解消费者，更接近消费者的需求。

（2）大数据挖掘与消费者驱动。能否为消费者提供个性化的服务，能否第一时间满足消费者需求，首先取决于是否知道他们在哪里，喜欢看什么内容，爱用哪种聊天方式，然后才是做出推荐。本地化的电子商务的核心资源就在于聚合信息和吸引消费者，以及提供更深层次的消费者体验。也就是说，未来将是消费者需求驱动商品的时代，是整个商业活动围绕消费者实现集需求、商品、体验于一身的体验消费时代。这就需要强大的技术支持和大量的数据分析来进行精准的定位和营销，大数据无疑将成为未来电子商务营销的驱动力。

具体而言，本地化电子商务企业需要从四个方面着手：第一，利用数据挖掘工具，充分了解消费者的偏好，在服务推送上做到投其所好；第二，建立与消费者简洁有力的互动模式，给予消费者更多的话语权，隐去企业的身影，使消费者成为自身主要的导购和推销员；第三，采用娱乐化、情境化、主题化的服务组合和传递方式，让整个过程充满娱乐精神；第四，建立有效监管制度，保障基本服务，维护良好的形象并迅速应对可能的公关危机。

（3）碎片化内容与社会化营销。在这个碎片化的时代，人们的注意力被零散的信息分散，面对复杂多变的互联网碎片化信息，人们的转向变得更快。移动电子商务作为碎片化信息时代出现的一种新型电子商务模式，要想抓住消费者的注意力，并有效地转化成让消费者停留的切点，就必须把碎片化营销变成一块磁铁，通过富有创造力、吸引力和互动性的移动社会化营销来吸引消费者的碎片化时间。也就是说，随着移动互联网的进一步普及，"碎片化内容＋碎片化渠道＝各种精准、互动的新型社会化营销"将成为电子商务发展的重要营销模式。

社会化媒体的力量源于网民创造力的激活，一旦企业发起的营销活动有效触达网民，网民就会成为整个传播链条上的有机环节，推动营销信息在更大的范围内传播。这就要求企业能够与消费者进行精准、有效的互动沟通，用娱乐来吸引关注，用互动来促进分享。作为一种将线上虚拟经济与线下实体经济有效结合的电子商务模式，O2O 是碎片化时代能实现与消费者精准互动的最有效的沟通载体。其中，企业最应该遵循的就是"无限贴近消费者，无限贴近生活"的原则，最大化地整合线上线下互动资源，引爆社会化传播。

3. 传统企业转型的未来发展策略

展望未来，传统企业应瞄准数字化、网络化、智能化发展方向，从产品、定价、渠道、促销等方面，推进生产运营、用户服务、产业体系的数字化创新。

（1）产品策略：产品溢价与个性化定制。产品溢价和个性化定制是指由用户提出个性化需求，商家根据需求提供个性化的产品和服务，用户为此付出一定的溢价。个性化产品定制要求个性化定制系统能够满足用户对产品的形态、功能等各方面的要求，按照每一位用户的独特需求来为他们量身定制个性化产品。[①] 对于电子商务企业而言，伴随着 O2O 模式的不断成熟，个性

---

① 盛利. 基于 WEB 的个性化定制系统研究现状及发展趋势. 科技成果纵横，2007（4）：30－31.

化定制不能局限于线上产品的个性化，还要体现线上线下相结合的服务个性化，甚至包括品牌传播活动的个性化，这取决于畅通的用户沟通渠道、个性化需求信息的收集、大数据分析等新技术的产生和运用。这种新型的电子商务模式在国外已有成功的案例，如 Priceline。Priceline 帮助用户在商品的品牌、特性和卖家的低价格之间求得平衡，用户可以向 Priceline 提交他们的期望价格和产品，卖方通过 Priceline 了解用户的产品需求和价格，然后根据用户需求特征提供他们所需要的产品来达成交易。

可以说，个性化定制是 C2B 发展的更高阶段，这个阶段的 C2B 商业模式将极具创新性。对企业而言，需要在满足用户个性化定制所需的更高成本和群体采购所要求的低价格之间达到平衡；对用户而言，则需要在满足个性化产品所需支付的高价格和群体采购可能出现的个性弱化之间寻求平衡。

（2）定价策略：用户价值与动态定价。在电子商务环境下，定价策略更重视用户的价值、价格变动能力和定价系统智能化问题。[1] 这就要求企业在保持对市场快速反应的同时，具有较强的价格变动能力，即根据不同的市场环境和销售渠道保持一定范围内的价格波动，从而获得价格优势。

当零售商具有较强的渠道势力时，制造商应暂缓引入网络渠道或采取渠道统一定价策略，以减少渠道冲突。当制造商的产品渠道替代性较弱时，可引入网络渠道并采取利润最大化定价策略。[2] 还可以运用人工智能技术进行动态定价，比如针对竞争品牌或产品的价格变动，对电商平台上海量的产品进行价格调整，这样既能使商品价格迅速适应市场的变化，又避免了人工调整价格的烦琐工作，在提升效率的同时也大幅降低了成本，一举两得。

（3）渠道策略：创新渠道与一体化管理。信息化管理系统与电子商务关系密切，尤其在大数据背景下，实现电子商务企业管理、销售、生产、流通的一体化，依托产业优势，加快推动供应链、产业链上下游企业间数据贯通、资源共享和业务协同，完善物流、资金流的体系建设，实现企业的物流供应

---

[1]　姚蕊．贸易类中小企业电子商务网络营销思考．价格月刊，2014（4）：39－42.
[2]　徐峰，等．电子商务背景下制造商渠道定价与再制造策略研究．管理科学，2014，27（2）：74－81.

链、资金供应链、信息供应链的一体化管理十分重要。渠道作为一种稀缺资源，其自身的服务能力、创新能力和忠诚度以及对营销策略的执行能力都是构成电子商务企业一体化管理和创新营销的关键要素。

作为互联网的产物，毋庸置疑，电子商务采用的是网络营销渠道。一个完整的网络营销渠道应具备三大功能：订货功能、结算功能以及配送功能。在竞争日益激烈的市场环境下，有实力的电子商务企业应加大资金投入，组建自己的物流体系，以保证用户能够享受到更加优质和放心的配送和售后服务，同时加强与第三方物流的合作，扩大物流的服务范围，节省物流管理成本。

（4）促销策略：服务延伸与个性化促销。随着移动互联网与 O2O 模式的普及和应用，服务的迅速响应和互动优势逐步取代了产品的质量、价格和成本等优势，成为企业市场竞争的焦点。传统的"5 折优惠"、"满减"、"满赠"、"限时秒杀"、节日促销抽奖等让利促销手段已经无法适应网络营销环境的新变化。这些活动虽然在一定程度上刺激了用户潜在的购买欲望，制造了惊人的销售数字，但是"价格战""促销战"的同质化竞争只会让企业的盈利之路越来越窄，使电子商务行业的生存环境变得越来越恶劣。

在新的互联网环境下，电商企业完全可以凭借自身的资源开发出专业、系统的导购服务来针对用户推荐商品，降低用户的选购成本（时间、精力、风险成本），同时也避开了促销战的旋涡。[1] 这就要求企业在营销的过程中增强市场敏感性，通过情感和服务的延伸，强调与消费者的联结，同时在与搜索引擎、门户网站、社交网站等社会化媒体形成紧密的价值闭环耦合的基础上结合互动创新营销，助力产品促销。具体而言，企业应完成作为导购的角色转换，完成从抢夺用户到发展用户的服务转变，即充分利用大数据和人工智能做好客户关系管理，通过对用户评论、专家推荐等海量信息的量化分析深度挖掘用户的需求和价值，提升导购行为的专业化和系统化。此外，电商企业还可以根据对用户浏览、搜索和购物的历史数据分析，向用户推送量身定制的促销活动，这种"千人千面"的促销活动将为用户带来更好的体验，从而大大提升促销的效果。

---

① 袁罡. 从消费者角度看导购在电商企业促销中的应用. 现代商业, 2014 (1): 118-119.

第 4 节　电商直播营销

一、电商直播营销的定义及特点

1. 电商直播营销的定义

狭义的电商直播，通常被理解为一种通过电子媒介渠道的线上"直播间"完成交付过程的购物方式，立足于该种方式的营销活动即为电商直播营销。

整体来看，电商直播营销的核心逻辑为粉丝经济[①]，包括主播（偶像）和受众（粉丝）两大基本元素，通过粉丝黏性与相互信任达成双方"自愿"的购买行为，总体由"主播-受众"二元对立又相互依存形成，是基于电子媒介技术手段实现的信息沟通与货币流通。

立足于广告行为及法律层面，基本要素主体——主播需根据具体行为承担"广告代言人"和"广告发布者"的责任。与传统电子商务不一样的是，消费者买到假货时，首先应联系销售者（即卖家）承担法律责任，主播和电商直播平台也需承担相应的连带责任，在增加了两级代理商的情况下，电商直播营销相关的责任与可能出现的问题也日益增多。

目前，对于电商直播营销并没有统一定义，不同领域对其也有不同理解。

（1）学者对电商直播营销的定义。文军认为，从狭义上来说电商直播营销就是通过增强主播与受众的互动，从而形成的一种"刺激"消费的电子商务模式，且在线观看的人数、购买产品的降价信息都可能增加"刺激"。

赵瑜认为，相比于电视购物，电商直播营销更是由夸张的语言和戏剧效果来实现"饥饿营销"的营销活动方式，更强调主播与受众的交互和共情，符合互联网时代用户的社交习惯。[②]

贾毅指出，电商直播营销是 5G、大数据、算法等技术推动下媒介商业功能的一次迭代发展，即通过推动受众对媒介消费——体验直播，来实现商品

---

①　粉丝经济是一种建立在粉丝和被关注者关系之上的经营性创收行为，是一种通过提升用户黏性并以口碑营销形式获取经济利益与社会效益的商业运作模式。

②　中研普华研究院. 2020—2025 年版网络直播产品入市调查研究报告.

购买的再次消费。① 其具体表现包括表演传播下的观赏娱乐式直播消费、互动传播下的情感链接式直播消费、场景传播下的沉浸体验式直播消费、群体传播下的价值共创式直播消费等。在粉丝经济的引导下，被不同表演与传播方式所感染、对产品有需求的受众往往在直播空间内转变为消费者，又由于整个流程链路借助于传统电子商务的线上交付、物流体系，从而属于新型电子商务营销的一种。

（2）业界对电商直播营销的定义。抖音电商于 2021 年对电商直播及相关概念做了一个界定，其希望打造一个以电商直播为核心的独立的字节跳动电商生态，消费者在商家和品牌自有的抖音小店里观看主播、达人的直播，全部交易链条都在抖音上完成，不再跳转至京东、淘宝等其他传统电商平台，将私域流量转化为公域流量。这样的高效率、高收益的场景化变现模式就是电商直播，而立足于该模式开展的营销活动便为电商直播营销。

综合以上观点，笔者认为：电商直播营销既可以是电子商务营销的新兴形态，也可以理解为短视频与直播平台变现的活动模式与手段逻辑。总之，在技术发展的风口，电商直播营销是受各大企业青睐的营销模式，也是各大电商平台提升消费者体验的新窗口。在未来，随着"元宇宙"概念的深入，电商直播营销也会朝着"元宇宙直播""元宇宙营销"等更为沉浸化、更具真实性、更有交互性的方向发展。

2. 电商直播营销的特点

从电商直播营销的定义可以看出，电商直播营销具有如下基本特点：

（1）强交互性。保罗·莱文森认为，技术的发展趋势是越来越像人，"技术在模仿、复制人体的感知模式和认知模式"，电商直播通过临场感的传输技术、"面对面"的主播、亲切与近距离的互动语言大大拉近了人与人、屏幕与商品间的距离。相比于传统自购式的电商，从兴趣诞生到购买决策间所需参与调动的交互、情绪大幅增多。②

（2）强 IP 特性。根据粉丝经济的运行逻辑，人们往往信任一个主体（主播），在其强烈鲜明的人设驱使下，更容易产生消费行为。近些年，一些带货

---

① 贾毅. 电商直播：技术推动下的媒介消费与再消费. 河南大学学报（社会科学版），2022，62（1）：126－132，156.

② 保罗·莱文森. 软利器：信息革命的自然历史与未来. 上海：复旦大学出版社，2011.

主播纷纷建立自己的超级 IP，人们往往会在看见 IP 符号后产生关联信任感，但也可能造成头部主播"一家独大"的马太效应。

（3）强沉浸感。基于直播的音画临场感、AR、VR 技术，电商直播往往通过创新直播形式、增强娱乐对话、提升视觉效果来打造直播间的强沉浸感。例如，鸭鸭羽绒服进行了"雪山直播"，做到了"人、货、场"三者合一；佰草集以延禧宫为背景、主播身着清装的"延禧宫直播"也同样吸引消费者眼球，让消费者仿佛进行了一场"穿越"。

（4）主体多样性。随着电商直播的技术依赖导向加强、手机等移动设备越来越普及，成为主播的门槛也进一步降低。"懂直播技术＋手机＋人"已经成为进行一场直播的基本条件，不再只有明星、达人才能获取流量，草根大众也能卖货。此外，AI 数字人甚至机器人也加入了直播的行列，比如 2025年 3 月 31 日晚，"宇树机器人 G1"在"交个朋友淘宝直播间"完成电商首秀，凭借流畅的智能交互和精准的带货话术，短短 5 分钟内斩获 128 万元销售额，效率比肩头部真人主播。这一突破性表现，为电商行业带来全新想象空间。[①]

（5）高效率。电商直播作为一种互动式营销模式，通过低价策略和花式直播间玩法，可以让消费者受到强烈的感官刺激，更近距离地了解商品品质。对碎片化时代不愿意做深度思考、花时间了解产品的消费者来说，电商直播迎合了他们的购物惰性，可以帮助其精准地挑选商品、减少选择障碍，快速作出购买决策。

二、电商直播营销的发展历程与现状

1. 自购到互动：电商平台转型

互联网直播的雏形形成于 2008 年前后，以 9158 为首的"视频聊天室"开启了国内的直播时代，我国最早的互联网直播大多是以唱歌、聊天、跳舞为主的"秀场直播"。同一时期，传统电商平台营销活动表现为专属商品详情页的购物广告轮播，处于单向传播和单向购买的"自购"模式。但随着流媒体技术的广泛应用，全民开播形成"万物皆可播"的态势，直播开始连接电商领域。

---

① 蒋永霞. AI 机器人直播带货 或重塑电商生态. 中国商报，2025－04－03.

2010 年前后，网络直播购物诞生，电商直播营销不再依托于电视媒介，利用互联网视频直播技术进行商品展示和交易，人物、货品、场景成为主要要素，网红、职业主播这一新兴职业诞生，开始由单向展示、单向购买过渡至双向"互动"模式。

2016 年 3 月，电商平台蘑菇街率先上线"视频直播"功能。同年 5 月，淘宝推出了淘宝直播，随后各综合电商、跨境电商、母婴电商纷纷加入直播大潮。

2018 年，"直播＋电商"模式蓬勃发展，淘宝直播全年成交额迈入千亿元大关。同年"双十二"期间，淘宝直播一个晚上就帮助贫困县卖出农产品超千万元。《2019 年淘宝直播生态发展趋势报告》显示，淘宝平台采用直播卖货的方式后销售额同比增速接近 400％，成交转化率与渗透率较前两年翻了 4 倍，电商直播"互动"模式收益明显。

2020 年，新冠疫情的暴发令许多行业举步维艰，但电商直播行业的发展却进入井喷期。前瞻产业研究院发布的数据显示，2020 年上半年，我国电商直播次数超 1 000 万次，活跃主播人数超 40 万，观看人次超 500 亿。《直播电商行业高质量发展报告（2023—2024 年度）》显示，截至 2023 年 12 月，电商直播用户达到 5.97 亿，占网民整体的 54.7％，同比增长 15.9％。庞大的用户群体无疑为直播带货提供了广阔的市场空间。电商直播已成为许多企业开辟线上市场新增长点的重要手段。

2020 年至今，以淘宝直播、快手直播、抖音直播平台为主的直播及网红带货营销模式逐渐走向成熟，电商直播营销已经成为电子商务营销发展的新趋势。

2. 线下到线上：品牌拉新转型

随着电商直播的优势显露，各地地方政府扶持当地传统企业入驻线上电商直播频道，并颁布相应政策，宣布进一步打造电商直播专区，帮助老字号企业实现数字化升级，以直播粉丝裂变的逻辑助力品牌进行拉新，打造传统品牌超级 IP。

除了地方政策扶持、区域化数字转型外，各大品牌数码、服饰和美妆等类目下的子品牌也逐渐入驻电商直播领域，成立各自官方品牌直播间，开启直播带货的新模式（见表 8-1）。毋庸置疑，电商直播为推动品牌打破线下实体销售寒冬起到了显著作用。

表 8 - 1　2023 年抖音带货销量 TOP10 排行榜

排行	品牌名称	主营类目	推广商品（件）	预估销量（万件）	预估销售额（万元）
1	YAYA/鸭鸭	服饰内衣	32 000	2 500～5 000	800 000
2	Apple/苹果	3C 数码家电	3 269	100～250	600 000
3	HUAWEI/华为	3C 数码家电	6 051	250～500	500 000
4	YALU/雅鹿	服饰内衣	22 000	2 500～5 000	400 000
5	ROMON/罗蒙	服饰内衣	33 000	2 500～5 000	300 000
6	NIKE/耐克	服饰内衣	88 000	1 000～2 500	300 000
7	FILA/斐乐	服饰内衣	42 000	500～750	300 000
8	Haier/海尔	3C 数码家电	9 513	250～500	300 000
9	Midea/美的	3C 数码家电	13 000	250～500	300 000
10	CAMEL/骆驼	服饰内衣	10 000	1 000～2 500	300 000

资料来源：抖音平台官方数据。

三、电商直播营销的策略分析

1. 联合达人主播实现品效合一

联合达人主播是适用于电商直播带货的首要策略。立足于传统电子商务提出的"人-货-场"矩阵，电商直播增加"用户""剧本"的要素节点，将原始的"人"的定义拓展至达人主播与用户两侧。其中"达人"为直播带来初始粉丝流量，"用户"则重视消费体验，通过"剧本"设置为直播间表演增加互动效果和戏剧冲突，从而进一步拓宽流量渠道，呈现出主播、用户、货品和剧本共同发力、品效合一的局面。学者穆胜提出了电商直播带货场景矩阵（见表 8 - 2）。[1]

表 8 - 2　电商直播带货场景矩阵

要素	场景 1	场景 2	场景 3	场景 4
主播	√	√	√	√
用户	×	√	√	√

① https://baike.baidu.com/item/电商直播/24230220?fr=aladdin。

续表

要素	场景1	场景2	场景3	场景4
货品	×	×	√	√
剧本	×	×	×	√
效果	下沉代言广告：为品牌背书	花车摆摊叫卖：吸引捡便宜的用户，价格战，成交波动随机	品牌商业秀：种草逻辑，有传播，成交波动随机	品牌商业秀＋卖货场：品效合一，既有声量，又有出货

在4个场景中，场景1为下沉代言广告：达人主播以影响力为品牌背书，让用户产生信任，但货品质量与剧本互动形式有待改进。场景2为花车摆摊叫卖：达人主播吸引来了粉丝用户，力图以自己的影响力促成粉丝购买，但成交与否具有不确定性。场景3为品牌商业秀：产品有品质、直播间有用户，但由于缺乏剧本，达人类似做了一场"商业秀"，娱乐导向干扰了商业属性。场景4为"品牌商业秀＋卖货场"：优秀的剧本使主播自然地连接了用户与产品，不仅宣传了产品，还促成了出货，即品效合一。场景4即为当前电商直播的优化途径。

2. 选品阶段善用精准营销

一场直播应面向不同人群提供不同类型的精准货品。具体而言，从价格精准化策略来看，选品可以分为"9块9包邮"——普适大众的引流促销品设置；客单价高的"手机"及客单价低的"数据线"——关联商品的组合设置；以及"限量销售"——针对较高消费群体的精品压轴设置等。

从人群精准化策略来看，选品应囊括男女老少的爱好类别。例如一场品牌大促直播应有针对男性的数码产品、针对女性的美妆产品、瞄准年轻人的时尚风格单品和契合中老年人诉求的保健养生品，对于每一类潜在用户群体，都应进行完善的前期市场洞察，再凝练出最具有吸引力的产品利益点，推广最具有销售潜力的品类。总之，在选品前，洞察不同年龄、不同职业和不同地域用户的偏好与需求，更有助于把握直播节奏，从而抓住用户痛点。

3. 关联大事件提高知名度

当前消费者关注热点事件、为热点事件买单的心理更为明显。节日选品、达人邀请、主题造势、剧本构建有助于直播间在竞争红海中提高知名度，形成出圈、破圈营销。

例如，在 2020 年三八妇女节这一大事件节点之际，天猫 "3·8 女王节" 的主题设定为 "爱自己就是了不起"，鼓励女性爱护自己，推出一系列 "爱的补己站" 海报，并在直播间设置契合相应概念的类目：颜值补己——化妆品、有型补己——服装品、呵护补己——母婴用品、养生补己——养生食品与器械等多系列产品，赢得了女性群体的青睐。

4. 用数字人主播提高效率

数字人主播是通过 AI 技术生成的虚拟形象。通过采集真人的图像、声音，经过机器学习，制作数字人形象，再在相关设备输入文本话术，利用唇形驱动、动作驱动等算法，即可生成有表情、有动作、能实时互动的数字人主播。与真人相比，数字人主播可以有效降低成本、提高效率，实现 24 小时不间断直播。

数字人虽然在情感交互、人性化等方面仍与真人有一定差距，但数字人的出现，可以作为头部主播非直播时间的有益补充[1]，且随着技术的不断成熟，数字人将越来越接近真人。比如在京东云技术的支撑下，京东用一套 AI 技术，让数字人告别动作僵硬和机械感，变成能说会道、能变装会接梗的 "AI 打工人"，创造出实实在在的商业价值。[2]

5. 注意直播问题与隐患

艾媒咨询发布的《2021 年上半年中国在线直播行业发展专题研究报告》显示，我国网民有 77.1% 认为直播带货存在低俗行为，99.2% 认为直播间的价值导向相对较低。2024 年中央网信办部署开展 "清朗" 系列专项行动，其中包括 "清朗·网络直播领域虚假和低俗乱象整治" 专项行动，重点整治七方面突出问题。包括通过摆拍场景等方式，制作 "扮穷" "卖惨" 内容博眼球；通过渲染商品 "功效" 等方式，在直播带货中虚假宣传；虚构直播 "相亲" 嘉宾身份，炒作婚恋话题；主播刻意展示发布 "软色情" 内容；直播低俗搭讪，实施恶俗 PK 行为；直播时传播虚假科普信息，混淆视听；等等。这些问题的出现与近年来主播主体多元化、门槛降低以及过度追求商业利益

---

① 毛雪 . 人工智能助力网络直播营销：应用场景与前景展望：以抖音电商为例 . 商场现代化，2024（19）：79-83.

② 齐旭 . 从 "技术玩具" 到 "产业工具"：京东让数字人成商家增长新引擎 . 中国电子报，2025-04-25（005）.

息息相关。

随着广告法最新版与互联网管理条例的修订，对于产品与实物不相符、低俗"媚粉"直播表演行为和带有最高级的"最""第一"招牌字眼的直播行为等有所约束。为避免出现此类问题，直播间在进行价格策略营销时应避免使用"最低价"等相关字眼，可改用"产品小样赠送""售后返现"等其他表述方式。网络主播更应提前熟悉平台规范条款，提前悉知红线内容，在进行商业营销的同时恪守职业道德，共同促进电商直播行业的良性发展。

案例分析 8-1

"京东 618 开心夜"：一场娱乐与消费的盛宴

在 2024 年的盛夏时节，随着商务部"消费促进年"的号角吹响，一场由京东、湖南卫视与芒果 TV 联手打造的电商娱乐盛宴——"京东 618 开心夜"在万众瞩目中璀璨登场。这不仅仅是一场视听盛宴，更是京东 618 购物节的一个重要营销举措，通过创新的互动形式和丰富的福利活动，成功吸引了亿万消费者的目光，激发了市场的消费活力。

在"消费促进年"的大背景下，京东敏锐地捕捉到了市场的新机遇，决定在 618 购物节期间举办一场别开生面的晚会活动，旨在打造一场集娱乐、消费、互动于一体的年度盛事。"京东 618 开心夜"邀请了何炅、汪涵等顶级主持人领衔，24 组豪华歌手阵容加盟，为观众带来了一场精彩绝伦的舞台表演。这些歌手的加盟不仅提升了晚会的观赏价值，更吸引了大量粉丝和观众的关注。在晚会期间，京东还推出了丰富的福利活动。用户只需在京东 App 搜索特定口令，即可领取红包、优惠券等福利。此外，晚会还设置了刮奖、天降惊喜等多种玩法，让观众在享受娱乐的同时，也能收获实实在在的优惠。

"京东 618 开心夜"在湖南卫视、芒果 TV、京东 App 同步直播，全网热搜众多，传播量巨大。抖音、快手等平台上的相关短视频也获得了极高的点赞量，进一步扩大了活动的影响力。晚会期间，京东的销售额大幅增长，成功促进了市场消费。通过创新的娱乐营销方式，京东成功将消费者的注意力从娱乐转向了消费，实现了娱乐与消费的完美融合。

讨论题

1. "京东 618 开心夜"活动成功的原因有哪些？

2. 电视媒体和短视频平台在该活动中的作用分别是什么？

3. 你认为该活动还有哪些可以改进的地方？

案例分析 8-2

拼多多迅速崛起之道

近年来，国内电商的 C2B 模式在团购形式上掀起了一股现象级的风潮，其中最具代表性的电商平台便是拼多多。2015 年 9 月，拼多多 App 上线，踏入京东、淘宝等电子商务巨头盘踞的电商"红海"。最初，几乎没有人看好这个"初生牛犊"，但在电商 B2C、C2C 模式趋于饱和的市场上，拼多多反其道而行之，在 C2B 基础上衍生出了社交电商这一电商模式。

社交电商是基于人际关系网络，借助微博、微信等社交媒体作为传播渠道，在各大流量平台通过用户社交互动的方式来推动商品交易，将关注、分享、互动等具有社交性质的元素与交易过程相结合，是一种基于强关系的社交型交易模式，将电子商务与社交媒体融合起来，兼具营销精准化、用户黏性高等特点，被业界视为具有光明前景的新型电商模式。[①]

拼多多的购买方式有三种：单独购买、参与拼单、发起拼单。拼多多的种种优惠活动，如"拼单减价""砍价免费拿"等，都意在鼓励用户进行拼单、分享，在社交拓展的过程中，本是弱势的消费者群体变得越来越强大；与此相对应，商家的让利尺度越来越大，拼多多"拼着买，更便宜"的口号也得以落地。在价格战上为消费者冲锋陷阵的拼多多，以迅雷不及掩耳之势攻占了国内三线及以下城市，其势头之猛令人震惊。

2017 年底，上线仅两年的拼多多用户规模就已经超过 2 亿，一路高歌的拼多多于 2018 年 7 月 26 日在美国纳斯达克上市。拼多多 2023 年第一季度财报显示，其平均月活跃用户数量已达 7.9 亿。移动互联网第三波人口红利是拼多多成长起来的助推器，这第三波人群主要来自三线及以下城市，数量足有五六亿之多。拼多多 C2B 的社交电商模式将关注点放在人的主体性上，充分发掘消费者的能动性，交换买卖双方的地位，将电商交易过程中可能的脱节点用社交关系链牢牢锁上，形成了闭环，在这一闭环中，拼多多的流量和效益就如滚雪球般越滚越大。可以说，不仅是拼多多敏锐洞察了时代，时代

---

① 朱兴荣. 社交电商购物平台运营模式比较分析及展望：以拼多多、贝店、TST 平台为例. 办公自动化，2018，23（20）：38-40.

也选择了拼多多。

在营销定位上，拼多多采用错位竞争法，从产品、市场、消费者、价格等各方面进行差异化定位，在各大电商平台逐渐讲究消费升级时，拼多多避开阿里巴巴、京东等电商巨头竞争白热化的中等收入群体消费市场，将目光投向三线及以下城市的数量巨大的消费者群体，他们大多是价格敏感型的低收入人群，但聚沙成塔，消费能力不容小觑。

在营销模式上，拼多多采用的是病毒式社群营销。拼团砍价（见图8-3）这种门槛低且吸引力大的病毒式社群营销方法是拼多多的拿手好戏，让消费者以获取低价为共同目标主动聚集在一起，社交关系链的紧密联系使得这种聚合力更为强大，同时能够自发组成各类社群来满足消费者的拼团砍价需求。社群最大的特点和优势之一就是流量聚合与扩张，在这些社群的支持下，拼多多的影响力就不会成为一纸空文，拼多多的影响力也仿佛具有感染性一般，只要其营销场景符合需求，任何一个人都可能成为拼多多的新用户或回头客，无论是"发起拼单"还是"助力砍价"。

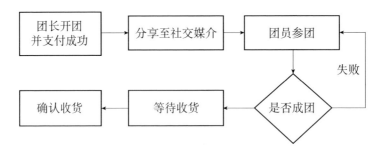

图8-3　拼多多拼团砍价流程

在营销方式上，拼多多在娱乐营销上进行大量投入。微信用户数量的增长已经逼近天花板，因此拼多多并没有完全依赖微信，而是很早就开始进行广告投放。拼多多所投放的广告中最深入人心的便是其改编于《好想你》的洗脑神曲，它借助音乐自有的娱乐性质，将品牌理念融入其中，让人们对它迅速熟悉起来。2018—2021年拼多多的营销重点布局在一线卫视综艺节目（如图8-4），共投放45部电视综艺、5部网络综艺，其中2018年投放数量最多，2019年增加网络综艺投放，2020年开始全线布局电视平台。此外，拼多多合作综艺类型主要为真人秀和晚会，牵手一线卫视，互利共赢，比如与湖南卫视联手打造"超拼夜"购物节晚会品牌，反响不俗。2023年，拼多多继

续加大市场投放力度，成功冠名了湖南卫视和哔哩哔哩的跨年晚会。这两场
晚会一直备受瞩目，各自拥有明确的目标受众。通过与这两家媒体的合作，
拼多多不仅吸引了不同领域的观众流量，还显著提升了自身的品牌形象。

图 8－4　2021 年拼多多娱乐赞助及合作版图

　　此外，拼多多抓住直播发展的红利与契机，开展农业电商模式的探索。
疫情期间，针对农产品滞销的情况，拼多多上线抗疫农货专区，推出"市县
长当主播，农户多卖货"的爱心助农模式，截至 2021 年 4 月 15 日，"拼多多
爱心助农直播间"累计吸引近 2 300 万站内用户参与消费，央视新闻、各省市
县电视台及融媒体等参与直播，全网累计观看人次超 3.2 亿，截至当年 4 月
末，累计售出农产品 5.4 亿斤，直接帮扶农户 18 万户。2024 年 9 月，拼多多
积极参加中国农民丰收节主场、金秋消费季等农业农村部举办的重要活动，
线上线下同步开展系列帮扶助农、消费助农行动。在与中国农业电影电视中
心携手打造的多多直播间里，5 位颇具影响力的网红达人倾情参与，共进行了
8 场直播带货活动，成功推动 7 个帮扶县的特色农产品在短短一天内销售额逼
近百万元。除了直播带货外，拼多多还利用技术手段，解决农产品销售过程
中面临的一些难题，比如如何把好的农产品推荐给需要的消费者，如何让消
费者找到自己需要的农产品。通过助农的策略让企业的营收与社会地位都得
到了一定的提升。

　　若是将 1 000 亿元网站成交金额（gross merchandise volume，GMV）作

为一个关键节点的话，京东用了 10 年达到这一目标，淘宝用了 5 年实现，拼多多只用了 2 年零 3 个月就完成了这一壮举。在强手如林的电商行业中，能在如此之短的时间内迅速成长为三大巨头之一，说拼多多的发家史是一场奇迹也不为过，这也是电商 C2B 模式的一次逆袭，是消费者主体性增强的一场反击。

拼多多野蛮生长的态势也带来了一系列问题，其中，产品劣质、假货泛滥是最严重的问题，这极有可能破坏拼多多的品牌形象，动摇拼多多的信用背书，使拼多多不但会受到相关部门的处罚，还会被消费者抛弃，导致老用户退出，新用户抵制。体量巨大的拼多多如何找到解决问题的方法，成为真正优质的电商平台，还有很长的路要走。

讨论题

1. 拼多多迅速崛起的原因是什么？

2. 如何解决拼多多产品劣质、假货泛滥等问题？

3. 你认为拼多多在经历了野蛮式增长后，下一步该如何发展？